周易象意

孙玉祥 编著

辽宁人民出版社

下经

咸　第三十一卦

兑宫三世卦

咸 ䷞ 艮下兑上 中爻巽乾　　【错】䷨损　　【综】䷟恒

【题解】

《周易》自咸卦以下三十四卦为下经。《序卦传》说："有天地然后有万物，有万物然后有男女，有男女然后有夫妇"。咸、恒二卦被列为周易下经的开头，体现了夫妻为人伦之始的意义。咸卦上卦兑为泽、为少女、为阴柔；下卦艮为山、为少男、为阳刚。

卦取名咸，而不是感。一、咸者有皆的意思，阴阳相交感具有普遍性。二、不说"感"，是男女之间从异性吸引，无心的感，通过交流而产生感情，发展到有心的感。犹如山上有泽，山泽通气，互相感应。艮为止，喻少男爱情的专一，止于礼仪。兑为泽、为喜悦，喻少女的感动和喜悦。咸卦的普遍意义，用于男女感悦，则家庭幸福；政府和人民感悦，则国家安定；老板和员工感悦，则企业昌盛。

咸：亨，利贞，取女吉。

【译文】

咸卦，亨通，利于守持正道，娶妻吉祥。

《彖》曰：咸，感也。柔上而刚下，二气感应以相与，止而说，男下女，是以亨，利贞，取女吉也。天地感而万物化生，圣人感人心而天下和平；观其所感，而天地万物之情可见矣！

【译文】

咸卦，象征交感。兑在上，为少女，故称柔上；艮在下，为少男，故称刚下。二气交相感应，两相亲和。艮为止，兑为悦，就像男子止于礼仪而下求女子，女子感动喜悦，所以亨通，利于守持正道，娶女可获吉祥。天地二气交相感应，因而变化生成万物，圣人以诚信之心与民众之心交相感应，因而使天下和谐安宁。观看咸卦的交感之象，天地间万物的性情就可以了解了。

《象》曰：山上有泽，咸；君子以虚受人。

【译文】

《大象辞》说：山顶上有沼泽，象征"山泽通气"，是交感之象。君子观察咸卦交相感应之象，因此虚怀若谷，宽厚地容纳他人，广泛地与人群感应相通。

【观象会意】

咸卦从否卦变来，否为天地否。否卦之六三和上九阴阳交换位置，是"柔上而刚下"。天地之气感应而上下相与就亨通，所以卦辞说，"咸，亨"。《彖辞》说，"咸，感也。柔上而刚下，二气感应以相与"。咸卦不仅六三与上九交感，而是初与四、二与五，六爻都有感应，所以咸卦亨通。

咸卦说的是天地之交感。止而说，从卦德上说，人心在喜悦之时，容易把持不住，而失去正。只有喜悦而有所止（节制），才不会有过分的行为，所以利于守持正道，贞，是正的意思。男下女，是相感之心的产生条件，是男方下聘礼求于女方，这样才能得婚姻之正道。这样娶妻方能吉祥。男下于女，是天地相感之一，宇宙中无所不感的，只有天地了，天地阴阳之气交感，以气化生，形生万物，云行雨施，品物流形。地上万物都欣欣向荣。兑为泽，互巽是万物洁齐之时，有化生之象。圣人感人心而天下和平，是把天地之感应用于人类社会。否卦上九是圣人之位，六三中爻，六三往上，是人心也。上九下来之三，是圣人以德感动天下，是天下之人没有不被圣人之心所感动的。这种圣人之心感而遂通之情，就是天地万物之情，天地万物之情，就是阴阳通感之情。

《大象辞》说："山上有泽，咸；君子以虚受人。"是泽水在上，水性润下，以滋润山间万物，山体内虚，接受水之滋润，形成交感。君子观此卦象，因此屈己以待人，虚怀若谷，以无私的胸怀，接受各种意见，接纳各类有才德的人，担任政事，以成就大业。如程颐所说："人中虚则能受，实则不能入矣。虚中者，无我也。中无私主，则无感不通。"

初六：咸其拇。
《象》曰：咸其拇，志在外也。

【译文】

初六，感应到大拇脚趾上。
《小象辞》说：感应到大拇脚趾上，是初六志在上行。

【释辞】

拇：足大指。

【观象会意】

艮为指，居下体之下，而动为拇，拇是足大指。初爻感而动，不能自止，看其大拇指而动，就知道初志在外应于九四。虞翻说："志在外，谓四也。咸之初所感未深，而志已先动，动则四不应。"程颐说："感有浅深轻重之异，识其时势，则所处不失其宜矣。"

六二：咸其腓，凶，居吉。
《象》曰：虽凶居吉，顺不害也。

【译文】

六二，感应到腿肚子上，凶险，安居吉祥。
《小象辞》说：虽然凶险，但安居不动吉祥，顺应就不会有灾害。

【释辞】

腓：音肥（féi），小腿肚上的肉。

【观象会意】

巽为股，六二在互巽之下，腓为小腿肚子，受脚来支配，自身不能做主。六二不能顺应自己的意思，上应九五。又六二阴居正位，在互巽中，巽为顺遂，故躁动则凶，安居则吉。

如刘沅所说："腓，足肚。二在股足之间，故为腓。腓不自动，因足而动，且不能自止。止腓当止其足，二以阴在下，与五为正应，若不待上之求而动，则凶；居而不行则吉。顺于理，则不害，故戒慎动。"因此人生情感的发展和进退，要顺其自然，不可冒进，亦不可强求，要恪守中正之道，一切随缘。

九三：咸其股，执其随，往吝。

《象》曰：咸其股，亦不处也；志在随人，所执下也。

【译文】

九三，感应到大腿上。执意泛随于人，如此前往必定羞辱。

《小象辞》说：感应到大腿上，它也不安所处，想随着人动，受下面所控制。

【观象会意】

九三在互巽里，巽为股，所以说感应到了大腿，"咸其股，亦不处也"。九三下亲比于六二，二是腓的部位，大腿应当支配小腿，股动则腓动，三阳志刚，为内卦之主，内艮为止，当位应当安处，三在上反随二，不能自止，所执在下。

"志在随人"是追随六二。而六二的感应对象是九五。又想上应上六，但前往遇九四、九五二阳爻，阳遇阳则窒，所以是"往吝"。九三是进退两难，皆失其宜。从人体部位说，股为生理敏感处，性欲冲动，难以抑止。所以《小象辞》说："亦不处也；志在随人，所执下也。"

九四：贞吉，悔亡，憧憧往来，朋从尔思。

《象》曰：贞吉悔亡，未感害也；憧憧往来，未光大也。

【译文】

九四，守持正道吉祥，悔恨消失。心猿意马地来来往往，朋友终将顺从你的心愿。

《小象辞》说：守持正道吉祥，悔恨消失，没有感受到伤害。心猿意马地来来往往，那是交感之心还有不光明正大的地方。

【释辞】

憧憧：音冲（chōng），心意未定。

【观象会意】

九四阳居阴位，是居位不正。交感之心不出于正，心就不诚。心不诚就伤害感情，会有悔恨。如果发动了变成阴爻就会正而吉祥，悔恨就会消失。四居兑体交感取悦于初六，初六居艮体，有欲往而止之象，所以九四憧憧思虑，下应初六则有九三从中阻碍，初六上应九四，则六二从中作梗，所以初六和九四都不宜动而宜静。

然而异性相感的心，越被阻隔反而越强烈。朋从尔思，说的是初六难以上应阳刚，只能互相思念，《小象辞》所说的"未感害也"，九四知其害而不动，才会免除受到伤害。初爻和四爻交换位置，下卦变成离，离为光大，由于二爻不能交感，所以是"未光大也"。

李士钤说："心为全体之主，寂然不动之中，自有感而遂通之妙。四居全卦之中，上卦往，下卦来，互巽为进退，亦往来象。心体本自光大，四应初之阴而有所行动。感必有应，应复有感，感复有应，故朋从尔思。"少男少女的相爱，如何才能打动对方，贵在"以我心，换你心"。心心相印，才能在不定的情感中，获得少女的芳心。

九五：咸其脢，无悔。

《象》曰：咸其脢，志末也。

【译文】

九五，感应到后背上，没有悔恨。

《小象辞》说：感应到后背上，它的志向是追随上六的少女。

【释辞】

脢：音霉（méi），《说文》："背肉也。"后背上的里脊肉。

【观象会意】

九五有伏艮之象，艮为背，郑康成说："脢，背肉也，所以说咸其脢。"程颐说："与心不相见者背也。"九五居中居君位，咸其脢。脢为人体背部夹脊之处的肌肉，人体五脏的十二经络，都系于背部，为交感神经中枢，感应力量强大。九五是君主，应当背其私心，以中正之道相感。是圣人感天下人心而天下和平，所以是无悔。但是九五亲比于上六，卦以初爻为本，上爻为末。有所系恋则有私情，只有去其所感，方能怀其无私之志，以正道感人。以善道感人，以一己之心，感动天下之人心，而天下和谐了。

《小象辞》说："志末也"，含有贬义。九五之感有万物负阴而抱阳，阴阳交感，男女情爱合为一体之象。生命合为一体，动静互为其根，如人的脊梁骨旁的肌肉，不动而动，达到生命的至乐境界。所以爻辞说，没有悔恨。而《象传》有微辞说的是："志末也。"是站在存天理灭人欲的角度上说的，与爻义不尽相合。

上六：咸其辅颊舌。

《象》曰：咸其辅颊舌，滕口说也。

【译文】

上六，感应到牙床、面颊和舌头上。

《小象辞》说：感应到牙床、面颊和舌头上，知心的话儿说不完。

【释辞】

辅：《说文》："人颊车也。"即牙床。《说文》云："颊，面旁也。"刘沅说："辅在口旁，颊在辅下，舌在中。"虞翻说："兑为口舌。"

滕：水涌之貌，形容说话滔滔不绝。

【观象会意】

兑外为口、为言，口内为舌，辅颊舌都是兑象。辅、颊、舌都是说话的器官，舌动，辅、颊随之而动。上六是咸的终极，至此，少男、少女的感应之道已经完成。情动于中而形于言，言为心声。兑又为喜悦，喜悦爱慕之心发之于口，相知相感的话滔滔不绝。在心为志，发言为诗，诗言志，歌永言，人类有关爱情的诗词和歌曲，都通过辅、颊、舌传递出来。

《礼记·乐记》说："凡音之起，由人心生也。人心之动，物使之然也。感于物而动，故形于声；声相应，故生变；变成方，谓之音；比音而乐之，及干其羽旄谓之乐也。"因此，人心的感动，内心悦乐，发为声音，升华于诗歌和音乐是艺术的起源，也是艺术的通感。

前人解《易》都以为此爻是小人搬弄是非，这不符合咸卦之旨。唯马其昶独具慧眼，他说："咸之始动于志，咸之极则发之者口，言者心之声也。心之感有诚伪，故于言亦难定其吉凶焉。"

【易学通感】

《系辞传》中引述了孔子一段话："《易》曰：'憧憧往来，朋从尔思。'子曰：'天下何思何虑？天下同归而殊途，一致而百虑。天下何思何虑？日往则月来，月往则日来，日月相推而明生焉；寒往则暑来，暑往则寒来，寒暑相推而岁成焉。往则屈也，来者信也，屈信相感而利生焉。尺蠖之屈，以求信也；龙蛇之蛰，以存身也。精义入神，以致用也；利用安身，以崇德也。过此以往，未之或知也；穷神知化，德之盛也。'"

孔子从哲学的思考和道德层面阐发《易》意。天下人到底思虑什么？他认为追求的是同一目标，只是走的路径不同，世上的道理本来是一致的，只是各自的立场不同，因而思虑的角度不同，天下事何须多思考多忧虑。日月往来推移，产生了光明，寒暑往来推移，形成了岁月。过往的不是一去不复返，只是一种退缩，到来的，不会永远存在，只是暂时伸展。屈与伸互相感应就产生了利益。尺蠖毛虫弯曲着它的腰，是为了向前伸展；龙蛇冬眠蛰伏着身体，是为了保存它的生命；人精通义理而进入神妙的境地，是为了将它用于实际。君子利用所学安定自身，是为了提升道德境界。超越这种层次，进入更微妙的境界，可能不是一般所能了解的。穷究宇宙的神妙，掌握变化的法则，就是道德的最高境界。

　　归纳孔子这段论述，可以窥见孔子的治学思想：一、天下事物千形万状，其考虑角度也各有不同，各具特色。孔子提出殊途同归，一致而百虑的主张，有海纳百川、厚德载物的博大胸襟。二、治学贵在掌握要领，不在博求，用孔子的话说："吾道一以贯之。"三、天下之动生于人心：憧憧而思是思想的变化不定，君子治学只有用心于内，学而实习之，专其心志，顺应天道的变化，不以私欲掺杂其间，所以能与天地相似，不违背天道的运行。四、研究学问，应当精研义理，至于入神，是屈己修德的最高境界。学的目的是为了应用，用其所学报效国家和社会，是最大的伸展。

恒　第三十二卦

震宫三世卦

恒 ䷟ 巽下震上
中爻乾兑　　【错】䷤ 益　　【综】䷞ 咸

【题解】

恒字，从心从亘，常久之意。《下经》首《咸》而继《恒》，咸、恒二卦有承续关系。《杂卦传》："咸，速也；恒，久也。"少男追求少女的相感阶段，是男在下，女在上，来得迅速而浪漫。但是组成家庭后，男在上而尊，女在下而卑，夫妻要携手共度一生的。《序卦传》说："夫妇之道，不可以不久也，故受之以恒。恒者，久也。"恒卦以夫妇之道开始，阐发恒久的品德。

《周易》上经阐扬天道，以用于人事；下经阐述人事，以印证天道。天下事成败与否，贵在一个"恒"字。《尚书》云："靡不有初，鲜克有终。"古之学《易》者感叹：恒之道岂易言哉？

恒：亨，无咎，利贞，利有攸往。

【译文】

恒卦，亨通，没有咎害，利于守持正道，利于有所前往。

《彖》曰：恒，久也。刚上而柔下，雷风相与，巽而动，刚柔皆应，恒。恒，亨，无咎，利贞，久于其道也，天地之道，恒久而不已也；利有攸往，终则有始也。日月得天而能久照，四时变化而能久成，圣人久于其道而天下化成；观其所恒，而天地万物之情可见矣！

【译文】

恒是长久的意思。恒卦上刚下柔，上雷下风，雷风交激，顺利而后可行动，六爻刚柔都有感应，则得常道，故卦名叫恒。恒卦亨通，没有咎害，利于守持正道，是指要恒久地坚持正道。天地的运行法则就是恒久而不停止地运动，往复无穷，因此利于有所前往，事物的发展是终而复始的。日月顺天道运行才能永照天下，四季往复变化才能永久地生成万物，圣人恒久地推行正道常理，才能使天下受到教化，形成淳正风俗。观看长久守恒的规律，则天地万物的性情就可以认识了。

《象》曰：雷风，恒。君子以立不易方。

【译文】

《大象辞》说：雷震风行，是恒卦的卦象，君子观此卦象，因而树立不易的操守。

【观象会意】

咸卦象是少男在下，少女在上。人类和动物在求偶阶段都是雄性主动追逐取悦雌性，以求阴阳相感之义。恒卦象长男在上、长女在下。恒卦是从泰卦变来的，泰卦初与四爻交换位置，变成震巽，故曰刚上而柔下。乾坤是震巽之终，震巽是乾坤之始，故曰终者有始。人类社会进入父系时代后，男性取得支配地位。恒，是长久之意。男尊女卑是婚姻家庭的常态，维系长久，可以亨通，占卜的人不会有过咎。

恒卦上震为长男动于外，下巽长女顺从于内，是家道之正。二五虽失位，女上男下，尊重女性没什么不好。雷动而风行，好比长女顺从长男。夫妻同心，其利断金，而家道已成，是利有所往。恒卦强调夫妇关系恒久地坚持正道，是说这个原则永恒不变。"利贞"，是永不变心，是不易之恒；"利有攸往"，是坚持到底，是不已之恒。天地法则是运动不息的，守正不变和运动不已相结合，构成了恒卦的整体意蕴。

自然界的变化表现为终而复始，乾为日，兑为月。日月依天道升落和盈亏，故能长久普照大地。震为春，巽为夏，兑为秋，乾为冬。四季按时推移变化，就能生成万物，持续不已。观看自然界的永恒状态，万物化生的情状就可以知道了。《大象辞》说："君子以立不易方。"是说读书人体会雷风的特性，反其象而用之，以守身立节，不改变自己的道德操守。方就是道，震巽都是木，有立象。巽入于内，震动在外，各居其所，是不易方象。

初六：浚恒，贞凶，无攸利。
《象》曰：浚恒之凶，始求深也。

【译文】

初六，深入追求恒久之道，守此不变有凶险，前行无所利。
《小象辞》说：深入追求恒久之道的凶险，是由于起始就追求深入。

【释辞】

浚：音 jùn，深也。

【观象会意】

下卦从乾变来，乾初为渊故深。初六和九四正应，有恒久之道的基础。但初位置居下，中间又隔了二、三两阳，所以应四不会顺利。初为巽之主，其性是入，所以深入求四，是浚恒之象，占卜之人如果这么做，虽然是正道也难免凶险。男女之间情感是逐渐深入的，一开始就要天长地久，往往适得其反。陆希声说："初为常始，宜以渐为常。而体巽性躁，遽求深入，是失久于其道之义。"

九二：悔亡。
《象》曰：九二悔亡，能久中也。

【译文】

九二，悔恨消失。
《小象辞》说：悔恨消失，是能长久地坚守中道。

【观象会意】

九二阳居阴位不正，前临重阳，理应有悔。但居下巽之中，二与六五相应，以刚中之德，辅佐柔中之君。又在互乾之初，乾为久。《小象辞》说："能久中也。"指其能恒久恪守中道，所以悔恨消失。

九三：不恒其德，或承之羞，贞吝。
《象》曰：不恒其德，无所容也。

【译文】

九三，不能恒久地坚持道德操守，或许会承受羞辱。守此不变会有吝难。
《小象辞》说：不能恒久地坚持道德操守，就没有容身之处。

【观象会意】

九三居巽体之上，巽为进退，不恒之象。阳居阳位得正，但过刚而不中，志在追求上六，不能久安其所，所以有不恒其德，或承之羞之象。九三重刚不中，巽，其究为躁，躁动就不恒，作为男人，二三其德，会有人来羞辱他。

《象传》说："无所容也。"不恒之性，大节一亏，无所逃于天地之间。刘沅说："在巽之极，为进退不果。当内外相际之间，非躁即不果。进不能为震之动，退不能安巽之顺，无所容其身。凡无恒者，皆不能保其德也。"领悟：成功者永不言放弃，放弃者永远不会成功。

九四：田无禽。
《象》曰：久非其位，安得禽也？

【译文】

九四，打猎捕获不到禽兽。
《小象辞》说：长久居于不当位置上，安能捕获禽兽？

【观象会意】

九四发动，上卦变坤，坤为田。震为大涂，是无禽之处。九四以不正之刚，居不正之地。处恒之时，是久非其位的人。刚为动主，不中不正，为而不善，求而不得。好比久猎于山，必得兽。久钓于水，必得鱼。若不得其位，犹缘木以求鱼，所以不会有收获。王弼说："恒于非位，虽劳无获。"李光地说："后之为政愿治，而操非其数者，其此爻之义矣。"

六五：恒其德，贞，妇人吉，夫子凶。

《象》曰：妇人贞吉，从一而终也；夫子制义，从妇凶也。

【译文】

六五，恒久地保持柔顺美德，合于妻子的贞正之道，女人坚持中和贞静之德就会吉祥，男子如果柔顺贞静就会有凶险。

《小象辞》说：妇人贞正的吉祥，是她只嫁了一个男人。丈夫以大义去衡量一切，跟在女人后面而忘记大义就凶险。

【观象会意】

六五阴爻居尊位，为恒之主。下应合九二，九二巽位，巽为妇。六五震位，震为夫。六五发动，上卦变兑。兑为少女、为妾、妇人之象。妇人以顺为正，故吉。

丈夫用刚或用柔，应当各适其所宜。如果以柔顺为常道，是随着他人做事，不能成就自己的事业，所以凶险。李士钤说："风起而雷随之，阳唱而阴和之。五阴二阳，故五有妇人之象。震男巽女，故五又有夫子之象。易故两为之象，而各示以道。"

上六：振恒，凶。

《象》曰：振恒在上，大无功也。

【译文】

上六，振动到极点，难以维持恒久之道，有凶险。

《小象辞》说：在上位的人，以振动为常态，做任何事也不会成功。

【观象会意】

上六处震之终，又是恒卦之极，故有振恒之象。恒到极致就失去了常态，处震之上就会动而不止。能动而不能静，守常而不知变，凶险是必然的。老子说："治大国若烹小鲜。"又说："飘风不终朝，骤雨不终日。"恒久地振动、折腾，天地尚不能久，而况于人乎。王弼说："静为躁君，安为动主，故安者上之所处也。静者可久之道也。处卦之上，居动之极，以此为恒，无施而得也。"

【易学通感】

恒卦是亨通的。前提是从夫妇之道来看，男尊、女卑，男主外、女主内，顺而动，上下内外应而家道成，圣人推广用来治国平天下，齐家与治国的道理是一贯的，这是恒卦卦爻象之意。但是易道的精神是穷则变，变则通，通则久，天地间没有任何事情是不可以改变的。宇宙时刻都在变，因此只有变化才是永恒的，这是不易之恒。《象辞》所揭示的"利有攸往"，是不已之恒。用于治理天下：如果墨守祖宗之法而不思变，固执己见，一条道跑到黑，不论如何折腾，凶险是必然的。明智的选择是"顺乎天而应乎人"。这才是"利贞"的正解。

遯　第三十三卦

乾宫二世卦

遯 ䷠ 艮下乾上　　【错】䷒ 临　　【综】䷡ 大壮
　　中爻巽乾

【题解】

遯字从豚，从走，豚见人而逃逸。上卦乾为天，下卦艮为山。山势高耸入云，有侵凌天体，天体避其峰之象，所以取名为遯。以此卦看天时，二阴在下，有渐长之势，四阳在上处消退之时，所以是阴进而阳退，是六月之卦。遯卦用于人事是小人道长，君子当退而避之。遯，又写作遁。《说文》："遁，逃也。"恒是久的意思，事情久了，总要走向反面。《序卦传》说："恒者，久也。物不可以久居其所，故受之以遯。遯者，退也。"遯卦讲急流勇退之道。此卦四阳爻在上，二阴爻在下面伸展，是小人之道长、君子不得不隐遁之象。

遯：亨，小利贞。

【译文】

遯卦，亨通，占卜有小利。

《彖》曰：遯，亨，遯而亨也。刚当位而应，与时行也。小利贞，浸而长也。遯之时义大矣哉！

【译文】

《彖辞》说：遯卦，亨通，是退避而亨通，九五当位而有对应，顺着天时而行动，占卜有小的利益，是阴柔之势逐渐生长，遯卦与时偕行的意义太重大了。

《象》曰：天下有山，遯；君子以远小人，不恶而严。

【译文】

《大象辞》说：天下有山，是遯卦的象征，君子体会这一卦象，用以远离小人，不厌恶他又要有威严。

【释辞】

遯：又作遁。有隐退、退避、遁逃等义。

恶：音物（wù），憎恶，怨恨。

【观象会意】

乾为君子，亨通是君子能退避而亨通。阴长阳消，柔壮则刚退，是天时、昼夜、寒暑的变化规律。二阴气逐渐生长，得位于内，而君子之道逐渐消退，所以四阳要退避。只有顺应天时才能保存君子的阳刚之德，使小人不能加害其身，身虽退避，但君子之正道却不失，所以亨通。九五阳刚，虽然居中得位，下又有六二应援，本应该不遯。所以要隐遯，是顺天时而行，小利贞，是当遯之时，阴小逐渐生长，对阴柔有利，但必须保持正道，阴柔之势虽然增长，但不至于危害阳刚之正道，阳刚之气虽然遯却能保持亨通，遯卦的时间意义在于"与时偕行"，所以顺时而遯的意义非常大。

《大象辞》从山体的下陵上，天体的遯而退避取象。山体虽高，但终不会侵及天体，是遯卦之义。以爻而论，三、四、五、上四阳是君子。初、二两爻是小人，是小人居朝廷内部，君子处外，是远小人之象。子曰："小人远之则怨。"怨恨就会加害于君子，无所不为。但初与四、二与五都有感应，是不恶之象。四阳刚在上，阳刚居上有严之象，以上临下，又有交感是不恶而严之象。不恶就不会被小人所害，严就不会与小人同流合污。所以君子和小人两无妨碍。

初六：遯尾，厉，勿用有攸往。

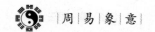

《象》曰：遯尾之厉，不往何灾也？

【译文】

初六，逃遁之时落在末尾，有危险，不要有所前往。

《小象辞》说：逃遁时落在末尾有危险，不前往有什么灾害。

【观象会意】

六爻之象，上为首，初为尾。遁是指逢遁之时，尾是处遁之初位，所以是尾。以卦象而言，二阴为小人，从爻象看都是退避的君子。初六阴柔，仅遁其尾，不是善于逃遁之人，藏身不密。前遇互巽，巽风为往，初伏其下，是向往之象。初艮体宜静，不往则无害。如初前往应合九四，为同性六二所阻，是危厉之道，如不前往则可以免灾。初六在下无位，所居不正，是无德无位无名的人，是普通的老百姓，与上面的士大夫不同，也没有必要逃遁。

六二：执之用黄牛之革，莫之胜说。

《象》曰：执用黄牛，固志也。

【译文】

六二，用黄牛的皮革捆绑起来，没有人能够解脱。

《小象辞》说：用黄牛的皮革捆绑起来，是要有固守不退的志向。

【观象会意】

艮为手，执之之象。坤爻居中，黄牛之象，互巽为绳，革，是皮绳。说和脱古为同一字，解脱。遁卦其他爻都说遁，只有六二不言遁，何也？六二居中得正，处遁之时，不可改变，不变就可以与九五位的君王形成感应关系，以柔顺中正的德顺应九五的君王，而九五以中正之阳感应六二，就是《象辞》所说的"刚当位而应"。所以六二之阴不会凌浸乎阳，而且形成一种亲密的感应关系，所以有执之用黄牛之革的，莫之胜脱的取象比喻。象辞所指示的"固志也"，是坚固二五中正相合感应的志向。

九三：系遯，有疾厉，畜臣妾，吉。

《象》曰：系遯之厉，有疾惫也。畜臣妾吉，不可大事也。

【译文】

九三，心有所系，不能退避，将有疾患和危险，蓄养仆从和侍妾，可以吉祥。

《小象辞》说：心有所系，不能退避，将有危险，是说九三将有疾患，疲惫不堪。蓄养仆从和侍妾吉祥，是说九三不可以做大事。

【观象会意】

系，是心有所系而眷恋。巽为绳，所以是系。艮为止，所以是系遯。其义是心有所系恋，而不逃遯。所系之人，当然是六二，阴阳系恋。巽风为疾病，九三有二之所系而不能遯，所以危厉。

巽又为长女，是臣妾之象。畜臣妾吉，又有君子能容纳小人所害。如《大象辞》所说的"不恶而严"，这是畜小人之道，不为小人所害。畜养小人只能用于家庭，用于国家大事则不可。遯卦下卦为艮，艮为止，故以止义立象。初爻言勿往，二爻言莫之胜说，三爻言系遯，都是不遯。

九四：好遯，君子吉，小人否。

《象》曰：君子好遯，小人否也。

【译文】

九四，在两情相好之时遯退，君子吉祥，小人做不到。

《小象辞》说：在两情相好之时遯退，小人做不到。

【观象会意】

九三亲比六二，所以言系，有系恋之意。九四与初六感应，所以是好。好就是喜爱。好遯是又喜好又能遯退。人所言好者，功名利禄，男女相悦之事。而遯退是审时度势，见机而行之事。好，指的是四，是大臣位，权高而任重，

253

下又有所系恋；遯，指是阳九之四，九四出内卦而至于外卦，变艮止为乾行，乾健是能遯的人，系权势、金钱、爱慕于一身，能知几而及时隐遯，割舍私欲，功成而身退，只有君子能做到，所以吉祥。

若小人则贪恋金钱，禄位则不能保其全节，所以否塞不通。九四阳为君子，初六阴为小人，四变阳为阴，两爻皆阴没有感应，所以是否塞了。来知德说："九四以刚居柔，下应初六，故有好而不遯之象。然乾体刚健，又有遯而不好之象。占者顾其人何如耳，若刚果之君子，则有以胜其人欲之私，止知其遯，不知其好，行以遂其洁身之美，故吉矣。若小人则徇欲忘反，止知其好，不知其遯，遯岂所能哉？故在小人则否也。"

九五：嘉遯，贞吉。
《象》曰：嘉遯贞吉，以正志也。

【译文】

九五，亨通地退遯，守正吉祥。

《小象辞》说：亨通地退遯，守正吉祥。要端正君子的志向。

【释辞】

嘉：嘉美。嘉又为亨通。《乾·文言》说："亨者，嘉之会也。"九五之嘉，是阴阳会合的亨通。

【观象会意】

九五居中当位，下有六二相感，是不必遯之人。爻辞言嘉遯，是赞美六二。六二中正，当二阴浸长之时，二以艮止之德，执之以黄牛之革，不凌侵乎阳，其志可谓坚固。九五为君不嘉美六二以正其志，如何能处理遯之时态，所以是以正为吉。当君主的没有逃遯的道理。天下的贤人志士隐遯之时，下应六二之中正，志固，于是嘉奖之，以正其志，以成其不舍贤人志士之美德，二、五爻《象辞》义都言志，可看出是嘉美六二。二至五爻互巽，巽为伏，为心志。

上九：肥遯，无不利。
《象》曰：肥遯无不利，无所疑也。

【译文】

上九，高飞远走，没有不利。
《小象辞》说：高飞远走，没有不利，因为上九无所疑虑和牵恋。

【释辞】

肥：与蜚同。蜚即飞。肥遯，即高飞远遯之意。

【观象会意】

上九处外卦之极，无应于朝廷之内，也没有牵系之人，所以超然绝志，高飞远走，没有阻碍。所以是无不利。乾为行，所以是飞，如乾之九五飞龙在天是也。上三爻是乾卦纯阳之体，所以无不吉，好遯、嘉遯、肥遯都是遯，都是赞美之辞。上三爻处遯之时，时行则行，因时而用，动静不失其时，所以"遯之时义大矣"。

【易学通感】

《系辞传》说："尺蠖之屈，以求信也；龙蛇之蛰，以存身也。"讲的是遯之道。屈身是为了伸展，后退是为了前进。老子的思想"柔弱"与"不争"是深谙遯卦之道，"天地之间，其犹橐籥乎！虚而不屈，动而愈出"。示弱就是遯。"水善利万物而不争。""夫唯不争，故天下莫能与之争。"不争也是遯。

大壮　第三十四卦

坤宫四世卦

大壮 ䷡ 乾下震上
中爻乾兑　　【错】䷓ 观　　【综】䷠ 遯

【题解】

《序卦传》说："物不可以终遯，故受之以大壮。"阳为大，大壮卦，四阳在下，势盛而长，所以是大壮。六爻中四阳二阴，阳刚声势壮大，象征大为强盛。《杂卦传》说"大壮则止"，意思是说壮大不能过头，过头则衰，故要适可而止。大壮卦用于政治，当社会经济发展处于大为强盛时期，如何保持"大壮"是至为关键，卦辞"贞吉"二字，揭示了只有坚守正道方能长盛不衰之理。

大壮是二月之卦，卦体下乾上震，雷在天上之象。二月雷始动，惊雷震震，震于天下，声势壮大，也是大壮之义。遯卦是阳衰而退，阳气不能总是衰退，衰则必盛，所以大壮排在遯卦后面，正是天地消长循环的规律。

大壮：利贞。

【译文】

大壮卦，利于坚守正道。

《彖》曰：大壮，大者壮也。刚以动，故壮。大壮，利贞，大者正也。正大而天地之情可见矣！

【译文】

《彖辞》说：大壮，是大者强壮。刚健而动，所以是大壮。大壮卦，利于守正，是强大者坚守正道。刚正又强大，天地的情状就可以见到了。

《象》曰：雷在天上，大壮；君子以非礼弗履。

【译文】

《大象辞》说：雷在天上，震惊百里，是大壮卦的象征，君子体会大壮的卦象，不去做非礼的事。

【观象会意】

下卦刚健，上卦震动，阳气从下生，阳气大动，是为大壮。从十二消息卦看，是阳气生长之卦，正月泰，三阳三阴，阴阳平衡，二月正是大壮之时。利贞，既是占者亨通，又是大者利于坚守正道。大壮与遯互为综卦，遯卦阴进阳消，所以说"亨，小利贞"。而大壮卦，是大者利于守正，二卦辞可互见卦义。

《象传》是从卦体和卦德来阐述卦名、卦辞，解释利贞之义的。大壮，是阳气盛壮，阳气大动，所以是大壮。从卦体上看，天地不壮，就不会成就动出万物之功效；从卦德上看，君子不壮，无以养自身浩然之气，无以整顿天下之风气；从人体上看，元气不壮，就不会保一身之平安；大壮，利于守正，从义理上讲，不正而壮，是逞血气之壮，匹夫之勇。正大而壮，是浩然之气充沛环宇，与天地合其德。其浩然之气，至大至刚，刚则能战胜欲望之私，动则能奋发必为之志。刚合天健之德，动合天行之常，正合天生万物的仁心，所以正大而天地之情可以见到了。

《大象辞》所说的"君子以非礼弗履"，从卦象上看雷在天上，威严而果决，用于义理人要战胜自己的私心杂念，不去做有违于礼法的事，只有效法天上雷声的威严和刚决，优柔寡断永远办不到。如程颐所说："君子观大壮之象，以行其壮。君子之壮，莫若克己复礼，古人云'自胜之谓强'。"君子能战胜自己，才是真正的强大。

初九：壮于趾，征凶，有孚。
《象》曰：壮于趾，其孚穷也。

【译文】

初九，强壮在脚趾上，冒进必有凶险，要以诚信自守。

《小象辞》说：强壮在脚趾上必冒进，初九只有信心是不行的。

【观象会意】

初爻在下，于人体为趾。初上敌应九四。九四震为足，也为趾，所以是壮于趾。初与四都是阳刚，阳遇阳不通，且二、三两爻都是阳，所以是征凶。尚秉和引证《说文》说："有，《说文》：'有，不宜有也。'依《说文》，有孚者，谓不宜于有也，即不孚也。正与象辞孚穷之义和也。"

没有孚信，正是指的初九和九二、九三、三个阳爻，阳与阳则窒，所以是其孚穷也。壮于趾，是恃其刚健而行于天下，征凶，是地位和才德都不足以有为，上面又没有应援之友，初九居非其位，往非其时，又无孚信之人，前行必有凶险。

九二：贞吉。

《象》曰：九二贞吉，以中也。

【译文】

九二，守正道吉祥。

《小象辞》说：九二守正道吉祥，因为占居中位。

【观象会意】

九二承、乘都是阳爻，前后遇敌，本应不吉，吉祥的原因，是位置居中不偏，居中故能行中庸之道，所以吉祥。九二的吉祥又得于二为阴位，乾阳居阴，刚中有柔，壮而得中，所以是守正而吉祥。大壮之时提示的道义是要宽以济猛，猛以济宽，所以四阳爻居阳位者凶险，居阴位者吉祥。

九三：小人用壮，君子用罔，贞厉。羝羊触藩，羸其角。

《象》曰：小人用壮，君子罔也。

【译文】

小人逞强冲动，君子克制而不动，占卜有危险。就像公羊用角去冲触篱笆，角被篱笆挂住。

《小象辞》说：小人逞强冲动，君子不会这样。

【释辞】

羝：音低（dī），公羊。

藩：震为藩，篱笆。

羸：音雷（léi），缠绕，挂住。

【观象会意】

九三与上六互应。小人指上六，君子指九三。罔，是无，即不用壮。是说九三当壮之进，小人恃其相应而逞强用壮，而君子则不冲动，虽有应援，并不依赖，故曰用罔。所以卜问凶险。四体震为竹苇，有藩篱之象。三、四、五爻互兑，是羝羊之象。羸，是羊角被缠绕。三在下卦之上，于爻象为角，尚秉和说："言三欲上升，为九四所阻隔，若羝羊以角触藩而不能决，角反为藩所困也。荀爽以五为角。五为角，则藩已决矣，胡有羸象哉。"

九三阳居阳位，过刚而不中，性躁而动，欲和上六相应和，前有九四同性相阻隔，于是奋力前顶，但为篱笆所阻，羊角被挂住，山羊性淫而刚狠。君子用罔，老子说："知其雄，守其雌。""勇于敢则杀，勇于不敢则活。"是深明此义。

九四：贞吉，悔亡。藩决不羸，壮于大舆之輹。

《象》曰：藩决不羸，尚往也。

【译文】

九四，占卜吉祥，悔恨消失。篱笆已冲开，羊角挂不住，其强壮好比大车轮上的辐条，坚实无比。

《小象辞》说：篱笆已被冲开，羊角没挂住，是崇尚前往。

【释辞】

辐：音富（fù），车轮之干，辐条。

【观象会意】

九三以四为藩篱，四阳刚为阻隔，所以是羸其角。九四以上无阳爻，所以是藩决不羸。大壮为大兑之象，互卦兑爻有群羊之象。四阳健进，如率群羊冲决罗网之象。前临二阴爻，阴虚无阻，所以藩篱被冲决。九四为震之主爻，前临重阴，利于所往，所以是贞吉，悔亡。

震为舆，为辐，震木加于乾马，是壮于大舆之辐。四爻以柔处刚，刚柔相济，是不用壮而更壮，是具备大壮之精神的。《象辞》所说的正大之气而天地之情可见矣，说的是九四吧。阳居阴位，应当有悔，而正大之气沛然，谁能御之，所以失位之悔消失。

六五：丧羊于易，无悔。
《象》曰：丧羊于易，位不当也。

【译文】

六五，在阴阳的交界处，丧失了羊，没有悔恨。
《小象辞》说：在阴阳的交界处丧失了羊，是六五阴居阳位不恰当。

【释辞】

易：疆埸，边境，交界处。

【观象会意】

陆绩云："易，谓疆埸。"疆埸，即边界交界处。前四爻都是阳刚，至六五转为阴爻，六五动变，互兑不见，故丧羊于易（变易），在阴阳交界处，丧失了羊。羊（音为阳），指阳刚不见了。按：三、四、五爻互兑，兑为羊。

上六：羝羊触藩，不能退，不能遂，无攸利，艰则吉。
《象》曰：不能退不能遂，不详也；艰则吉，咎不长也。

【译文】

上六，公羊触撞藩篱角被挂往，后退不得，前进不能，没有所利，在进退维艰中等待机会就吉祥。

《小象辞》说：后不能退，前不能进，是上六没有详细地考虑形势。在进退维艰中等待机会就吉祥。过咎不会长了。

【观象会意】

大壮有大兑之象，所以是羝羊。上六欲下应九三，为六五所阻，同性为敌。九三的藩篱是九四，上六的藩篱是六五，所以是不能进不能退。巽为利，巽伏所以无利。有利的条件是上六阴居阴位，下有应援，所以艰贞自守终将吉祥。

按：九三和上六都有触藩之象，上六质柔而好动，所以进退失据，凡人做事，以为很容易就缺乏详细思考，认为很难的事就反复思考，因为缺乏思考而导致犯错误，就应当详细考察而免于犯错误，上六动卦变为火天大有。大有，元亨，所以是咎不长也。

【易学通感】

乾下震上，四阳盛长，是大壮之象。卦辞为何只有"利贞"二字？壮不可依赖。为何不可依赖？老子曰："物壮则老，是谓不道，不道早已。"万物强壮了就会衰老，如果违反了这个自然规律，妄自逞强，就是不合于道。不合于道就会提早灭亡。如果人恃其壮，做事则不审时度势，故以贞戒之。政府恃其壮，执政就充满了暴戾之气，使官民严重对立。大壮是"见天地之情"。君子观雷在天上之象，明白了大壮不可恃，故以礼来预防，非礼之事不要去做。以此来断绝人的私欲，保全乾德的阳刚，身居公职的人，应当玩味大壮象中所含之深意。

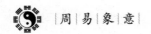

晋　第三十五卦

乾宫游魂卦

晋 ䷢ 坤下离上　　【错】䷄ 需　　【综】䷣ 明夷
　　中爻艮坎

【题解】

晋卦下坤上离，是光明出地上之象，象征晋升，如太阳升出地面，愈上升越光明。晋卦用于政治，有如阳光普照大地，万民柔顺归附于天子；晋卦用于人事，人臣欲以上进，柔顺是上进的手段，光明是获得上进的基础。

晋卦卦象，是离在坤中，是光明出于地上，太阳从地平面升起，越来越光明，所以其卦义是晋。晋卦，是上进而光明盛大的意思。卦名取为晋，而不是进。因为进，仅有前进而没有光明之义；晋，既有前进又有光明之义。《周易》还有升卦、渐卦，卦义也是上进，但三卦之进各有不同。如《周易折中》说："晋如日之方出，其义最优，升如木之方升，其义次之；渐如木之既生，而以渐高大，其义又次之。"观其象辞可见。

《序卦传》说："物不可以终壮，故受之以晋。"世间万物强盛壮大之后，则必然有所前进，所以晋卦放在大壮卦后面。太阳升出地面，愈上进愈光明，这就是晋卦所体现的晋升而前途无量的意义。日在天上为火天大有，是君临天下之象，体现天子之道。日出地上为晋，是君临一国之象，体现诸侯之道。阳光普照大地，万物以柔顺之德归附，象征地方柔顺地归附于中央，所以是臣道之卦。

晋：康侯用锡马蕃庶，昼日三接。

【译文】

晋卦，康侯用赏赐得到的马进行繁殖。一天之内三次受到天子的接见。

《彖》曰：晋，进也。 明出地上，顺而丽乎大明，柔进而上行。 是以康侯用锡马蕃庶，昼日三接也。

【译文】

晋卦象征前进和上升。太阳升出大地上，地道柔顺附丽于光明的太阳，柔顺地向上长进。因此，康侯用天子赏赐的良马繁殖，一日之内被天子接见了三次，得到最高的礼遇。

《象》曰：明出地上，晋。君子以自昭明德。

【译文】

《大象辞》说：光明从地上升起，是晋卦的象征。君子观看这一卦象，要自我昭示出光明的美德。

【释辞】

晋：卦名。卦义：日行于地上，有前进、上进、明进等义。

锡：通赐。

蕃：音凡（fán），繁殖。

【观象会意】

康侯指的是九四，四诸侯之位。1. 康侯，是诸侯的美称。2. 如安国之侯，使国家安康的侯爵。3. 一说是周文王之子，武王之弟卫康叔。坎为马，坤为牝马，坎为众，坤变为众。所以说赐马蕃庶，互艮为手，所以说赐。《杂卦传》说："晋，昼也。"离为日，为昼。离数三，所以说昼日三接。刘沅说："离为日，君象。坤为众，蕃庶象。三，离数也。"李士鉁说："互艮为山，互坎为水。日出乎地，先照于山，徐升焉以照于水，然后至于上，晋之象也。阴爻居五，离下之三阴以进于尊位，下接三阴顺之以进，故晋也。"

五爻为君位，阴爻居之，代天子以治理百姓，是诸侯之象。离为向明而治，是人君之象。坤亦为牝马，离日在上曰昼，三阳在下，所以是三接。以晋

263

卦用于政治，明出地上，是世道开明，政治光明之时。"顺而丽乎大明"，说的是臣道，即地方顺从中央。丽者，紧紧地和中央保持一致，无贰尔心。"柔进而上行"，是晋卦和明夷卦互为综卦，二卦同体，明夷卦下卦之离，进而为上卦之离。

刘沅说："德本于天，本自明也，为阴私所蔽则晦。君子观晋之象，自明其明德，明而益明，如日之进。"

这就是《尚书·汤铭盘》之意："日新又新。"只有自己光明才能不断前进，好像天空不停地运转。《中庸》所说的诚，是自身的诚。《大学》的明，也是自己心中的光明。可见真诚与光明都出自己的心中，所以说"自昭"。

初六：晋如摧如，贞吉。 罔孚，裕无咎。
《象》曰：晋如摧如，独行正也；裕无咎，未受命也。

【译文】

初六，上进的时候被排挤，守正吉祥，没有人信任你，从容应对，没有害处。

《小象辞》说：上进的时候被排挤，但独自坚持正道，心地宽裕没有害处，是虽未受任命也无怨愤之心。

【观象会意】

初六上进为何被排挤，因为下卦三爻都是阴爻，阴以阴为敌，所以上进而见摧。初六阴居阳位不正，动虽得位，但却失去与九四的相应，所以是贞吉，不行动为好。前有二阴，所以是罔孚，没人相信。裕，是宽裕，缓一缓。因为初六与九四终于能相应，帮得上忙，所以时间充裕，需要等待，没有什么害处。

《大象辞》说："未受命也。"是说初六居勿用之位，尚未接到任命，需要等待。初六之晋如，摧如。初涉职场即遭到排挤和摧残，这是为什么？1. 初位无位，人微言轻，不孚众望，没有人相信你，2. 爻辞说"罔孚"。孚者，信也。在己为心中诚信，有必胜的信心，相信自己。在人为人际关系之孚。初六与九四阴阳相应，是有孚的。为什么是罔孚呢？因为上面二、三两爻，同性为敌，挡住了初六上升的通道。面临这种形势，如果初六急于发动，就变成了阳爻，那么和九四就成了排斥关系，一点儿机会也没有了。好在时间充裕，贞吉者，坚守正道不变就吉祥。如果汲汲以干进，或悻悻而怀愤，都是取咎之道。

初六的独行正，恪守操行，不屈不挠，独行于正道，一切靠自己硬挺。尽管前面有高山和大川，心地放宽脚踏实地地干，挺过去，前面是蓝天。

六二：晋如愁如，贞吉。 受兹介福，于其王母。
《象》曰：受兹介福，以中正也。

【译文】

六二，上进而忧愁不堪的样子，守正吉祥。从王母那里接受大的福祉。
《小象辞》说：受大的福祉，是六二有中正之德啊！

【释辞】

介：大。

【观象会意】

六二上无应援，二至五爻有离目、艮鼻、坎水加忧之象，所以说愁如。贞吉，是占卜此爻吉祥。坤为母。刘沅说："王母谓六五，离日象王，五亦王象，离中女，故象王母。凡二、五以阴应阳，则象君臣。以阴就阴，故象王母。夫母子一气相亲，王母则亲而尊。二、五柔中正同，一气相亲者也。以此明受介福之义，其意弥挚，而其荫弥远矣。"

来知德说："中爻坎为加忧、为心病，愁之象也。其所以愁者，欲升进无应援，五阴柔，二愁五之不断，四邪僻，二愁四之见害，此其所以愁也。贞者，中正之德也，初六之贞，未有贞而勉之也，六二之贞，因其本有而教以守之也。吉者，中正之德，久而必彰，上之人自当求之，下文所言受介福于王母是也。"

程颐说："六二在下，上无应援，以中正柔和之德，非强于进者也。故于进为可忧愁，谓其进之难也。然守其贞正，则当得吉，故云晋如愁如贞吉。"

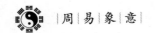

六三：众允，悔亡。
《象》曰：众允之志，上行也。

【译文】

六三，获得众人允许认同，悔恨消亡。
《小象辞》说：获得众人允同的志向在于上进。

【观象会意】

坤为众，是民之象。三不当位，宜有悔，晋之时，六三处顺之极而有应援，志于上行。允，一说为信，一说为赞同。答应。初爻说罔孚，是未允，二爻言愁如，也是未允，到六三则众允。六三不中不正，应当有悔，得到众人允信，所以悔恨消失了。

六三虽不中正，当上进时，所居之地近于离明，又处顺体之极，有顺从上离，向往光明的志向，所以得到众人的相信，同下二阴上进，所以有众允之象，占者遇之悔恨消失。《小象辞》说："上行也。"上是《彖辞》所说的"顺而丽乎大明"，即上从大明之君主，是众志之所同。六三能得到众允，因为他能带领下面一同上进。

九四：晋如鼫鼠，贞厉。
《象》曰：鼫鼠贞厉，位不当也。

【译文】

九四，钻营求进像身无专长的硕鼠一样，即使正固不动也有危厉。
《小象辞》说：像鼫鼠一样正固不动也有危厉，阳居阴位不恰当。

【释辞】

鼫鼠：鼫，音时（shí），鼠。《大戴礼记·劝学》："鼫鼠，五伎而穷。"

【观象会意】

子夏传作《硕鼠》。《诗经·魏风》有《硕鼠》一诗："硕鼠硕鼠，无食我黍！三岁贯女，莫我肯顾。"这是一首讽刺贪官的诗。硕是大，易阳大阴小，九四阳爻，所以叫大老鼠，即《诗经》中之硕鼠。中爻互艮，四变上卦也成艮，全卦为山地剥，是大艮之象。艮为鼠，为穴，坎为盗，鼠居穴中，昼伏而夜出，伺机盗窃。

离为日。《杂卦传》："晋，昼也。"鼠不敢见日，坎为夜，九四说晋如鼫鼠，是处晋之时，众人都要上进，九四也要一同上进，虽如老鼠，也不怕白天的阳光了。贞，讲的是上进之时，九四的晋如，也没有什么不对，但厉字何解？因为九四阳居阴位，为不中不正之人。当上进时，居接近最高领导的位置，在众人之上，挡住了众人上晋的途径。坎为隐伏，为畏怯，想上进到九五的位置，害怕下面不拥戴，欲往下应和初六，又怕失去六五的信任，因此进退两难，而不安其身，不免于危厉。

居九四之位，人如硕鼠，虽贞也是危厉，是无德以称其位，无才以辅其君，所以《小象辞》说"位不当也"。身居高位要职，无德亦无能，对上谄媚，对下受贿，首鼠两端，五技而穷，其结局当然是危厉了。

六五：悔亡，失得勿恤，往吉，无不利。
《象》曰：失得勿恤，往有庆也。

【译文】

六五，悔恨消除，不患得患失，前往吉祥，没有不利。
《小象辞》说：不患得患失，前往有喜庆之事。

【释辞】

恤：忧虑。

【观象会意】

六五以柔居君位，不当位，宜有悔。所以是悔亡，即《象辞》所指"柔进而上行"。

进德需要阳刚之气，而六五缺乏，所以为失，恤是忧虑，互卦坎为加忧，有恤之象，五爻变则坎象毁，所以不必忧恤。火无定体，失得是其常事。六五从卦象看，是日出地上，如早晨的太阳，不是偏西和下午的太阳。从卦德上看，居大明之中而下面顺从。从卦变看为飞龙在天的大人君主。

晋卦六爻中，只有六五一爻最佳，所以《小象辞》说："往有庆也。"悔亡，是居中而行正，失得勿恤，是居离卦之中，虚中则廓然大公，不以失得累其心也，所以是吉无不利。来知德说："六五柔中为自昭明德之主，天下臣民莫不顺而丽之，是以事皆悔亡，而心则不累于得失，以这般的心胸前往，所以是吉无不利。"

上九：晋其角，维用伐邑。厉吉无咎。贞吝。
《象》曰：维用伐邑，道未光也。

【译文】

上九，升进到角尖，用以征伐邑国，虽有危厉，可获吉祥。没有咎害，占卜有吝难。

《小象辞》说：用以征伐邑国，前进的道路未有光明。

【观象会意】

离为牛，上九居离之上，有角之象。上九以刚居卦之极，故取角为象。程颐说："以阳居上刚之极也，在晋之上进之极也，无所用而可维独用于伐邑，则虽厉而吉，且无咎也。伐四方者，治外也，伐其居邑者，治内也。言伐邑谓内自治也，人之自治，刚极则守道愈固，进极则迁善愈速。如上九者，以之自治则虽伤于厉而吉，且无咎也。"

晋其角，是上进之极，光明将终，日已晚矣之象。角在头上，晋其角，说的是想前进而前方没有地方了，是前无所进了。维是维系，是系恋六三的阴私，阳系恋阴柔的都是不光明的事，所以《小象辞》说"未光"。坤为邑、为众，离为戈兵，此爻变震，众人戈兵震动，伐邑之象，所以离卦上九变震是"王用出征"。邑，就是内卦坤土为邑，上九光明已极，又是晋卦之终，前无所进，只有心系恋于六三，所应的阴私，所以有晋其角，维用伐邑之象。系恋六三又攻伐其邑，其道本不光明，然而从大道理上说，若应当讨伐而征伐，事情虽然危厉，也是吉祥的，且没有什么过错了。

【易学通感】

《大象辞》的光明出于地上，以离日比喻道德的光明，以坤地比喻人的欲望和自私。太阳是光明的，然而落入地下，天空就黑暗，好比人的本性是善良的，但是沉溺于欲望之中，其人性光辉的一面就被掩盖。所以自昭明德，好像太阳升起于地面。自昭就是格物致知，以消除遮蔽光明的私欲，就是诚意、正心、修身，以实践其自我昭示心中善良的本质。明德者，顺乎天道也，即仁义礼智信五伦之道德之于一身，此德充塞于天地之间，如明日当空，所以是"天行健，君子以自强不息"。阐发以述之，自昭明德，就是点燃自己心中的明灯，驱除心间的黑暗。照亮内心世界，这也就是佛家《心经》所说的"照见五蕴皆空"。王阳明说："自昭也者，自去其私欲之蔽而已。"

明夷　第三十六卦

坎宫游魂卦

明夷 ䷡ 离下坤上 中爻坎震　　【错】䷅ 讼　　【综】䷢ 晋

【题解】

明夷卦下离上坤，是日没入地中之象。卦义是光明受到伤害，为日落时刻。象征昏君当政，世道黑暗。喻君子处艰难之中，既要守正不阿，又要韬光养晦。

夷，是受伤的意思。明夷卦，坤上离下，与晋卦互为综卦。晋卦是日出地上，明夷卦是日入地中，光明被大地所掩盖，犹如光明被伤害。用于人事，是君子被小人所伤害，处无道昏暗之世，进退不可，周旋不能，所以必艰难守贞，委曲求全，才利以存身。《序卦传》："晋者，进也。进必有所伤，故受之以明夷。"《杂卦传》："明夷，诛也。"诛是灭，明夷即是诛灭。明夷卦是光明入于地中，是太阳落山之象，光明熄灭，一片黑暗。明夷卦用于人类社会是政治黑暗之卦，昏君在上，明者受伤。政坛昏而暗，人性堕落，文明沉沦。

明夷：利艰贞。

【译文】

光明被伤害，利于在艰难中坚守正道。

《象》曰：明入地中，明夷。内文明而外柔顺，以蒙大难，文王以之。　利艰贞，晦其明也，内难而能正其志，箕子以之。

【译文】

《象辞》说：光明沉入地下，是明夷卦的象征。内有文明之德，外有柔顺之行，在蒙受大难之时，周文王采取的就是这种态度；利于在艰难中坚守正道，韬光养晦，在遇到同党近亲施加祸难时，就固守心志之正，箕子采取的就是这种态度。

《象》曰：明入地中，明夷；君子以莅众，用晦而明。

【译文】

《大象辞》说：光明沉入地下，是明夷的卦象。君子领悟此卦义，在治理百姓的政事中，能够自我晦藏其明，反而更彰显出道德光明。

【释辞】

莅：音立（lì），临的意思。莅众，是治理民众。

【观象会意】

夷，是受伤。日出地上，才能放出光明；入于地中，光明受到伤害。二至四爻互坎，坎为险，所以是艰。坤安，所以是利贞。利艰贞，说的是当明夷之世，应当以艰苦贞定之志，自守其节操。离为文明。坤体柔顺，离内坤为文，互震为王，故说文王。纣之时，文王囚羑里，所以是蒙难。坤色为黑，坎义为隐伏，光明伏于地下，故曰晦其明。

互坎在下，所以说内难，坎为志为正，"内难而能正其志"，箕子是这么做的。坤为众，故说莅众。用晦而明，是不用光明来彰显光明，而是以晦暗反衬光明。如聪明之人要装佯狂，不显露其光明，是韬光养晦之义。地在上，日在下，光明在内，君子效法卦象保存宽厚之德，去其刻薄残忍的洞察之心治理民众，如小过必赦，疑罪从轻，是居上者宽以治人。莅众用晦，是修己以治人。

明夷一卦，全卦皆以"利艰贞"取义，《象》曰君子"用晦而明"，即"利艰贞"之旨。用晦而明，行为上糊涂一点，给人留有余地。是韬光养晦之义。

初九：明夷于飞，垂其翼。 君子于行，三日不食，有攸往，主人有言。

《象》曰：君子于行，义不食也。

【译文】

初九，光明受到伤害时，急速逃走如飞，像鸟儿收敛翅膀，君子远行避祸，几天都吃不上饭，想望门投止，所遇主人却有怀疑责怪的闲言碎语。

《小象辞》说：君子远走遯行，在道义上不能留下来食朝廷俸禄。

【观象会意】

离为雉，有鸟之象。初爻动离火变艮山，是经火焚过之山，为火山旅。火焚山，过而不留，有旅之象。《左传》云："明夷，日也。日之谦当鸟，故曰明夷于飞。明而未融，故曰垂其翼。象日之动，故曰君子于行。"初爻动卦变谦，独一阳在中，卦之中为鸟身，初和六上下为翼，所以小过卦初六曰飞，上六亦曰飞，都是以巽来说的。初爻居下，所以是垂其翼。鸟垂其翼还能飞，是受伤不太重之象。

初应在四，四互震，震为往，为君子，为言，所以说有攸往，主人有言。离数三，离为日，所以说三日。离中虚，离为大腹，震为口，为食，坤为闭，所以说三日不食。君子于行，是见机而欲行，不食是自悲其见伤而不食，前人认为是伯夷耻食周粟之事。有攸往，是于行而长往，互爻震足，有行而长往之象。主人是上互巽。巽，东南方，主人位。主人有言，是君子有攸往，所遇到的主人对君子说的话。主人与君子不相合，用言语讥伤其君子。

此爻是初九阳明在下，当伤之时，所以有飞而垂其翼之象。占卜者不只是出行有吃不上饭的困境，还可能遭受到言语的讥讽。《象传》说："君子于行，义不食也。"程颐认为："君子遯藏而困穷，义当然也。唯义之当然，故安处而无闷，虽不食可也。"

六二：明夷，夷于左股，用拯马壮，吉。

《象》曰：六二之吉，顺以则也。

【译文】

六二，光明受到伤害，伤到左边大腿，用健壮的马把伤者驮出险境，吉祥。

《小象辞》说：六二的吉祥，因为能以柔顺之道来适应黑暗的社会，保持中正的法则。

【观象会意】

二在下体之中，所以为股。夷于左股，是伤害还没有达到上体。互震为左，巽为股，巽伏不见，所以说伤于左股。马壮指九三，三互震为马，坎亦为美脊马。九三阳爻，故壮。坎马震动于前，有用拯马壮之象。明夷卦取象近取诸身。所以初二为股，三、四为腹，五、上为首，腹居下体，是以人身上下为前后。凡是《周易》中谈到左，都是后面的意思，如师卦的"师左次"，后人所说的"左迁"。此爻变，互卦为乾，乾为健马，有壮之象，用健壮之马以救之则吉祥。

九三：明夷于南狩，得其大首，不可疾贞。
《象》曰：南狩之志，乃大得也。

【译文】

九三，光明受到伤害时，向光明的南方狩猎除害，诛灭元凶，但除恶不可操之过急，应当守持正道。

《小象辞》说：向南方巡狩的志向，必将大有所得。

【释辞】

狩：狩猎，去除害兽。南狩，南方代表光明所立。即向光明方向前进以除害。

大首：指昏君。喻上六。

不可疾：疾，急。意为铲除黑暗要有过程，不能操之过急。

【观象会意】

南狩是去南方狩猎。不言征伐而说狩，因为按礼制下不可伐上，故以狩猎而有收获来比拟。离为火，居南方。离为戈兵，中爻震动，是戈兵震动，出征讨伐之象。大首是元凶。上坤错卦为乾，乾为首，是首之象，上六居天位有大首之象。

不可疾，是不可急也。九三阳刚在离体之上，是阳刚光明之臣，上六为坤之极至暗之象，三与上六相应，是至明胜至暗之象。不可急，九三将取代上六位置，必须等待天时，地利和人和的条件俱备，时机不成熟就会失其正，所谓名不正言不顺了。卦象又如李士鉁所说："二至五互师，狩象。狩，冬猎也。互坎为冬。不言伐而言狩者，下不可伐上，故言狩而有得也。事出非常，当缓进徐行，不宜疾进，通权达变，不守常经，故不可疾贞。"

《象辞》说："南狩之志，乃大得也。"从卦象上看，九三阳刚上遇三阴，畅通无阻，所以是大有所得。从卦理上分析，如程颐所说："夫以下之明，除上之暗，其志在去害而已。如商周之汤武，岂有意于利天下乎！得其大首，是能去害而大得其志矣。志苟不然，乃悖乱之事也。"九三顺应天道而南狩，是得民心，所以除暴以安民，正是代表了人民的志向。

六四：入于左腹，获明夷之心，于出门庭。
《象》曰：入于左腹，获心意也。

【译文】

六四，近臣进入左腹，获悉昏君的心事，进谏无效，只好走出门庭逃避（指微子劝谏纣王）。

《小象辞》说：近臣进入左腹，了解了真实心意。

【观象会意】

坤为腹，为门庭，为心，四在上体之下，所以是左腹。四爻变，中爻互巽，巽为入，有入之象。坤暗，所以获明夷之心。于出门庭，互震为出，是爻上升到四进入坤体，熟悉了昏暗的内幕，于是逃离而去。

来知德认为此爻是指微子而说的，认为初爻指伯夷，二爻指文王，三爻指武王，五爻指箕子，上六指纣王，所以此爻指微子无疑了。微子是纣王同姓，左右心腹之臣，说微子在纣王左右，如左腹内，洞察纣王黑暗无道，得明夷之心，知必亡而不可辅佐，于是走出门庭而遁去。尚秉和说："坤为心意，故曰获心意也。"

六五：箕子之明夷，利贞。
《象》曰：箕子之贞，明不可息也。

【译文】

六五，箕子的光明受到伤害时，利于他的守正不移。

《小象辞》说：箕子韬光养晦，固守正道，因为六五内心的光明不可熄灭。

【观象会意】

六五在上卦坤中，居于最黑暗之处，用于人事是居昏暗之君最近，易五爻为君位。但处明夷之时，是天下无君。而明夷九三说"得其大首"，指明昏君是上六。六五以阳爻居尊位，所以指箕子，箕子为殷宗亲，辅佐君王治理国家，有如周公摄政。箕子圣贤，但纣王昏庸而不用，所以箕子自晦其明，但箕子虽装疯卖傻以避其祸，内心的光明却不可熄灭。

韩非子云："纣为长夜之欲，以失日问左右，尽不知，使问箕子。箕子曰，为天下主，一国皆失日，天下其危矣！一国皆不知，我独知之，吾其危矣！辞以醉不知。是皆箕子明夷之事。明不可息，犹日食人见其伤，而日固自若也。"

上六：不明晦，初登于天，后入于地。
《象》曰：初登于天，照四国也；后入于地，失则也。

【译文】

上六，不发出光明反生出黑暗，开始它升到天上，最终却坠入地下。

《小象辞》说：开始升到天上，光明照耀四方；最终堕入地下，是违背了正确的法则。

【观象会意】

明夷的综卦是晋卦，晋卦日在地上为白昼，所以是初登于天。晋卦覆则成明夷，明夷日在地下变成黑夜，所以是后入于地，入地晦暗，所以不明。上六是为明夷之主，卦至上六形成了明夷之象。上六以阴居坤土之极，是昏暗到了极点，这是晋和明夷往复不已之象。用于人事，小人处盛位，虽高必崩。不行其正道，不恒守其德，而以善为结局的，是从来没有的。所以最初登于天，后入于地，其下场是可想而知的。

《小象辞》所云："照四国也。"坤为国，互震数四，故说四国。失则指九三，上六为四、五二阴所阻，不能应于九三，所以是失则。从卦德上看，君临天下的人应当以爱民为己任，就会受到拥戴。如果害民伤民，则失去了卦象所昭示的法则，六二爻辞说"顺以则"，是提示《象辞》内文明而外柔顺的法则。上六的失则，是居坤顺之极，而内心却昏暗无比，所以失去坤道的法则了。

【易学通感】

明夷一卦，要旨全在"用晦"二字。《大象辞》以领导统御的智慧，来阐发明夷之理。水至清则无鱼，晦明也是帝王之术。《韩非子·主道篇》讲君主统御之道："道在不可见，用在不可知。虚静无事，以暗见疵。"对臣下的作为，明里装糊涂，暗中在考核，有不测之威。这一招儿够厉害的了。

家人 第三十七卦

巽宫二世卦

家人 ䷤ 离下巽上
中爻坎离　　【错】 ䷧ 解　　【综】 ䷥ 睽

【题解】

家人卦阐述治家之道。《序卦传》说:"夷者,伤也。伤于外者必反于家,故受之以家人。"人在外面打拼受挫,返回家内休养生息,这是家人卦排在明夷之后的原因。家人卦说的是一家之人,家人卦九五、六二两爻内外各得其正,有男主外、女主内的意义。

家人卦阐述治家之道,主要讲夫妇关系,夫妇的伦常关系处理得好,扩展到社会,才能建立起社会的伦理道德。家道的要害在女子居正,本卦男严妇顺、夫唱妇随的观念,引发出"男尊女卑"的思想,影响了中国传统的家庭观念。

家人:利女贞。

【译文】

家人卦,利于女子守正。

《彖》曰:家人,女正位乎内,男正位乎外,男女正,天地之大义也。家人有严君焉,父母之谓也。父父,子子,兄兄,弟弟,夫夫,妇妇,而家道正;正家,而天下定矣。

【译文】

《彖辞》说：家人卦，女子在家内主持家务，地位正，男子管理外部事情，地位正。男女居室正位得体，是天地阴阳配合的大道理。一家之内有严明的家长，是指父母说的。父亲要尽父亲的职责，儿子要尽儿子的责任，长兄要尽长兄的责任，弟弟要尽弟弟的责任，丈夫要尽丈夫的责任，妻子要尽妻子的责任，那么家道就正常有序了。家道正，天下就能治理好，实现安定。

《象》曰：风自火出，家人；君子以言有物而行有恒。

【译文】

《大象辞》说：风从火中产生，象征以内为本，向外延伸，是家人卦之象。君子因此说话务求有具体内容，做事要持之以恒，有始有终。

【观象会意】

家人以女子为主。长女、中女各得其正，故曰利女贞。女子贞正，是家人之本，是治家的首要任务。虽然是指妇女而言，而妇女能正的根本是在于丈夫，所以是利女贞。《彖辞》说的是上巽下离二体，所以说女贞。《彖辞》是指六二和九五两爻说的，所以说男女。女子之正是由于男子之正的结果，六二柔爻正而居内卦，是女性持柔顺之德以正内，九五阳刚得正居外卦，是男性秉健德以正外，男女之义本于天地，各得其正，男正而后女正，所以说天地之大义也。

父母皆得正位，故说严君，严君是家庭之尊，指家长。卦下五爻各得正，所以说父父、子子、兄兄、弟弟、夫夫、妇妇。初震爻，震为子，为兄、为夫。三居艮爻又互坎，坎艮都是弟，巽为妇，父子、兄弟、夫妇皆得正，则家正，家齐则国治，所以说天下定。刘沅说："以卦画推之，则上父、初子，五、三夫，四、二妇，以遁变言，则乾为父，艮为子，三变震为兄，艮为弟，震为夫，巽为妇。以卦象言，初、上则阳蔽于外，家也；其内则人也。五正外为父，二正内为母，以次相承。"李士鉁说："长女在上，中女在下，次序之正。二阴五阳，相应之正。四承五，二承三，阴阳之正。"

《大象辞》所说"风自火出"，是火炎上而风形成，是自内及外的意思，知道风自火出之象，就知道风化的根本出自于家庭，而家庭的根本又出自于人。

有物是有内容，即不说空话。孝则有实际行动，以兄长的实际行动影响兄弟，则兄弟也能做到实了。有恒是能坚持恒久而笃行不变，孝则终身，悌者终身，言有物是说话要兼顾行为，行有恒，是行为要按照所说的去坚持，这是说言行要始终如一，能做到这样，则身修、家齐、风化从此而出了。

初九：闲有家，悔亡。
《象》曰：闲有家，志未变也。

【译文】

初九，要有严格的约束，才能建立起家庭，悔恨消亡。
《小象辞》说：要有严格的约束，才能建立起家庭，是志向未有改变。

【观象会意】

闲，是防范，闲字从门，从木，木设于门内，所以防闲的意思。初爻变，下卦成艮，艮为门、又为止。闲有家，是防范一家之众的约束，使其父父、子子、兄兄、弟弟、夫夫、妇妇各尽其责。初九以阳明、阳刚处有家规之治，离明则有预防先见之明，阳刚则有整肃威如之吉，所以有闲其家之象。以此道而治理家庭，则有思患预防家道之乱，所以说悔恨消亡。

《小象辞》说，志未变也。初应在四，四居坎体，坎为志，志为变，说的是初与四正应，是不敢变的，变就失去了应援。

六二：无攸遂，在中馈，贞吉。
《象》曰：六二之吉，顺以巽也。

【译文】

六二，不自作主张，在家中操持饮食，守持正道，吉祥。
《小象辞》说：六二的吉祥，是由于柔顺而能谦逊。

【释辞】

遂：成。一说遂，恣意，主张。

馈：音窥（kuì），中馈，在家中操持饮食。

【观象会意】

攸，是所的意思。遂，是自作主张。无攸遂，说的是凡家门外的事，全听命于夫，不自作主张。馈，是主饮食。吃饭是家内之事，所以说中馈。中爻坎有饮食之象，说六二不自作主张，只掌管家庭饮食之事，六二柔顺中正，是女正位乎内的人。

刘沅说："二与五应，为妻从夫象。互坎为酒食，离为烹饪，馈食，妇人常业，该凡内外之事，贞即女贞，所谓正乎内者也。"

九三：家人嗃嗃，悔厉，吉；妇子嘻嘻，终吝。

《象》曰：家人嗃嗃，未失也；妇子嘻嘻，失家节也。

【译文】

九三，家里人嚎嚎训斥，性情危厉但是吉祥；妇女孩子嘻嘻哈哈，会有吝难。

《小象辞》说：家里人嚎嚎训斥，没有失去治家之道；妇女孩子嘻嘻哈哈，失去了治家的规矩。

【释辞】

嗃嗃：音鹤（hè），严厉的样子。

【观象会意】

此爻独称家人，九三居内卦之上，是一家之主。又处于二阴之间，有为夫之象。在一家之中，只有家主才敢大声训斥。妇是指儿媳妇，子指儿子。九三过刚而不中，巽为风，为号。离火炎上，声大且急，所以有嗃嗃之象。家中如此，不免伤于感情，所以悔厉。

然而家道严厉，则让人威惧，不至于做出违犯伦常之事，而妇子嘻嘻，管得太松，则失去了治家的节度。程颐说："骨肉恩胜，严过故悔。然而家道齐肃，人心祇畏，犹为家之吉也。"王弼说："家与其渎，宁过乎严。"

六四：富家，大吉。
《象》曰：富家大吉，顺在位也。

【译文】

六四，家业富足，大吉。

《小象辞》说：家业富足，大吉，是顺从的妇人占有了得当的位置。

【观象会意】

四爻上巽之主，变动为乾，又是互巽，巽体而顺，三阳为实，积其上，富家之象。巽为工、为帛、为近利市三倍。乾为金、为玉，都有富象。阳为大，正则吉，富家大吉也。四爻在他卦为臣道，在本卦为妻道，丈夫主教一家，妇主养一家。老子《道德经》说："我独异于人而贵食母。"焦竑解之曰："母主养，曰食母。父，主教，曰教父。"

《小象辞》说的富家的缘故，是六四巽顺以承阳，五得位，故说顺在位。治家之道，以刚正威严为善，戒在于柔顺，故家人初、三、五皆吉，上九威如终吉。二与四柔也，于治家无取。四巽体而顺，贤女在位而有顺德，能节用理财，是保其家的人，不是治理家的人。

九五，王假有家，勿恤，吉。
《象》曰：王假有家，交相爱也。

【译文】

九五，家长以美德感化众人，以正其家，不必忧虑，吉祥。

《小象辞》说：家长以美德感化众人，使家人相亲相爱。

【释辞】

假：音格（gé），王注，格，至也。

【观象会意】

五乾为王。格，是至的意思。王假有家，是说王以至德感格家人，所行没有不正的。所以无所忧虑而吉祥。五刚而巽乎外，二柔而顺乎内，中正相应，故曰交相爱也。自古圣王没有不以修身正家为本的，所谓刑于寡妻，至于兄弟，以御于家邦。

有家即指初九的有家，初九有家是家道之始。九五的有家是家道之成。家道之成的过程是初闲有家，二主中馈，三治家严，四巽顺以保其家，所以皆吉，然而不免有忧恤的过程，而后吉祥。而九五之王有家而不恤，而知其吉，因为中爻互坎，坎为忧恤之象，此爻出于坎之外，之中的坎险过去了，所以勿恤。九五刚健中正，至于有家之上，是修身、齐家、正天下的人，所以不忧而吉。

上九：有孚，威如，终吉。
《象》曰：威如之吉，反身之谓也。

【译文】

上九，有诚信有威望，终会获得吉祥。
《小象辞》说：有威望的吉祥，是能够反身修德的结果。

【观象会意】

上九居家之上，如老太爷，为全家所爱戴，所以说有孚，有威望。吉居卦终，所以是终吉。司马光说："以阳居上，家之至尊者，家人望之以为仪表。苟其身正，不令而行。是以内至诚，为下所信，然后威如可畏，而获终吉。"

程颐说："上卦之终，家道之成，故极言治家之本，治家之道，非至诚不能也。中有孚信，则能长久，而众人自化为善，不由至诚，已且不能常守，况欲使人乎？妻孥情爱之间，慈过则无严，恩胜则掩义，故家之患，常在礼法不足，而渎慢生也。长失尊严，少忘恭顺，而家不乱，未之有也。"巽伏为震，震为威，上卦是震巽相反覆，所以说反身。

【易学通感】

家的含义，有房、有猪才是家。夷者伤也，伤于外者，必反于家，故受之以家人。家人者，家中之人也。有钱没钱，回家过年。什么是家，那是我的父母、兄弟姊妹生活的地方。70年代，我一人下乡在铁岭与抚顺接壤的樟木沟，全家下放在开原东北最偏僻的新边村，都在受苦受难，却人各一方。每临夜深人静，惦念父母和兄弟姊妹，一个人蜷缩在被窝里，收听来自海峡对岸的电波："家是宿鸟的巢，在冰霜雨雪中，它赐给你温暖；家是水手的港，在惊涛骇浪里，它维护你安全。"这温馨而又亲切的声音，熨平了心灵的创伤。给我信心和力量。家是充电器和加油站，它充满你的能量，使你精神饱满，重新踏上征程，去迎接人生新的挑战。

睽　第三十八卦

艮宫四世卦

睽 ䷥ 兑下离上　　【错】䷍ 寒　　【综】䷤ 家人
中爻离坎

【题解】

睽字，从目从癸。《六书》说："反目为睽。"《说文》："目不相听也。"听是从，不相听，即不相从。两只眼睛不往一处看。睽卦本义是目不相视，引申为相背离，乖异，分道扬镳。睽卦上离下兑，离火炎上，兑泽润下，二体相违之象。

但睽卦卦旨却是在分离中求和求同。即虽处于睽异之时，必有可合之处，用柔和细致方法顺利引导，则睽违终合。睽卦卦义是乖违。离火炎上，兑泽润下，上下相违之象，睽卦刚柔皆失位，未能大有作为，所以只能做小事。《象辞》说柔得中，是以小事吉也，刚失位而不中是以不可大事也。

《序卦传》说："家道穷必乖，故受之以睽。睽，乖也。"睽卦与家人卦互为综卦，其意义也相反，家人讲和谐相处，睽卦讲分离和对立，在对立中因循变化以寻求统一。

睽：小事吉。

【译文】

睽卦，处理小事吉祥。

《彖》曰：睽，火动而上，泽动而下；二女同居，其志不同行。说而丽乎明，柔进而上行，得中而应乎刚，是以小事吉。天地睽而其事同也，男女睽而其志通也，万物睽而其事类也。睽之时用大矣哉！

【译文】

睽卦，离火向上烧，泽水向下流。中女、少女虽同居一室，她们的志向却不相同。快乐又附丽着光明，柔者向上行进，得中而能与阳刚者相应，所以小事吉祥。天地相违，但它们化生万物的功劳相同；男女相违，但他们的志向相通；万物形体不同，但它们生长发育的情况是相似的。睽卦与时偕行的用处太大了。

《象》曰：上火下泽，睽；君子以同而异。

【译文】

《大象辞》说：火向上燃烧，泽水向下流淌，是睽卦的象征，君子观看这一卦象，要求同存异。

【释辞】

睽：音 kuí，卦名。卦义，目不相视，乖异，背离，对立。

【观象会意】

虞翻说："小谓五，阴称小。"六五得中有应，所以是小事吉。尚秉和说："卦三至五两目相背，相背则视乖。"睽是乖离，人心已经乖离，只能以怀柔之道处理，慢慢转变就吉祥。说小事吉，小事好比一人之事，可行其志。若大事，则必志同道合的人在一起奋斗，才能成功。离火动而炎上，泽水动而向下，愈去愈远，所以是火泽之睽。好比人虽同居而志向不同。中女少女同居于家，而心中想法各异，诗云："女子有行，远父母兄弟。"女子迟早要出嫁，各自组成自己的家庭，所以是其志不同行。离和兑同为女子，为何其志不同？是二女都到了出嫁之时，心各有所归，所以睽违是时段问题。

睽是家人的综卦。睽卦上离、互离，光明是相同的，本体相同，所以有合睽之道。从上离下兑看。悦而应乎明，柔得中而应刚，不可以做大事，为什么呢？因为柔进上行而得尊位。处睽之时，人情乖离，人心之惑未能坚固，非刚健中正者不能整合天下之睽，如睽之柔，其才足以应对小事。宇宙间天地男女和万物，其形体虽然睽违对立，但万物无不有阴阳，阴阳二物，无不和而同也，必和而为美，这是确定无疑的。如刚上而柔下，是天地之睽也；天施地生，养育万物，其事同也。坎外离内，是男女之睽也；男上女下，乃有宜家，其志通也。阳生阴成，物无二理，其事类也。如程颐说："天高地下，而化育之事同，男女异质，而相求之志通，生物万殊，而得天地之和，禀阴阳之气，则类也。处睽之时，合睽之用，其事至大。"从爻位上看，二至上，阴阳失位，都属于睽异，但阴阳以相与，是异中见同，有治睽之道。

《大象辞》说："君子以同而异。"离兑二女同为阴卦，是为同，而火炎上，泽润下，两者之异。君子之所同者，是人之大伦也，是存乎天理之大道也。然而人处于世中，是各尽其道，决不苟同以随波逐流，是其为异之处，但天下没有不同之理，而有不同之事，各异其事而同其理，这就是以同而异。这就是《中庸》所言："和而不流。"晏平仲所言："同之不可也。"

初九：悔亡。丧马勿逐，自复。见恶人，无咎。
《象》曰："见恶人"，以辟咎也。

【译文】

初九，悔恨消亡。丢失了马不要去追逐，让它自己回来。去会见恶人，没有害处。

《小象辞》说：去会见恶人，可避免过咎。

【观象会意】

1. 虞翻说："坎为马，离为见。" 2. 尚秉和说："震为马，兑二折震，故曰，丧马。震为复，二必升五，升五则下成震，故曰自复。离为恶人，初前遇之，兑见，故曰见恶人。盖初居潜龙之位，勿用之时，居易俟命，无所动作，故悔亡而无咎也。" 3. 来知德说："中爻坎为亟心之马，马亟心倏然丧去，丧马之象也，坎为盗，恶人之象也，中爻离为戈兵，亦恶人之象也。初九当睽之时，上无应与相援，若有悔矣，然阳刚得正，故占者悔亡，但时正当睽，不可强求人之必合，故必去者不追，惟听其还。来者不拒，虽恶人亦见矣。此善处睽者也，能如是则悔亡而无咎矣。"

　　九二：遇主于巷，无咎。
　　《象》曰：遇主于巷，未失道也。

【译文】

九二，在小巷中遇见主人，没有过错。

《小象辞》说：在小巷中遇见主人，并未失去君臣会合的正道。

【观象会意】

主，指六五。王弼说："处睽失位，将无所安，五亦失位，俱求其党，出门同趣，不期而遇。"巷，是宫中之道。刘沅说："无心而会曰遇，离为目，主象，五君位，亦主象。离中虚，两阳横亘其外，巷象。五得中而应乎刚，自求贤臣。九二刚中不苟于同，不意而遇主于巷，故不失道。"

《春秋》笔法，符合礼制的见面为"会"，不拘于礼制的见面写作"遇"。如"不期而遇"。朱震说："九二以刚中之德，遇六五济睽之主，人情睽离之时。二、五皆非正应，五来求二，兑变震艮，睽者，家人之反，艮为门，为径。家门之有径者，巷也。二往应之，离变巽，巽东南，主人位也。五来求二，二适往应，是以相遇，故曰'遇主于巷'。"

九二为下卦中心，和居君位的六五相见，柔弱之主得刚中之臣为辅，本是鱼水之合，但处于睽离世道，不在正式场合相会，礼虽不备，但未失君臣相合的正道。九二以刚中而居悦体，上应六五，六五正当人心睽违之时，柔弱已甚，欲思贤明之人以辅之，二以悦体，两情相合，正是得中而应乎刚也。故有"遇主于巷"之象。

　　六三：见舆曳，其牛掣。其人天且劓。无初有终。
　　《象》曰：见舆曳，位不当也。无初有终，遇刚也。

287

【译文】

六三，看见大车被拖曳难行，牛受牵制不进，驾车的人遭受削发和割鼻的刑罚，起初不好，最终有好的结果。

《小象辞》说：看见大车被拖曳难行，是六三居位不当，起初睽违，终将遇合，是六三终将与阳刚相合。

【释辞】

曳：拖，拉。

掣：音彻（chè），牵制。

天：虞翻曰："黥额为天，割鼻为劓。"指在罪人额上刺字，涂罩，称为黥刑。胡瑗认为：天当作"而"字，是髡刑，剃光头发。

劓：音意（yì），古代割鼻之刑。

【观象会意】

三坤为舆、为牛，离目为见，四前刚为牛角，离火欲上，坎水为下，是看见牛拉车之象。离为一角上仰，坎为一角下俯，仰俯，是牛顿掣也。见舆曳而不行，其牛俯仰而顿掣，是指九四拒阻于前方。二乾爻为天，三坎之柔为发，而兑毁之，是髡其首之象。马融说："刻凿其额为天。"程颐说："髡其首为天。"从象上分析，程说为是。伏艮为鼻，兑金制之，是刑其鼻。其人天且劓者，说的是其人既为九四扼止于前，如努力向前进，又为九二牵制于后，所处不当位，所以人情上下恶之。

然而动得其正，睽极则通，初虽艰难，终必遇之。三遇上刚，二、四之象毁，坤舆前进而上行，所以说"无初有终，遇刚也"。刘沅说："离为目，见象。又为牛，变乾，又互坎，舆象，曳象，兑伏艮手，掣象，阴居两阳之中，前曳后掣，进退维谷。"又曰："兑口，上为鼻，伏艮变象鼻。离为干戈在前，兑毁折，鼻上加干戈，劓象。位不当，阴居阳位，二四两阳又厄之，刚谓上九，三与上正应，非二、四所能终间。"

六三睽之时处不当位，其柔不能自进，欲往而应合上九，上下二刚纠缠它。然六三、上九为正应，而三居两阳之间，后为二所曳，前为四所掣忌方深，故有髡劓之伤，然邪不胜正，终必得合。

九四：睽孤，遇元夫，交孚，厉无咎。
《象》曰：交孚无咎，志行也。

【译文】

九四，乖离孤独的人，遇到大丈夫，互相信任，有危险但没有过失。

《小象辞》说：互相信任，没有过失，是心志得以实行。

【观象会意】

元夫指初九，处于卦之始，故称元夫。九四以阳居阴位，处不当位，介于二阴之间，六五感应九二，六三感应上九，四孤独无应，处睽之时而又孤独，所以是"睽孤"。"元夫"说：1. 虞翻："四应初变为震，震为夫。" 2. 孔颖达："元夫谓初九，处于卦始，故曰元夫。" 3. 朱熹："睽孤，谓无应与。遇元夫谓得初九，交孚谓同德相信。然当睽时必危厉，乃得无咎。" 4. 程颐："九四当《睽》时，居非所安，无应而在二阴之间，是睽离孤处者也。以刚阳之德，当睽离之时，孤立无与，必以气类相求而合，是以'遇元夫'也，'夫'阳称。'元'，善也。初九当《睽》之初，遂能与同德而亡睽之悔，处睽之至善者也。故目之为元夫，犹云善士也。" 5. 尚秉和："坎为孤为夫。坎者乾元之精，故曰元夫，比曰元永贞，是其义也。四上下皆阴，故曰交孚，坎险故曰厉，交孚则志行，故厉无咎。"

《小象辞》说："志行也。"坎为志，志行，言阳得阴则孚也。九四与初九没有应合，又被其志不同的二阴所包围，在睽之时显得孤独。然与初九是以阳遇阳，同气相求，德自不孤。四居坎中，坎为孚，是坎虽危厉而无咎矣。

六五：悔亡，厥宗噬肤，往何咎？
《象》曰：厥宗噬肤，往有庆也。

【译文】

六五，悔恨消失，六五和同宗九二交合，像噬咬嫩肉一样，前往有什么过错呢？

《小象辞》说：和它的同宗九二交合，像噬咬嫩肉一样，前往有喜庆之事。

【释辞】

厥：其，它的。

宗：宗族。

噬：音筮（shì），咬。

【观象会意】

王弼说："厥宗谓二。"李士鉁说："阴以阳为宗，六五应九二之阳，二五同德，二之阳，五之宗也。"六五睽之时，以柔居尊位，本当有悔。然而本质文明，柔进上行，有柔中之德，下应九二刚中之贤，以刚辅柔，所以悔亡。有厥宗噬肤之象，喻其夫合其甚易。《小象辞》指明其义，言人君虽自己才能不足，若能任贤人以辅佑，则可以有为，往而有福庆也。《象传》说"柔进而上行，得中而应乎刚"，即指六五而说。

上九：睽孤，见豕负涂，载鬼一车，先张之弧，后说之弧，匪寇婚媾，往遇雨则吉。

《象》曰：遇雨之吉，群疑亡也。

【译文】

上九，乖离孤独，恍如看见猪背上沾满泥巴，拉了一车鬼，先是张弓欲射，后又放下弓。弄清了六三并非强寇，而是前来婚配的佳偶。自此以往，仿佛遇到一场雨，洗去猪背上的泥巴，疑雾澄清，终归于吉祥。

《小象辞》说：遇雨的吉祥，是原来所有的疑虑都消失了。

【释辞】

豕：猪，指六三。

负涂：猪伏于泥巴之中。

弧：弓。

说：同脱。

【观象会意】

虞翻说："坎为豕，为弧，为雨，离为矢。"程颐说："睽极则咈戾难合，刚极则躁暴而不详，明极则过察而多疑。"上九以六三为正应，本来不孤，而其才性明察而多疑，睽孤是自己多疑心理导致的。

如郭雍所说："天下之睽，始于疑，疑者，小人之道。睽之成卦，本自二女，故上九极言其疑。"刘沅说："离互坎为豕，入于兑泽，故负涂。坎为车，又为隐忧，故载鬼。离为弓，先张，离虚圆也。后说，兑毁手也。坎为寇盗，三与上正应，故曰婚媾。坎水成泽，故雨。四之孤，以人而孤也，因左右皆阴爻也。上九孤，自孤也，因狐疑而孤也。见者，上九自见为，然而疑之也。上九刚极而过于用明，猜疑益甚，所见愈奇。见豕负涂，疑其不洁而之于己。"

上九为何狐疑呢？上本与六三有感应，本不应孤独，所以睽孤的原因，是处睽离之时，六三和上九之间，有九四存在，所以引起上九狐疑。有如两性分居而异处，又有第三者处于之间，则疑心必然产生。上九处极睽难合之地，过刚而累，极明而察，所疑的四点，无所不至。六三没有回应，难道是九四的罪过吗？是人情有所未通，睽极则通，异极则同，阴阳刚柔没有独处的道理，刚柔往来，则疑情涣然冰释矣，所以后说之弧，知四匪寇也，九刚六柔自婚媾也，所以说匪寇婚媾。

【易学通感】

《彖辞》所说"异而同"，《大象》所说"君子以同而异"，是文化和人格上的差异。人类文明发展的趋势，是在人类文明之大同中，存各民族文化之差异，绝不能标榜异，而否认人类之大同，如极端组织者鼓吹的圣战，铲除异教徒。马其昶说："持一说，建立一宗教，必强人之同于己，徒党怨怨攻击，甚且酿成兵祸，是皆不知君子以同而异之理。"程颐说："不能大同者，乱常拂理之人也；不能独异者，随俗习非之人也。要在同而能异者也。"

君子贵在"以同而异"。保持独立的人格，独立不惧，遯世无闷，不立崖岸以自高，然于同流合污者，亦不敢不有异，天下无不可同之理，而有必不可同之情，情出于理则涉于俗者不能苟同。综合《彖辞》说异而同是讲人类之大同，普世的价值。《象辞》所说同而异，是讲的独立的人格，文化的差异。可以看出中国儒家文化的博大胸襟，独立不惧，遯世不闷的高尚人格。作为政治家，什么叫以异而同？我不赞同你的观点，但是我誓死捍卫你讲话的权利。

蹇 第三十九卦

兑宫四世卦

蹇 ䷦ 艮下坎上
中爻坎离 　　【错】䷥ 睽 　　【综】䷧ 解

【题解】

蹇，本义是足跛，《说文》："蹇"，跛也。引申为行走困难。《序卦传》说："睽者，乖也。乖必有难，故受之以蹇。"蹇卦下体艮山，山高为阻；上体坎水，水深有险。坎险在前，艮止在后，故行进困难。蹇卦是处于逆境的卦，身处逆境之中，必须可行则行，宜止则止。《象传》说"见险而能止"，是遇蹇之时的明智态度。

蹇：利西南，不利东北。利见大人，贞吉。

【译文】

蹇卦，利于走向西南平地，不利于走向东北山地，利于见到大德大能之人，守持正道吉祥。

《彖》曰：蹇，难也，险在前也。见险而能止，知矣哉！蹇利西南，往得中也。不利东北，其道穷也。利见大人，往有功也。当位贞吉，以正邦也。蹇之时用大矣哉！

【译文】

《彖辞》说：蹇卦象征行走艰难，危险在前方。见到前方有险难而止步，是明智的选择；利于走向西南平地，因为前行能合宜适中；不利于走向东北山地，因为路途穷困；利见大德大能之人，因为前往有功业可成。各当正位，守持正道吉祥，是说可以脱离蹇难，端正自己的邦国。蹇卦的时效意义太重大了！

《象》曰：山上有水，蹇；君子以反身修德。

【译文】

《大象辞》说：蹇卦卦象是山上有水，象征行走艰难。君子因此要反过来对自身进行省察，加强修养道德。

【观象会意】

蹇卦，艮下坎上，见险而止，故为蹇。又外卦是坎，中爻互坎，重重坎险，所以是蹇。蹇难的方位是东北，西南地势平易，东北险阻，从文王卦图来看，艮坎方位都在东北，若在西南方，则没有难了，所以利西南。大人指的是九五。蹇卦从雷山小过卦变来，小过卦，阳进则往居五而得中，退则入于艮而不进，所以其占是利西南而不利东北。艮居东北，三阳穷于上而多凶，所以不利东北，阳上往得尊位，所以利于出见，往五当位居中，所以贞吉。

《彖传》是从卦德、卦体和综卦综合起来解释卦辞的，坎之德为险，居卦之前，事可前进，所以卦名为蹇。艮止于后，停止于后则不冒险，是明哲保身的人，往得中，说的是蹇卦的综卦是解卦，《杂卦传》说："解，缓也；蹇，难也。"说的是解卦下卦之坎，往而为蹇，上卦之坎，所以九五得其中。解卦上卦之震下而为蹇，变成下坎之艮，是蹇难在东北，艮止不行，所以其道穷。文王八卦图东北居圆图之下，西南居圆图之上，所以往而上者入西南之境，所以往得中。往有功，利见九五之大人，则往有功。当位，说的是自二爻以上，五爻皆得正位，有贞之义，所以贞吉。以人事而论，往得中是所往得其地，然后形胜而得所安，如果往非其地，则其道穷了，往有功，是所依靠的得其人。因为九五阳刚中正以居尊位，其德足以感召天下人之心，其执足以吸引天下之士，所以是往有功。正邦是所处所为得其正，所以能明信义于天下，有此三点，方可以济蹇，故孔子叹其时用大矣哉，与睽卦相同。

初六：往蹇，来誉。
《象》曰：往蹇来誉，宜待也。

【译文】

初六，前往必遇险难，返回来值得称誉。

《小象辞》说：前往必遇险难，返回来值得称誉，宜于等待时机。

【观象会意】

蹇字从足，艮为反震，震为足，所以诸爻都以往来言之。往来是进退。初六上临互坎，上进为往，则入于坎了，来是静而不动，是指艮体而言，艮为名故曰誉。王弼说："居止之初，独见前识，睹险而止，以待其进，知矣哉。"

按：阴柔不是济蹇之才，初爻亦非济蹇之位，如果进而往，则犯难而进，退而静处，则有明智之誉，占者遇此，应等待时机。

六二：王臣蹇蹇，匪躬之故。
《象》曰：王臣蹇蹇，终无尤也。

【译文】

六二，君王的贤臣冒着重重困难奋力奔走，不是为了自身利益。

《小象辞》说：君王的贤臣冒着重重困难奋力奔走，最终不会有过错。

【观象会意】

王是指九五，臣是六二。外卦的坎是君王的蹇，互卦中的坎是臣子的蹇，二五两爻在两坎之中，所以说"蹇蹇"。六二居艮体，艮体有"艮其背，不获其身之象"，所以说"匪躬"。匪躬即不有其身之义。此爻是说君王和贤臣都在坎陷之中，是蹇而又蹇又不能济其蹇。六二柔顺中正，事君能致其身，又有匪躬之象，力虽不济，心已捐其身，哪有什么过错呢？

《本义》云："不言吉凶者，鞠躬尽力而已。至于成败利钝，则非所论也，事虽不济亦无可尤。"李士鉁说："王指九五，二为臣位，以阴应阳，以下事上，君臣分定。当蹇之时，膺蹇之任，故称蹇蹇，上卦坎险，蹇而又蹇之象，重蹇不避，鞠躬尽瘁，不为身谋。诗曰'微君之故，胡为乎中露。微君之躬，胡为乎泥中'。为君固不为己身，故曰'匪躬'之故。初、三、四、上皆不得中，故之蹇难之时，往来靡定。二得中应五，君臣之分已定，故不言往来。"

> 九三：往蹇来反。
> 《象》曰：往蹇来反，内喜之也。

【译文】

九三，前往遇到险难，又返了回来。

《小象辞》说：前往遇到险难，又返了回来，得到了内部的欢喜。

【观象会意】

三虽处艮体，而居刚欲动，上往则入于险，只有下来，反就二阴，则反蹇而为平。就是《中庸》所说：君子居易以俟命，小人行险以徼幸。

虞翻认为，内是指下卦的二阴。王弼说："前进进入坎险之中，返回来则得位，为下卦之主，是内卦所恃。"刘沅说："内者，内卦之二也。阴喜从阳，故三反而内喜之。凡忠良得贤士内助，皆象此。"郑杲说："坤象西南得朋。今蹇象曰利西南，五曰大蹇朋来，三曰内喜之，盖亦得朋之义。初宜待，二匪躬，四之兼连三五，上之志内从贵，皆是阴为阳所得也。"

按：九三爻变，下卦为坤，全卦成为水地比卦，是亲比于人之象。所以九三之来反，是反比于六二。六二上应于九五之君，但其才不能济蹇，所以须赖刚强之人来协助，所以六二喜其阳刚之友。九三前往入于坎，所以是往蹇，来则倒艮为震，震为反，所以来反，是反其本位。震又为喜，故《传》曰"内喜之"，说的是三为内艮之主，二阴附之，则来反为众所归，得其所安了。此爻用于修身，人在困难之时重要的是反省自己。

> 六四：往蹇来连。
> 《象》曰：往蹇来连，当位实也。

【译文】

六四，前往遇到险难，返回来与下卦各爻连在一起。

《小象辞》说：返回来与下卦各爻连在一起，是处正承阳，居于实在的位置。

【观象会意】

《本义》认为来连，是连于九三，合力以济蹇。荀爽说："蹇难之世，不安其所，故曰往蹇也；来还承五，则与至尊相连，故曰来连也；处正承阳，故曰当位实也。"沈该说："四当位可进，而阴柔不能独济，来而承五，连于阳实，则得所辅也。"

一说"连"解释为难。尚秉和说："正义，马云连亦难也。"王弼云："往来皆难，是亦训连为难。盖四居上下坎之间，故往来皆难。荀爽谓与至尊相连，朱子谓连于九三皆非也。又屯上六云'泣血连如'。淮南子引作连如，盖与此义同，亦连为难之一言证。"尚氏在解释《象传》"当位实也"说："坎为实，当位实者，言四位当，惟所值上下皆实，故进退难也。坎刚中故为实。《易林·屯之师》云'李梅冬实'，师震为李梅，坎为冬实也。"

九五：大蹇朋来。
《象》曰：大蹇朋来，以中节也。

【译文】

九五，大难之时，朋友前来相助。

《小象辞》说：大难之时，朋友前来相助，因为它坚守中正，附合节操。

【观象会意】

阳大阴小，大是九五之阳，君王之蹇。大蹇，即君王的大难。九五居尊，有刚健中正之德，必有朋友前来相助，下就六二，六二是非躬不顾自己的王臣，必相率而来济蹇数众矣。《小象辞》所谓"以中节也"，以二居艮中。艮，为坚多节木。

赵汝楳说："朋，诸爻也。皆来宗于五，所谓利见大人也。"刘沅说："九五居险中，正当险位，为大蹇。然才德可以济险，阳刚居尊，凡卦中比应之爻，无不仰而赖之、匪躬之二，正应而来，来反之三，又挟二以俱来，来连之四，相比而来，所连之三，亦承四以俱来，故曰朋来。以本爻言之，即象传之当位贞吉，以正邦也；自诸爻言之，即象传之利见大人往有功也。不惟王臣蹇蹇，凡来誉、来反、来连、来硕者，皆欲出而图君。是诸爻以为往者，自五视之，则为来，诸爻以为臣者，自五视之，则为朋。以一中节制群才，无过不及，而蹇之济可知矣。"

上六：往蹇来硕。吉，利见大人。
《象》曰：往蹇来硕，志在内也。利见大人，以从贵也。

【译文】

上六，前往遇到险难，归来收获丰硕，吉祥，利于见大德大能之人。

《小象辞》说：前往遇到险难，归来收获丰硕，志向在内卦。利于见大德大能之人，是顺从九五贵人。

【观象会意】

硕是大。一说，来硕是来就九三，九三阳刚当位，有应，反而就九三。利见大人，是利见九五，以九五之大人，方在蹇中，上与三利见九五，共济其蹇，则往有功。《小象辞》说"志在内也"，即志在内卦。朱震说："上六志在纾难，然柔也，才不足，以柔犯难，故往蹇，柔自外来，求助于九三，三以刚济柔，则难纾，志乃大得，故曰'往蹇来硕，志在内也'。"尚秉和说："应三故曰在内，三体坎故曰志在内，五天子位，故曰从贵。"蹇卦各爻都在蹇难之中，至上六其蹇已终，所以称"吉"。大人指九五，君臣同德，五爻以臣为朋，上以五为君为大人，盖即《象传》所谓"利见大人，往有功也"。

【易学通感】

济蹇三要素：一、选对方向。二、有济蹇之人。三、行贞正之道。《大象辞》所说的"蹇；君子以反身修德"。山上有水，为山所阻，水不得流，是蹇之象也，君子观此象，所思自己言行有所不得者，是自身的蹇，如果一味地怨天尤人，于事无补，只有反身修德，则诚能感物。项平庵说："反身，象《艮》之背，修德，象《坎》之劳。"《语类》曰："泽无水困，故止得致命遂志，若山上有水，蹇，虽曲折多难，然犹可行，故教以反身修德。"程颐说："君子之遇艰阻，必反求诸己，而益自修。"孟子说："行有不得者，皆反求诸己。"

解 第四十卦

震宫二世卦

解 ䷧ 坎下震上　【错】䷤ 家人　　【综】䷦ 蹇
中爻离坎

【题解】

解卦放在蹇卦之后，是解卦有出乎险而患难解散之象。《序卦传》说："蹇者，难也。物不可以终难，故受之以解。解者，缓也。"

从卦象上看，本卦上震为雷，下坎为雨。雷雨交加动乎险外，荡涤宇内，从而万象更新，所以卦名为"解"。解卦用于政治，要旨是通过缓解险难，营造一种安宁和平的社会环境。而排患解难，关键在于清除"小人"。

解卦之解，卦义为解开、解脱、解除、缓解。前卦蹇为难，解卦是难的消散，卦象是居险而动，动则出于险难之外，解卦上雷下雨，雷雨交作，阴阳和畅，百物从冰冻中解散，也有解之象。

解：利西南，无所往，其来复吉。有攸往，夙吉。

【译文】

解卦，利于前往西南方向，无所前往，反转回来就吉祥，有所前往，及早前去，可获吉祥。

《彖》曰：解，险以动，动而免乎险，解。解，利西南，往得众也。其来复吉，乃得中也。有攸往夙吉，往有功也。天地解而雷雨作，雷雨作而百果草木皆甲坼。解之时大矣哉！

【译文】

《彖辞》说：解卦，是在危险中行动，行动而脱离危险，得到解脱。解卦利于西南方，是前往可以得到民众。无所前往，返回来吉祥，能够占据中正的位置，有所前往，及早去可获吉祥。前往必会成功。天地舒解会雷雨交加，雷雨发生百果草木的种子萌发而外壳裂开而出，舒解的时效作用太大了。

《象》曰：雷雨作，解；君子以赦过宥罪。

【译文】

《大象辞》说：雷雨交作，是舒解的象征，君子观此卦象，联想到赦免或宽恕有罪过的人。

【释辞】

解：音谢（xiè）。卦义：解开，解脱，缓解等。

夙：早。与速意思相同。

甲坼：坼，音彻（chè）。种子萌芽外壳裂开。甲，指种子的皮壳，坼，破裂。《说文》："裂也。"

宥：音又（yòu）。宽恕。

【观象会意】

解，是散，动而出于险，是患难解散之象。夙，是早。是告占卜者之辞。是说解卦应当利于向西南方，如果不往西南，来复于东北之地，虽然也吉，但不如西南方之早。解卦和蹇卦相综，解是消解蹇难，无所往。蹇难已解则无事，所以无所往，待其来复。因为大难初平，当清静无为。养元气，定人心，不要生事以扰民，则气息复元，人自复生，所以吉祥。《彖辞》说：坎险在内，震动在外，是动而出乎险之外，免于险难，所以卦名作解。

天地解一段说的是雨水出于天，雷出于地，隆冬之时，阴阳固解不通，所以雷雨不兴。及春阴阳交泰则气解，雷雨交作，于是形随气解，大地冰释，百果草木皆甲坼。甲是植物果实的外壳，外壳萌发，破壳而出，坼，是坼开。王弼说:"天地交通感散,雷雨乃作。雷雨之作,则险厄者亨,否结者散。"程颐说:"天地之功,由解而成。王者法天道,行宽宥,施恩惠,养育兆民,至于昆虫草木。"

《大象辞》从雷雨交作,天地以解万物之屯。君子效法天时赦过宥罪,以解万民之难,正是《杂卦传》解缓的意思。雷雨作,天地之难解,赦过宥罪,万民之难解。解卦下坎互坎,内外有坎,坎为狱。君子当解之时对有过失的,可以赦免不罚,对于有罪的,可以宽宥轻罚,宥是有罪从轻处罚的意思。

初六:无咎。
《象》曰:刚柔之际,义无咎也。

【译文】

初六,没有过错。
《小象辞》说:处刚柔始交之际,从道义上说没有过错。

【观象会意】

初六居解卦之初,是灾难已解之时,以柔居刚,以阴应阳,具有柔而能刚的特点,处灾难已解之时,以柔自处而下刚,是刚而能柔的人,故位虽不正而无咎,是得其宜。宜者,义也。《小象辞》所说"刚柔之际",是刚柔相交际也。方解之初,应当安静以休养生息,初六之柔,九四之刚交相为用,则刚柔相济,而诸事皆得其宜,所以于义无咎。

九二:田获三狐,得黄矢,贞吉。
《象》曰:九二贞吉,得中道也。

【译文】

九二,田猎时得三只狐狸,得到黄色箭头,守正吉祥。
《小象辞》说:九二守正吉祥,是处于中道。

【观象会意】

九二一阳贯穿于二阴之中，故为矢。坎为狐，二应五，五震为田猎，震数为三，所以是田获三狐。朱震说："坎为狐，黄，坤之中色。"刘沅说："坎为狐，又为弓矢。互离伏，离数三，三狐指应比三阴也。离为戈兵，戈兵震动，田象。坎中本坤中，故称黄。一阳乾金，故称矢，黄中矢直。"

九二爻谈的是如何清除小人的问题，三狐系指卦中三阴爻，三阴爻为小人。九二刚中如矢，贯彻二阴之中，又上应六五之阴，即比应之三阴，好比田猎时，以弓箭猎获三狐，得矢才能射获狐狸。以黄矢喻九二的刚中之质，天下之蹇难，是由小人把持朝政所造成，需要有九二刚中之质的强有力人物出现，刚中有柔，刚柔兼备，如此才能清除小人之党，缓解天下的蹇难。

《小象辞》说："九二贞吉，得中道也。"是说九二得其中通之道。要缓解天下之难，从政治上讲，必须除掉把持朝纲的小人，这种重任不是柔弱者所能承担的，也不是过于刚烈的人所能胜任的，只有以阳居阴者能做到，因为他能践行中庸之道。

六三：负且乘，致寇至，贞吝。
《象》曰：负且乘，亦可丑也。自我致戎，又谁咎也？

【译文】

六三，身背重物乘在车上也不肯放下，招来贼寇强夺。占问有悔恨。

《小象辞》说：身背重物乘在车上也不肯放下，是丑态百出，自己招来的贼寇，又能怨谁呢？

【观象会意】

此爻是警示无才无德的人不应当窃居高位。董仲舒说："乘车者，君子之位也，负担者，小人之事也。此言居君子之位，而为庶人之行者，其患必至也。"天下只有才德兼备的人才适合身居高位。六三阴柔之小人，不中也不正，而居下卦之上，是无德而窃居高位的人，遭到罢免和查处是必然的，虽然得居高位，终将失去。好比小人负荷重物，乘在车上也不肯放下，以致招致强盗来抢夺。

益　第四十二卦

巽宫三世卦

益 ䷩ 震下巽上
中爻坤艮　　【错】䷟ 恒　　【综】䷨ 损

【题解】

益卦与损卦相综，损卦是损下益下，所以为损；益卦是损上益下，所以为益。益字有增加的意思，《说文》："饶也"。益卦从否卦变来，上卦乾体损一阳而成巽，下卦坤体益一阳而成震，其象损上益下，恰与损卦相对。益卦之象，下卦震为动；上卦巽为顺，动而顺利，没有阻逆，利于有所前进。又巽为风、为木，木能作舟，漂浮于水上，故有一帆风顺、利涉大川之象。益卦用于政治，减损国家过多的财富，以增益百姓的收入，自然民悦无疆。范仲淹所谓"损上则益下，益下则固其本"是也。这也就是《尚书》所说的"民为邦本，本固邦宁"的道理。

益：利有攸往，利涉大川。

【译文】

益卦，利于有所前往，利于涉越巨流大江。

《彖》曰：益，损上益下，民说无疆，自上下下，其道大光。利有攸往，中正有庆。利涉大川，木道乃行。益动而巽，日进无疆。天施地生，其益无方。凡益之道，与时偕行。

【译文】

《彖辞》说：益卦的卦义是，象征统治者减损自己的财富，使人民增益，人民喜悦无限。统治者谦卑，深入下层，体察民意，他的道德就会大放光芒。利于有所前往，说明执政者刚中纯正，国家必将吉庆安宁。利于涉越巨流大江，是说木舟能在水上顺利前进。益卦震动于下，而上面顺逊，所以每天都有增益，发展是无穷的。这种损益，象征天地化生，百物增长，万类所受到的益处是无限的。所有增益的法则，是伴随着时代发展一起前进。

《象》曰：风雷，益；君子以见善则迁，有过则改。

【译文】

《大象辞》说：风雷助长，象征增益。君子观此卦象，见他人有善行就会追随，有了过错迅速改正。

【释辞】

益：卦名。卦义，增益，增长。

【观象会意】

益卦是由否卦变来，是损卦的反卦。为卦损否上卦的九四，益下卦的初六。自上卦而下到下卦之下，损上益下，所以叫益。损上益下，坤为众，得民之心，所以是民说无疆。卦的九五、六二都得中正，下震上巽都有木之象，因此是利有所往，利涉大川，木道乃行。

"其道大光"，指的是卦初至五大离。损卦说其道上行，是损下益上之道，益卦说其道大光，是损上益下之道。所以卦名叫益。"利涉大川"，指的是初九，坤为大川，震为舟，初阳遇阴而通，所以是利涉，也就是《彖传》所说"木道乃行"。朱震说："凡利涉大川，言木者三，益也，涣也，中孚也，皆巽坎也。涣曰'乘木有功'。中孚曰'乘木舟虚'。都是以木为舟。利涉大川，故曰木道乃行。"

"凡益之道，与时偕行。"从象上来看，益卦是否闭的终结，是泰的初始，互艮为时，与时偕行，是从天道来看，该益之时一定要益。如春天百草滋生，鸟兽繁殖，就要增益。《象传》所说的"木道"，实际上是儒家孔子提倡的"仁道"。"天施地生，其益无方。凡益之道，与时偕行"，是讲的仁道的运用。《系辞传》说："生生之谓易。"《系辞传·下》说："天地之大德曰生。"都是指出《周易》的精髓是生生不已的，天地间最伟大的德行是使万物生生不息。天地之间使万物生生不已的大德就是"仁爱"之心，简称作"仁"。

《大象辞》说："风雷，益；君子以见善则迁，有过则改。"风雷之势，交相助益，迁善改过，是最大的增益。雷以动之，阳动就趋于善，风以散之，阴散则过消，所以是改过。乾为善，坤为过。乾下降到初爻，得位得民，是迁善。乾来到初，下卦成震，坤象不见，所以是改过，所以学《易》的君子应当效法。李光地说："震发动其阳气，故有迁善之义，风散消散其阴气，故有改过之义。"

初九：利用为大作，元吉，无咎。
《象》曰：元吉无咎，下不厚事也。

【译文】

初九，利于担当大事业，大吉大利，没有过错。
《小象辞》说：大吉大利，没有过错，因为在下位者一般不担任重大事业。

【观象会意】

利用，利用于。为，担当。大作，重任。虞翻说："大作谓耕播。耒耜之利，盖取诸此也。"查慎行说："初在下，民也。震位东，东作方兴，十千维耦。用者，谓上用之以大作也。敦本劝民，周室之基肇此。"益卦初为震刚，震为稼穑，于季为春天，为三月。从全卦之象来看，互坤为土，前巽为入，遭遇震动，以震巽之木为农具耒耜，驾大离之牛，耕互坤之土，而震足以动耜，艮手持耒，巽为进退其间，是一幅上古时代的春耕图。大作是做大事以益天下。《国语·周语》说："民之事在农。"

按：初为民位，稼穑是益人之根本，是民众应当放在首位的工作，所以称"大作"。

初九位正，得乾阳之始，所以是元吉。坤为厚，巽为事，震有伏巽之象，动而坤象见而震巽象毁，是下不可厚事之象。

《小象辞》说"下不厚事也"，因为初九位居下，不可以担当重大之事，爻辞所以强调"元吉"，而后"无咎"，是因为有在上位者的信任支持，他才能干大事业。

六二：或益之十朋之龟，弗克违，永贞吉。王用享于帝，吉。

《象》曰：或益之，自外来也。

【译文】

六二，有人来献上价值二十贝的大龟，不能拒绝，永久守持正道吉祥，如果君王要祭祀天帝，占卜得了这一卦，也是吉祥的。

《小象辞》说：有人来增益六二，是从外面而来的。

【观象会意】

或，是不确定之辞。损益二卦相综，益卦六二即损卦六五，所以其爻象同。六二虚中又虚下，九五与之相应，增益自外而来，此卦以外卦增益内卦，所以无心而受益，是从意外而来的。艮为龟、为朋，坤数十，故曰"十朋之龟"。二应在五，五艮故以十朋之龟益六二，二得阳之应与，故说"弗克违"。

六二当位，故说"永贞"，于二为吉。二爻在震中，震为帝，王指的是九五，震为祭祀，故说"享"。王用享于帝吉祥，是说五就二，二就吉祥。李士鉁说："艮为庙，互坤为牛，互颐为养，有享帝象。享帝，天子之事，非六二所能为，故须王用之。"

《乾凿度》说：益是正月之卦，天气下施，万物皆益，王者法天地，施以教，天下皆被阳德。用享是祭天帝，所以顺四时，效法天地之通道也。

六三：益之用凶事，无咎。有孚中行，告公用圭。

《象》曰：益用凶事，固有之也。

【译文】

六三，广益于人，用于赈灾平险的事情，必无过错。要心怀诚信，行中庸之道，用圭璧告急于王公。

《小象辞》说：广益于人，用于赈灾平险的事情，是转损为益，发挥以柔用刚的固有本性。

【观象会意】

易经各卦爻辞以正为吉，不正为凶，六居三不正。上体巽来益三，巽为事，是益之用凶事。三居震体之极，震为决躁。巽，"其究为躁卦"，为不果。用之于凶事，乃无咎。六三居领导下民的尊位，为民做好事辄有与上争取民心的嫌疑，"用圭"所以通信。

李士鉁说："六三不中不正，互坤为死。凶事，如丧葬、饥荒、兵革之类，此益中之损也。三本多凶，凶事乃六三之所固有。阴合于阳，故有孚，巽有孚象。震为行，居全卦之中，故中行。三，外诸侯位，故称公。巽为申命，故告。坤为土，故用圭。圭，玉瑞也，有丧葬，则告讣于王；有饥荒，则告灾于王；有兵革，则告变于王。用圭以重其事而取信也。"

按：六三爻变，为风火家人之卦，视民众利益如自家人，人之溺如同己之溺，人之受灾如同家人受灾，如孟子所云："老吾老以及人之老，幼吾幼以及人之幼。"

六四：中行告公从。 利用为依迁国。
《象》曰：告公从，以益志也。

【译文】

六四，行中和之道，告于王公，王公言听计从。利于依附君王迁移国都。

《小象辞》说：告于王公，王公听从，用以增益志向。

【观象会意】

三、四两爻处于全卦中位，六四当位以益下，四之初爻，卦的中爻下行，所以说"中行"。益卦所以益人的原因，是以中道而行。三爻是公位。初九应四，有伏兑之象。兑，是以口告公之象，兑口坤顺，有允从之象，所以说"告公"。虽然益人以中道，告公而不从，也不可行。四爻是诸侯位，坤为国，四之初，迁国之象。依六三公位而后迁，所以说"为依迁国"。

六四告公而从，能迁其国都的，是以有益于民众为志向。刘沅说："互坤象迁国，迁国必上下相安，四能通上下之情，故利用依之。五之志在于益民，四能宣上意以及下，故告公从也。"

按：迁国即迁都，从国家政治角度说，最大的益民举措莫过于迁都。六四为巽风之主，雷风相薄，在卦中主于益下的。它要迁都以益民，但不在君位，迁都大事必须告公，请示君主同意，由于六四在全卦居中，能沟通上下的意思，有中行之德，所以能够得到王公的信任和支持。

九五：有孚惠心，勿问元吉。有孚惠我德。
《象》曰：有孚惠心，勿问之矣。惠我德，大得志也。

【译文】

九五，有诚意向天下布施恩惠，不必去卜问，其结果一定会大吉大利。天下之人也必然会真诚感惠地报答我的恩德。

《小象辞》说：有诚意向天下布施恩惠之心，是不必卜问的。天下人感惠地报答我的恩德，使我的心志得到了大的施展。

【观象会意】

九五居大离之终，上巽之中，位居互艮之上。程颐说："五刚阳中正，居尊位，又得六二中正相应，以行其益，何所不利？阳实在中，有孚之象。"离为有孚，六二应九五也是有孚。离为心、为老，巽为顺。《尔雅·释言》："惠，顺也。"坤亦为顺，说的是五孚于下坤而顺承我。

震为问，艮倒震，所以是"勿问"。勿问说的是君主以至诚之心，施惠于天下，君民心心相印，不必问之于民。然而天下民众之心，感受了君主施惠之心，反馈回来，人民感恩戴德，对于君主来说，当然是执政上最大的成功。所以是"勿问之矣"，所以说"大得志也"。

李士钤说："上信民，民亦信上；上之顺民心，民有顺上之德。所谓上下皆有嘉德而无违心也。我，五自谓。《洪范》曰：'汝则从，龟筮从，卿士从，庶民从，是之谓大同。'利用为大作，庶民从也；龟弗克违，龟筮从也；告公用圭，告众从，卿士从也。至九五，则无不从矣，其吉尚待问哉?"

上九：莫益之，或击之，立心勿恒，凶。

《象》曰：莫益之，偏辞也。或击之，自外来也。

【译文】

上九，没有人去增益上九，还有人攻击它。因为它立场没有恒久不变的标准，所以凶险。

《小象辞》说：没有人去增益它，是片面的言辞，还有人攻击它，这种攻击是自外而来的。

【观象会意】

莫益之，是指上九没有增益六三，"之"是指的六三。上九与六三相应，有雷风相与之象，是应当增益六三的，究其原因，上与五同性为敌，所以是莫益。上要益六三，下面隔了九五，所以六三没有受益，而或未之。九五在艮体，艮为手、为击，坤为心。上九应在坤象下虚，又处巽上，巽为进退、为不果之象，所以说"立心勿恒"。

孔子在《系辞传》中说："君子安其身而后动，易其心而后语，定其交而后求。君子修此三者，故全也。危以动，则民不与也；惧以语，则民不应也；无交而求，则民不与也。莫之与，则伤之者至矣。《易》曰：'莫益之，或击之，立心勿恒，凶。'"这段话是说没有谁增益你，甚至有人攻击你，你没有立下安身而后动、易心而后语、定交而后求这种恒心，就有凶险。

【易学通感】

老子说："祸兮福之所倚，福兮祸之所伏。"损终则益，益终则损，就是祸福相依伏。据《淮南子》一书记载，孔子在读《易》时每读到损益卦，都大发感慨，子夏避席而问。答曰："益损者，其王者之事与，事或欲以利之，适足以害之。或欲害之，乃反以利之。利害之反，祸福之门户，不可不察也。夫自损者益，自益者损，吾是以叹也。"

　　诚如孔子所说，损益二卦多谈的是军国之大事，执政者从内心想要为百姓做好事，往往却害了百姓，有的统治者要残害百姓，而客观上却造福于百姓，利害之反复，执政者不可不察。而祸福之源本于心得。损以惩忿窒欲，为得损之益；益以迁善改过，为得益之本。

夬 第四十三卦

坤宫五世卦

夬 ䷪ 乾下兑上
中爻乾乾　　【错】䷖ 剥　　【综】䷫ 姤

【题解】

天下没有永远增益的，所以《序卦传》说："益而不已必决，故受之以夬。夬者，决也。"夬，其本义为决断、决绝。夬卦下乾上兑，是五阳决去一阴，诸阳由下而上继续前进，就要把一个阴爻决去了，这是君子道长，小人道衰将尽之时。然而，君子决断小人，切不可掉以轻心，即要内心刚决坚定，外行和悦，以柔和之道感化小人弃恶从善。

在十二消息卦中，夬卦五阳盛长于下，一阴消于上，五阳合力而决去一阴，所以是"夬"。"夬"的意思是决，夬，是古决字，《说文》："决，行流也。"段玉裁注为"下流"。水流前行，对于任何阻碍有必去之势。如堤岸之溃决，一去千里。阳刚夬去小人，是夬卦的卦义。君子如何决去小人。五阳决去一阴，象征君子之道长，小人之道消，而且是将尽之时。

夬卦卦象一阴在五阳之上，下乾为玉、为圜，上卦兑上缺，如玉之玦。所以水之决堤为溃决，玉之夬，为玉玦，言论的夬，为诀别，心诀为快，用于行动的拍板，叫决断和决策。《杂卦传》说："夬，决也，刚决柔也。君子道长，小人道消也。"因此夬卦是以阳决阴，用于政治是在政权中决去小人之卦。

夬：扬于王庭，孚号有厉。告自邑，不利即戎，利有攸往。

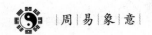

【译文】

夬卦，将小人的罪恶公布于朝堂之上，周告天下，以诚信号召群众，保持戒备以防危险。昭告领邑内的人，不利于使用武力驱除小人，有利于有所前往，用君子之道决去小人。

【释辞】

夬：音怪（guài），古决字。

《象》曰：夬，决也，刚决柔也。健而说，决而和，扬于王庭，柔乘五刚也。孚号有厉，其危乃光也。 告自邑，不利即戎，所尚乃穷也。 利有攸往，刚长乃终也。

【译文】

《彖辞》说：夬，象征决断，是阳刚决去阴柔。刚健而喜悦。决去小人而天下和谐。把小人罪恶宣扬于王者朝廷，因为它凌驾于五刚之上。有危厉，知道危厉君子阳刚之道才能发扬光大。是昭告于领邑内的群众，不宜急于使用武力，因为崇尚武力的做法是不得已而为之的。利于有所前往，是说阳刚会继续增长，而使阴柔告终。

《象》曰：泽上于天，夬；君子以施禄及下，居德则忌。

【译文】

《大象辞》说：泽居于天上，是夬卦的象征。君子观看这一卦象，要广施恩惠给下边，忌讳以恩德自居。

【观象会意】

乾为王，五居王位，一阴履五阳之上，故说扬于王庭。兑口为号，孚号有厉，说的是阴虽然孚信于阳，为阳所喜悦，但是处穷尽之时，居众阳之上，须危厉以自我警戒，兑口，所以是告。兑又为斧钺，所以有兵戎之象。告自邑，不利即戎，是说一阴危处在最上面，告诫邑人，不可妄动，是指上六而说的。

利有攸往，是指六五而言的，夬是阳息卦，五长而往则阴消尽，决者，绝也，阳刚决尽了阴爻。

朱震说："伏艮为庭。王庭者，孤，卿，大夫，诸侯，三公，群士，群吏之位，大询于众之地。五得尊位，体兑，兑为口，讼言于王庭，与众君子共去之而无忌。以上六小人得位，一柔而乘五刚，则其害未易去也，故曰'扬于王庭'，一柔而乘五刚也。此以九五言处夬之道也。"

《彖辞》所说的健而说，是从上下卦来说的，下健上悦，阴退而阳长，阳长是日光明。所尚乃穷，是申告不利即戎的缘故。阳刚增长，阴柔终尽，终是指阴爻终尽。泽上于天，是溃决之势。君子体会夬卦之象，认识到下层民众期盼君上广施恩泽，好比万物渴望天降甘霖于大地。朱震说："雨泽上于天，其势不居，必决而下流。君子体夬之象，故施禄泽以及下。兑为口食，下应三，有施禄及下之象。"

初九：壮于前趾，往不胜为咎。
《象》曰：不胜而往，咎也。

【译文】

初九，壮在足趾前端，前往不能取胜就有过错。
《小象辞》说：不胜而前往，是有过错的。

【观象会意】

震为足，初居下，是趾之位。苏轼说："大壮之长则为夬，故夬之初九与大壮之初九无异。"大壮初九所以征凶的原因，以其无应，不可动而先动。夬初居刚健之初，为决之始，应当审其策略，以行其事，不胜的原因是在于前往。《本义》云："前，犹进也。"是从程颐前趾为进之说来的。九居初，是躁动前进的，阴虽将尽，初以躁动而往，为咎是自己造成的。

李士鉁说："上为后，初为前，阴为后，阳为前，故称前趾。阳初生在下，趾之象。趾不足以行，潜阳当可用也。若不知养其微阳，待进而动，恃壮而往，以最下方之阳，决在上已老之阴，势力不足，必不以有胜，所以为咎。"

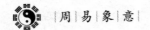

九二：惕号，莫夜有戎，勿恤。

《象》曰：有戎勿恤，得中道也。

【译文】

九二，警惕地呼号，夜晚有兵戎，不必忧虑。

《小象辞》说：夜晚有兵戎，不必忧虑，因为合乎中道。

【释辞】

惕：忧惧、警惕。

莫：同暮。昏暗。

恤：忧虑。

【观象会意】

二本离位，离为日，九二阳爻，离象伏而不见，所以是暮夜。二动为离，离又为戈兵，有戎象。坎为惕恤，离见而坎伏，所以是勿恤。刘沅说："变离伏坎为加忧，故象惕，上卦兑口号象，兑西为日暮，乾西北则夜也。离为戈兵，坎伏盗。故象暮夜有戎。惕即象所谓厉。惕号即孚号也。不忘戒备，故有戎勿恤。中道，乾之中也。内乾惕而外号众，持重如此。"

张载对九二的评价是："能孚号而有厉也。以必胜之刚，决至危之柔，能自危厉，有戎何恤？"

九三：壮于頄，有凶。 君子夬夬，独行遇雨，若濡有愠，无咎。

《象》曰：君子夬夬，终无咎也。

【译文】

九三，壮在颧骨上，有凶险。君子面临决断，独自前行遇雨，淋湿了衣裳有气愤，但没有过错。

《小象辞》说：君子坚决而果断，终究没有过失。

【释辞】

頄：音求（qiú），颧骨。

夬夬：果决貌。

濡：沾湿。

愠：生气，惕怨。

【观象会意】

三居乾之上，乾为首，"頄"，是颧骨。九三处夬之时，是想要决小人，而刚壮之气形于面目上的人。人如果这样行事，就有凶道了。夬是众阳决小人之卦，九三违背众阳而应上六，是有凶之道，是不正。三爻近小人，独与上六相合，是独行。

兑泽下流遇雨，为雨所沾湿，是与小人和悦，兑为和悦。君子当此，应当抛弃私情所累，断决与小人来往，乾健，故决之，又决夬之象。九三动，上互巽，巽为多白眼，上视而不悦，有愠之象。如陆希声所言：当君子之世，而应小人，故外有小濡之累，内有愠恨之心，然终获无咎。

九四：臀无肤，其行次且。 牵羊悔亡，闻言不信。

《象》曰：其行次且，位不当也；闻言不信，聪不明也。

【译文】

臀部没有皮肤，想走就是走不动，牵羊而进没有悔恨，听到话却不相信。

《小象辞》说：想走就是走不动，是位置不当，听到话不相信是听力不佳。

【释辞】

次且：音资居（zī jū），趑趄，欲行不前的样子。

【观象会意】

一阴在上，众阳争而趋之，九四伏艮为肤、为尾，因此是臀。臀的部位是尾闾。艮象伏所以是"无肤"。无肤则不能行走。乾为行。九四承乘皆阳，又失位，故其行"次且"。又无肤者，阳为骨，阴为肤，阴伏故无肤。四本巽位，巽为进退，所以其行次且。巽为绳，四居兑中为羊，故有牵羊之象。羊性刚壮，此言自己克制用壮，好比牵羊一样，悔恨会消失。

聪不明，四动上卦变为坎，坎为耳，兑塞坎之窍，因此是聪不明。兑为口，坎耳听之是信。九四动，就有了坎耳离目聪明之象出现，九四不动，则耳塞目毁，聪不明了，兑口虽然告邑，没有听的对象了，所以是"闻言不信，聪不明也"。

九五：苋陆夬夬，中行无咎。
《象》曰：中行无咎，中未光也。

【译文】

九五，商陆草柔脆而易折，其根难以除尽，清除小人要行中道，不会犯过错。

《小象辞》说：清除小人要行中道不会犯过错，是说九五的中正之道没有发扬光大。

【释辞】

苋：音现（xiàn）。《本草》："一名商陆，其根至蔓，虽尽取之，而旁根复生。"用此物喻小人难以除尽。《程传》认为苋是马齿苋，陆是商陆。

【观象会意】

五爻动，上卦变震。震为蕃鲜。伏巽为白，是商陆草。苋陆比喻小人居上位离君主最近的人。商陆根大而深，虽尽取之，而旁根复生，所以难以尽除。九五最接近六阴，是感染阴气最重的人。夬卦所要决断的，仅仅是一个上六，而三应之，五比之。爻辞都以夬夬明示，可见割断联系去私心，不是容易做到的事。

张载说："阳近于阴，不能无累，故必正其行，然后免咎"。爻辞说"中行无咎"，强调手段不要过于激烈，也是卦辞不利即戎的意思。而《小象辞》对此却有微辞，指出九五"中未光也"。中未光，即心中未光明正大，九五阳刚比近阴柔，眷恋私情，不可能没有系累。人心有私欲在作怪，就偏离除害务尽之道了。

上六：无号，终有凶。
《象》曰：无号之凶，终不可长也。

【译文】

上六，没有号叫声，最终必有凶险。

《小象辞》说：不号叫也会有凶险，是说上六高居在上的情势，终究不会长久。

【观象会意】

上兑为口，应当有号叫。夬卦是五阳决去一阴，阴必将除尽，上六当穷极之时，呼号谁呢？无号，是说没人可以呼号了。因此《小象辞》说"终不可长也"。姤夬相反，姤上五阳喜君子之犹存。夬上一阴，虑小人之复盛。阴阳消长，互相倚伏，夬之终，即伏姤之始，故曰"终不可长也"。

刘沅说："一阴微矣，何以无号而有凶？垂尽之阴，若无足虑，然一返即姤。若易而无备，夬之不力，隐忍相安，终非长久之道。自古君子去小人不尽，终贻大患，盖戒人除恶务尽也。"

【易学通感】

《大象辞》所说的"禄"，指国库的财富。泽在天上，人民得不到，所以君子要想到下施。乾为富，故为德，夬卦下乾互乾，乾多所以说居德，居德则忌，指国家蓄积太多。百姓分享不到财政的红利。

老子说"甚爱必大费，多藏必厚亡"，反对国家聚敛太多。国家聚敛太多，则国富而民穷；企业聚敛太多，员工与老板离心离德。所以孔夫子对夬卦卦象的会意是："君子以施禄及下，居德则忌。"但是一边提高员工的薪水，同时把自己打扮成救世主，则不符合夫子的意思了。因为"居德则忌"。

姤 第四十四卦

乾宫一世卦。

姤 ䷫ 巽下乾上
中爻乾乾　　【错】䷗ 复　　【综】䷪ 夬

【题解】

姤卦说的是刚柔相遇之理。姤卦巽下乾上，有风行天下之象，风行天下，接触万物，有遇的含义。姤卦，一阴始生，自此阴柔逐渐壮大，阳刚逐渐消退，阴阳互有消长是自然的法则，不可回避。人要明察阴阳变化的几微，审慎行动，尽可能使变化朝有利于己的方向发展。

姤是夬的综卦，卦形相反，在十二消息卦中姤是五月卦。阴尽则为乾，纯阳之卦，为四月。易之理，尽于上必反于下，因此姤卦阳极阴生，《序卦传》："夬，决也。决必有遇，故受之以姤。"姤卦的卦义是遇。其义是不期而遇。邂逅之义即从此来，是柔爻遇到了刚爻，从大处说是天地相遇，以人事说是男女相遇。

姤卦从节气讲是夏至。二至是一年中最重要的两个节气，复卦一阳来复是冬至。姤卦一阴始生，是万物逐渐生长而繁衍于盛夏，所以《象传》说："姤之时义大矣哉！"

姤，女壮，勿用取女。

【译文】

姤卦，女子强壮，不要娶这个女人。

《象》曰：姤，遇也，柔遇刚也。勿用取女，不可与长也。天地相遇，品物咸章也。刚遇中正，天下大行也。姤之时义大矣哉！

【译文】

《彖辞》说：姤卦，是遇的意思，柔弱遇到了刚强。不要娶这个女人，是不可能长久厮守。天地相遇，万物欣欣向荣。阳刚位置中正，天下万物会顺利进行。姤卦的与时偕行的意义太大了。

《象》曰：天下有风，姤；后以施命诰四方。

【译文】

天空中有顺风吹起，是姤卦的象征。君王观看这一卦象，从而发布政令，施行四方。

【释辞】

姤：音构（gòu）。遇，邂逅。

【观象会意】

姤，是遇。用于男女之间，是婚媾的意思，因为在下方有以女遇男之象。姤卦一阴于下方始生，阴柔之势逐渐强大，阳刚将逐次消退。女壮，指阴长阳消，此时不可娶妻。虞翻说："壮，伤也。阴伤阳，柔消刚。故曰女壮，勿用娶女，戒词也。"按：下卦巽为长，所以不可与长。巽为长女，故称壮。李士鉁说："壮者，阴盛也。一阴在下而进，五阳在上而退，进则势盛，终必消阳，故云壮。阳当强，阴当弱，女而壮，非家庭之福。且阴道从一，以一阴而承五阳，非女之道。不期而遇，婚姻之礼不成，不可用以娶女。"

乾卦是天空，初爻阴爻是坤卦下画，代表大地。五月一阴气始生于下方，与乾相遇，是天地之遇。五月之时，万物洁齐，欣欣向荣，而巽为草木，为高，为长，所以说"品物咸章"。九五爻刚中而正，九二爻也是刚中，以刚中且正之德施教令于天下，所以政令大行。姤是五月之卦，于节气为夏至，是万物盛长的季节，天地相遇，阴阳细缊，万物蓬勃生长，因此说时间意义太大了。

《大象辞》说："天下有风，姤；后以施命诰四方。"巽风主散，也就是《系辞传》所说"风以散之"。施布政令如风动四方。乾为君王、为后，巽为命、为诰。复卦是冬至，卦辞说："先王以至日闭关，商旅不行，后不省方。"后以施命诰四方，是说君王以夏至之日，发布命令禁止四方的行旅，与复卦之义相似，可见古代社会对二至的节气最重视。复卦冬至日闭关以养微阳，姤卦夏至日施命诰四方以防阴气渐长，有防微杜渐之义。惠士奇说："姤一阴生，奸慝将萌，故禁止之。"

初六：系于金柅，贞吉，有攸往，见凶，羸豕孚蹢躅。
《象》曰：系于金柅，柔道牵也。

【译文】

初六，把它系在包有金属的木闸上，占卜吉利。有所前往，遇见凶险，像一只瘦弱的母猪，虽然被捆绑了，还是要挣扎着活动。

《小象辞》说：把母猪捆系在包有金属的木闸上，是把向上进逼的阴柔之道牵制住。

【释辞】

系：系结，牵制，缠绕。

金柅：柅，音你（nǐ），用以止车的木块。金柅，金属制成刹车之具。虞翻认为，柅是指九二。巽为绳，乾为金，巽木入金柅之象。

羸豕：羸，音雷（léi），瘦弱。羸豕，瘦弱的猪。王弼认为，羸豕是母猪。胡炳文说："一阴甚微，故于豕为羸。"

蹢躅：音执竹（zhí zhú），徘徊不进的样子。陆德明："蹢躅，不静也。"

【观象会意】

柅，《说文》释作"络丝柎"，络丝柎是络丝的工具。是女人用的，络，是缚的意思，与系相同。尚秉和考证："系于金柅者，言以丝缚于金柅之上，止而勿动，以喻阴不宜动而消阳。故下云往见凶，是其义也。贞吉者，卜问吉。

往见凶者，进则凶也。巽为赢为豕，巽进退，故踟躅，赢豕孚踟躅者，言豕虽拘赢，然踟躅前进，信其必然，不可忽也。喻阴虽微，后必长也。"

一阴始生于下，安静则吉，往进则凶，以此警戒小人，使其不为害于君子，就有吉而无凶险。然而阴柔前进之势在姤之时是不可阻挡的，所以用"赢豕踟躅"之象以晓喻君子，虽然恶势力日前尚弱，但不可不多加防备。复、姤二卦是阴、阳消长之机，姤卦一阴始生，安静以承阳，乃是其道。

爻辞所谓系者，是系于阳而不变，维系一阴在下的生机，以候时序，如果燥动而化阳，阳始生而必绝，变成四月乾卦，是道无行，失去天地相遇之道，其凶险则立见矣。因此站在阴柔立场上看问题，保存实力是最重要的，毛泽东说过："星星之火，可以燎原。"

九二：包有鱼，无咎，不利宾。
《象》曰：包有鱼，义不及宾也。

【译文】

九二，用茅草把鱼包起来，没有过错，没有宾客的份。

《小象辞》说：用茅草把鱼包起来，从道义上说轮不到宾客。

【观象会意】

综合象意，巽为白，为鱼，巽伏震为茅，乾为圜，伏坤为布，都是包裹的意思。鱼在水中是阴物，指初六，巽为鱼，乾阳为包，九二下遇初六，所以是包有鱼。巽又为白茅，《诗经》有云："白茅包之。"初六与九四相应，二爻阴阳相易，二、三四成兑，为泽，巽于泽下面，是鱼之象。以鱼喻民。

初六一阴，是二、四两阳爻都要亲近的，初本与四相应，但被二占有，应当有咎，然而阴爻方出而遇阳，二就近而包有她，在遇道来说为遇得，所以无咎。宾，是指九四，四在外卦，所不能包的原因是远于民，初六一民不可以有二君，犹如一女不可以侍奉二夫。如程颐所说："遇道当一，二则离矣，故义不可及宾也。"

九三：臀无肤，其行次且。厉，无大咎。

《象》曰：其行次且。行未牵也。

【译文】

九三，臀部没有皮肤，想走就是走不动。危厉，没有大的过错。

《小象辞》说：想走就是走不动，行动并没有受到牵制。

【观象会意】

九三居下卦之上，其部位于人体为臀，姤卦九三和夬卦九四取象相同，然而其位有当位和不当位的区别，夬九四不当位，应当变，姤九三不可以变。"行未牵"是承夬卦九四"牵羊悔亡"而来的，即不必化阴而被人像羊一样牵着而行。

九三也想遇到初六，但初六为二所包，因此其行受到九二阻挡，乾为行，又心系恋初六，所以其行次且。但是九三阳居阳当位，所以虽危厉，却没有大的过错。

九四：包无鱼，起凶。
《象》曰：无鱼之凶，远民也。

【译文】

九四，没有包到鱼，要起凶险。

《小象辞》说：没有包到鱼的凶险，是远离了民众。

【观象会意】

初六和九四为正应，这条鱼本来是属于九四的，但初六遇到了九二，为二所包，对于九四来说是包无鱼了。不仅没有包到鱼，还要引起凶险，这种凶险来自它居于上位，远离下方民众。如惠士奇所说："四之民，四自远也，非人夺之，则四之凶，非天作之，民可近不可远，远民所以起凶。"

程颐说："遇之道，君臣、民主、夫妇、朋友皆在焉。四以下睽，民心即离，难将作矣；远民者，己远之也。为上者有以使之离也。"

九五：以杞包瓜，含章，有陨自天。
《象》曰：九五含章，中正也。有陨自天，志不舍命也。

【译文】

九五，用柳条枝包裹着甜瓜，内心包含着文采，有理想的遇合会从天所降。

《小象辞》说：九五内心包含着文采，因居中行正，有遇合会从天而降，因为九五的心志不违背天命。

【观象会意】

姤卦有大巽之象，为大木。九五又刚中，有杞之象。乾为圜，为包。巽为瓜，是初阴之象。朱熹说："阴物在下，甘美善溃，义犹未尽，盖瓜之物，蔓延而生，往往累及他物，能剥阳也，初阴势必蔓延而上，九五居尊，以杞包之，而得中得正，含晦章美，以待其自陨，巽为陨。《左传》：'夫从风，风陨，妻不可娶也。'"

乾为大明。瓜为杞所包，故说含章。五承、乘皆阳，行室，故含章自守。五天位，巽为陨，有陨自天，说的是不久阴消阳到二，五与之相应，有陨落的危险，知其险而为之防备，就不会出差错了。这是圣人防微虑远的深意所在。《小象辞》所说"志不舍命"是何义呢？苏轼说得好："阴长阳消，天之命也。有以胜之，人之志也。君子不以命废志。"

在对待天命的问题上，一种人是志向之所在，随遇而安。是《易传》所说君子居易以俟命，匹夫不可夺其志也，这是乐天知命的人。还有一种人，面临天命独立不惧，可扭转天道，转败为胜，如果不成功则成仁，是不以天命而改变志向的志士，此九五之所以大行天下也。

上九：姤其角，吝，无咎。
《象》曰：姤其角，上穷吝也。

【译文】

上九，遇见角落，吝惜，没有过错。

《小象辞》说：遇见角落，走到尽头就有悔恨了。

【观象会意】

乾为龙。上九在乾首上，是龙之角之象。上九居位不正，距初六最远不相遇，是无咎的。上九变则上卦为兑卦，兑为羊，有羊角之象。羊角是用来防御触物的。上九刚极无位，想有遇合而反触物，免不了有寡合的吝惜。程颐说："上九高亢而刚极，人谁与之？以此求遇，固可吝也，将安归咎乎？"

【易学通感】

孔子说："姤，柔遇刚也。"天地交感是阴阳相遇，人类交感是男女相遇，男婚女嫁是人伦之开端，男女相遇就是姤，有了姤才有万物的繁衍，人类的婚姻家庭和社会的发展。卦辞说："女壮，勿用取女。"用之于当今社会，女人太优秀，就嫁不出去，这一奇怪现象，不是女人的悲剧，而是在夫权社会里，男人不希望自己的另一半超越自己，依靠女人讨生活，被讥讽为"吃软饭"。

一方面，男人不希望女人比自己强；另一方面遇见好女人，每个人都想独自占有。姤卦五阳一阴，好比五个男人对初六之少女：九二离得近，近水楼台。"包有鱼"，"不利宾。"自己包下，别人休想染指；九三折腾得"其行次且"，没有毛，也没有皮了；九四本是原配，即想包又没有包到；九五是"以杞包瓜"，还"志不舍命"。三人都想包，一人在奔走，一人只有看的份了。

看来，男人对女人说和做是两码事。选择权操在女人手中，"邂逅相遇，适我愿兮！"柔如何遇刚，刚与中正，天下大行也。这既是男人的哲学，也是女人的哲学，选择一个能担当的人。

萃 第四十五卦

兑宫二世卦

萃 ䷬ 坤下兑上
中爻艮巽 【错】䷙ 大畜 【综】䷭ 升

【题解】

萃卦的卦义是集聚，其卦象是上卦兑为泽水，下卦坤为大地，大地上有泽水，是聚集之象。坤为顺，兑为喜悦，九五主爻得位刚中，是上悦而下顺之象，所以能聚集人群。萃卦序于姤卦之后，如《序卦传》所云："物相遇而后聚，故受之以萃。萃者，聚也。"萃是万物的汇萃，也体现为精神的一种聚合，天下人心萃合，事业才能亨通，但社会群体的结合原则是，在精神上必须有共同理想和旨归。

萃：亨。王假有庙，利见大人，亨，利贞。用大牲吉，利有攸往。

【译文】

萃卦，亨通。君王进入宗庙祭祀，利于出现大人物，亨通，利于守持正道，用大牲畜祭亨神灵是吉祥的，利于有所作为。

《彖》曰：萃，聚也。顺以说，刚中而应，故聚也。王假有庙，致孝享也。利见大人亨，聚以正也。用大牲吉，利有攸往，顺天命也。观其所聚，而天地万物之情可见矣。

【译文】

《彖辞》说：萃卦是集聚的意思。内卦柔顺而外卦喜悦，象征大人物的九五刚毅中正并应和于下层民众，所以能广聚天下百姓。君王进入宗庙祭祀祖先，表现至诚的孝心，足以萃聚人心。利于出现大人物而亨通。因为大人物能以正道聚集民众，用大牲畜享神是吉利的，利于有所作为，这是顺应天时的行动，观察萃卦所以能聚合的道理，天地间万物聚合、化育的真情就可以了解了。

《象》曰：泽上於地，萃；君子以除戎器，戒不虞。

【译文】

《大象辞》说：水汇聚在地上形成湖泽，象征着汇萃。君子观察此象，知道聚集之后可能引发争斗，因而修治自己的兵器，警戒意外事故发生。

【释辞】

假：音格（gé），至、到。
牲：牺牲，宰杀供祭祀的家畜。
除：修治，整治。
虞：音于（yú），料想。

【观象会意】

萃，是荟聚，亨，是只有聚才亨通。坤为地，兑为泽，地上有泽，是万物萃聚之象。坤顺而兑悦，象征九五的大人刚毅而中正，应和下方民众，所以能广聚天下百姓。"王假有庙"，说君王可以到庙中去，古代以祭祀为大事，《左传》："国之大事，在祀与戎。"荟聚众人之道没有比祭祀更大的了，庙是人与神鬼相荟聚的地方。君王到宗庙去祭祀祖先，意在荟聚先祖的精神，以继承祖考的事业，然而又必利于正，所荟聚不以正道，则不能亨通。

初至四爻为大艮，艮为庙，又全卦有大坎之象，坎为鬼神，所以有致亨于庙之象，九五为大人。大牲，好比说太牢，内卦坤为牛，外兑为羊，大坎为豕，二、四倒震为往，三、五互巽为命，坤为顺。刘沅说："《序卦传》：姤者，遇也，物相遇而后聚，故受之以萃。大象坎为隐忧，鬼神象，互艮为宫阙庙象。上兑为羊，下坤为牛，大牲象。无形之萃，莫大于格庙。神人之心通，有形之萃，莫利于见大人。君民之心通，故亨。"

尚秉和说："五天位，巽为命，坤顺，顺天命，谓二顺五也。艮为观，坤为万物。天地万物阴阳而已，有阴阳即有情感，可见而知也。"戎，为兵器。兑为斧钺，艮为刀兵。除，是修治。君子观察萃之象，因此修治兵器以戒备意外之事发生。

初六：有孚不终，乃乱乃萃，若号，一握为笑，勿恤，往无咎。

《象》曰：乃乱乃萃，其志乱也。

【译文】

初六，心情诚信不能保持始终，则不免自乱其聚合。如果号啕痛哭向上求救，九四必然相应，一握手之间，号啕就变成笑声。不要忧虑，前往聚合没有过错。

《小象辞》说：则不免乱其聚合，是它的志向乱了。

【观象会意】

初六上应九四，但中间隔两个阴爻，当萃之时，不能自守，是有孚信而不能保持其终，志乱而妄聚，如果呼号正应，则破涕为笑，不必担忧，往从正应，就会无咎。

尚秉和说："四有应，故曰有孚，乃初为二、三所阻隔，难于应四。故曰不终，乃乱乃萃，坤为乱，为聚，言乱萃于下也。四巽为号，艮手为握。若号者，言四召初与相上下也。四来下初，则初四相握手，下卦成震，震为笑，故曰一握为笑也。坤为忧，有应故勿忧，初之四得正，故往无咎。"

刘沅说："孚，与四正应，本相孚也。不终者，阴柔互巽为进退，为不果也。坤为众，初为民，三阴相连，欲萃而无主，故或乱而或萃也。号，呼四求萃也。兑口，故笑。"按：孚而不终，所以乃乱，乱是离散，离散而求聚，所以是乃萃。

六二：引吉，无咎，孚乃利用禴。

《象》曰：引吉无咎，中未变也。

【译文】

六二，等待人来牵引方前去聚合，吉祥，没有过错。只要心存诚信，就像春夏的祭祀，只用简薄的祭品也能感享神灵。

《小象辞》说：人来牵引聚合的吉祥，没有过错，因为它恪守中道的志向未变。

【释辞】

禴：音yuè，古代祭名，春祭或夏祭。马融曰："殷春祭名。"王弼曰："禴，四时祭之省者也。"

【观象会意】

六二应于九五而夹杂于二阴之间，必须需牵引以萃聚，才能吉祥而无咎。二中正而柔顺，居中以上应，九五刚健而中正，诚信而不变，所以聚者有其诚信，虽然祭品微薄也可以祭祀了。当萃聚之时，下卦三爻同体之阴，都向四萃聚，六二居其中得位，守中不变，其志需九五牵之而后应，是不急于萃的人。然而阴顺从阳，引而后往，其聚也有吉，方能无咎。巽为绳，艮手持绳，是相应引，所以是"引吉无咎"。

《小象辞》说："中未变也"，是不变之中，有孚信相应。孚信，是萃聚的根本，有诚信的人，不必借助外在的修饰。譬如祭祀，精诚所至，虽祭品菲薄也可以荐于神祇。二孚于五，五兑为享，上六为宗庙。坤为盍啬，所以是"孚乃利用禴"。禴，夏祭，互巽为夏。刘沅曰："互艮，手；应巽绳，故象引。二应五，引众以萃，以人事君，人者神之主。人萃而神说之，惟孚乃利，非幸致也。"

六三：萃如，嗟如，无攸利，往无咎，小吝。

《象》曰：往无咎，上巽也。

【译文】

六三，无人与之相聚，嗟叹不已，无所利益，前往没有过错，但小有憾恨。

《小象辞》说：前往没有过错，因为上面是巽顺。

【观象会意】

六三居非其位，当萃之时，想要和四聚，四应于初，想和九五聚，五应于二，三上无应，没有萃聚的对象，所以"嗟如"。巽为号，兑为口，嗟之象。巽为利，失位无应，故无攸利。三前遇重阳，所以往无咎，然而上面没有应援，故有小吝。象辞说上巽也。巽是顺，上巽说上顺四、五两爻，四、五是阳，所以无咎。

九四：大吉，无咎。

《象》曰：大吉，无咎，位不当也。

【译文】

九四，大为吉利，没有过错。

《小象辞》说：大为吉利，没有过错，九四所处的位置不适当。

【观象会意】

九四上比于五，是君臣之聚，下应初阴，是与民同聚。然而九四处位不当，有碍于九五与下之聚，居于臣辅位，理有未正。九四动则得正，上承于五，下纳三阴，上下皆正，所以大吉。大吉就没有不当位的过咎。程颐说："上比九五，下比群阴，得上下之聚，然以阳居阴，非正也，故必大吉然后无咎。"

王夫之说："无咎者，有咎者也，故曰'无咎者存乎悔，悔而得无咎，抑可许之无咎矣'。萃，咎之府也。而爻动以其时，仅而得免，故六爻而起'无咎'之辞焉。"

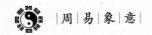

九五：萃有位，无咎。匪孚，元永贞，悔亡。
《象》曰：萃有位，志未光也。

【译文】

九五，萃聚天下民众而有君王之位，没有过错。但诚信尚未普及于天下，作为君王应当修养至大美德，永久地守持正道，这样才没有悔恨。

《小象辞》说："萃有位"，是说九五萃聚民众的志向还不能光大。

【观象会意】

九五阳刚中正，当萃之时而居君位，下有六二相应与，当然是无咎了。但是九五是君主，应当是天下百姓都来归顺，观看九五的所孚，是专情于六二，所孚信的范围太狭窄了，所萃聚的对象有定位，萃聚之道不全，能没有悔恨吗？能做到善补过就不错了。《小象辞》说："萃有位，志未光也。"

从萃卦全卦来看，萃聚是主题，所以初可以萃四，二可萃五，三可以萃上，独九五不能专萃于六二，如果专萃于六二，那么君主就放弃了对天下的苍生的责任了。

《小象辞》说："未光"，是针对君主无所不萃聚的志向，未有发扬光大。九五刚中而正，拥有君王之德而永久贞正。元者，善之端也，大人体会于此，以仁道覆盖天下，体仁正上，永久而不变。只有九五不动来顺应二，能做到这三点，就是君子荡荡，无偏无党，其悔乃亡。

上六：赍咨涕洟，无咎。
《象》曰：赍咨涕洟，未安上也。

【译文】

上六，悲伤嗟叹，流下眼泪鼻涕，没有过失。
《小象辞》说"赍咨涕洟"，不安于处在上位。

【释辞】

赍咨：音基资（jī zī），悲叹声。

涕：眼泪。

洟：音颐（yí），鼻涕。均用为动词。郑康成曰："斋咨，嗟叹之辞也，自目曰涕，自鼻曰洟。"

【观象会意】

上六以柔而乘刚，处上无应，孤独无萃聚。人生相聚则欢喜，离散则悲苦，上当萃极之位，而独立如此，如年老而孤独，无人关爱，所以悲叹流泪也是人之常情。斋，手持。咨，叹息。艮为手，上之三成巽，巽为多白眼，艮为鼻，兑泽下流，在目曰涕，在鼻曰洟，乘刚者必然危后，处上独立而无助，处萃之极又以柔弱居之，怎么能久安于上位呢？所以必然要求萃聚而与九三互动，动而无咎，所以《小象辞》说："斋咨涕洟，未安上也。"王弼说："内无应援，处上独立，近远无助，危莫甚焉，惧祸之深，不敢自安，故得无咎。"

【易学通感】

萃者，聚也。萃卦是万物萃聚之象，但是对平民百姓来说，最重要的萃聚，是亲人的萃聚。亲人相聚，内顺利而外喜悦，是多么快乐的事。活在世上，终日厮守，魂魄相依，这是人世间短暂的相聚。想念过世的亲人，君王到庙里，百姓去上坟，表示他的孝心。人鬼的萃聚，只能在梦里相遇。人到晚年，倍感孤独。"斋咨涕洟"，需要关爱。趁父母尚在的时候，经常聚聚，不要造成永久的悔恨。

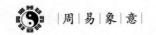

升　第四十六卦

震宫四世卦。

升 ䷭ 巽下坤上　　【错】䷘ 无妄　　【综】䷬ 萃
中爻兑震

【题解】

　　升卦说的是事物上升的道理。《序卦传》："萃者，聚也。聚而上者谓之升，故受之以升。"升卦下巽为木，上坤为地，木生于地中，每日向上越长越高，所以是升，升卦有进步发展之象。升卦与萃卦互为综卦，坤体升到上面，是地气上升，和泰卦相似，有通泰之象。兑体倒过来是巽，巽为和顺，地气上升畅通无阻，体现了阳气上升，大有可为的意思。

　　升：元亨，用见大人，勿恤，南征吉。

【译文】

　　升卦 ，大亨通。用来晋见大人物，无须忧虑，向南方行进吉利。

　　《彖》曰：柔以时升，巽而顺，刚中而应，是以大亨。用见大人，勿恤，有庆也。南征吉，志行也。

【译文】

　　《彖传》说：柔弱的人随时上升，谦卑而顺从，阳刚居中又有呼应，所以大亨通。用来晋见大人，无须忧虑，有喜庆之事，向南方行进吉利，是志向得以实行。

《象》曰：地中生木，升；君子以顺德，积小以高大。

【译文】

《大象辞》说：地中升起树木，是升卦的象征。君子观看这一卦象，要顺从道德而行，积累小德以成大德。

【释辞】

升：卦义，上升，晋升，上进等。

【观象会意】

巽为风，风从地出，其气上升，所以其卦为升。为卦内巽而上顺，得到大亨通。用此道来见大人物不必忧虑和苦闷，但一心向前，就可会于坤而得吉祥。升卦从解卦变来，是木生在下面，一定要顺时而向上生长，六三柔爻进而居四，是柔以时上升。九二刚中之道应于六五，五以中顺之德应于二。

升卦用于人事，君子以顺为德，不弃小善，积土成高，积小成大，其道德每日提升。也是植根于人的心性中的顺道，内巽则前进不躁动，而坤德又顺之于外，所以其上升就无所阻碍，九二刚中，五柔顺而虚下，是极盛之时，所以大亨通。

用巽道来晋见大人，不必担忧其不合，自有得朋的喜庆，由此向南而进就吉祥，以志在国家，可行其道于天下。尚秉和说："阳上升，故元亨。元谓乾元也。大人谓二，二为三所阻隔，故不曰利见大人，而曰见。言二宜升五也。坤中为忧为恤，二升五大人得位，故曰勿恤。震为南，为征。三临群阴，故南征吉。"

巽为高为长，故为高大，坤为小为积，积小以高大，指的是以坤阴柔顺之德，积累以成其高大，如树木之生长是渐进而上升的，程颐说："万物所进，皆以顺道。"君子体会升卦之象，树木不奋力向上升长，就不能长成大材。人如果不顺其天生万物的天理，也不能上升善行而成德行。

《大象辞》说"积小以高大"，是勿以恶小而为之，勿以善小而不为。积之越来越厚，一定会自成其高大，也就达到了坤卦《大象辞》所说的"君子以厚德载物"的崇高境界。沈该说："巽在下，木道方生。坤在上，地道上行，地以生物为德，五居坤体而应二，坤以顺道而生之也。木之升由乎阳，道之生由乎大人。"

初六：允升，大吉。
《象》曰：允升，大吉，上合志也。

【译文】

初六，进而上升，大为吉利。

《小象辞》说：进而上升，大为吉祥，因为与上面志向相合。

【释辞】

允：进也。晋六三云：众允，即众进也。此曰允升，仍前进而升也。

【观象会意】

四坤爻为众，为顺。二、三、四互兑，四为兑口，众口顺之，是众允之象。初六是巽卦之主，以一柔爻承二刚，是能巽的人。在升之时，九二、九三俱升，六四当位，合众人的欲望，志在于初，而初未能感应。六四顺而正，初六动就正，从九三，九三进而生于四，与上合志，是允升，是以大吉。

按：初为巽主爻，主柔顺。其才不足靠自己上升，必须借助阳刚动而后升，允，是相信，上面二阳爻信而与之共同升，即取信于友，又收获于上，所以是大吉利。《小象辞》所说的"上合志也"，上指的是九二、九三，二阳志在上进。

九二：孚乃利用禴，无咎。
《象》曰：九二之孚，有喜也。

【译文】

九二，以诚信的心，虽然用简薄的祭礼相见，没有过错。

《小象辞》说：九二的诚信，会带来喜庆之事。

【释辞】

禴：音月（yuè）。简薄的祭祀。

【观象会意】

升卦是萃卦的综卦。升卦的九二爻，即萃卦的九五爻，所以升卦、萃卦二爻虽反复而同象，以说明二、五爻的孚信。九二阳刚上升有感应，六五柔而纳之，刚柔相感应而孚。五坤体为杀啬，所以说禴。禴是夏天的薄祭，互兑为祭，巽为夏，所以说孚乃利用禴，无咎。

下卦为巽，巽顺而诚敬，是以道行于上。互兑为泽，泽被于下，所以是九二之喜，阳得中位而喜，所以《小象辞》说："九二之孚，有喜也。"陆希声说："升萃反对。萃六二以尽诚于五，升九二以推诚于五，故皆曰：'利用禴'。"

李士鉁说："巽、兑皆有孚象，坎为饮食，为鬼神，兑为巫、为口，禴象。诚信鬼神，祭薄而享之，虽不正可以无咎。词与萃六二相同，时在下位而得中有应也。"

九三：升虚邑。

《象》曰：升虚邑，无所疑也。

【译文】

九三，升入了无人的国邑。

《小象辞》说：升入了无人的国邑，没有什么疑虑了。

【观象会意】

九三阳刚处在巽顺之上，有升进之才，介于上下之间，前临坤土，坤有国邑之象，阴为虚，所以是"升虚邑"。九三、上六相应以正，下巽而上顺，如入无人之境。升卦有大坎之象，坎为疑。而九三已得坤邑，且互大震之象，所以《小象辞》说："无所疑也。"

六四：王用亨于岐山，吉，无咎。

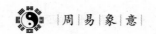

《象》曰：王用亨于岐山，顺事也。

【译文】

六四，君王在岐山上举行亨祀大典，吉利，没有灾祸。

《小象辞》说：君王在岐山上举行亨祀大典，是顺事天帝。

【观象会意】

震为王，兑为亨，四居兑口，有亨之象。兑位西，倒艮为山，所以是西山。王用亨于西山，说的是希望九二阳刚升五为王，四得承阳，好比以臣事君，盼望二升到五，好比盼望君王到岐山，有所亨献。《小象辞》说顺事，即是顺承之意，如果九二不升至五君王之位，六四如何能顺承阳刚呢？

此爻之义历来说法不一，诸家都以为王为周文王。余以为，《小象辞》所指是的顺事，是顺天命之心而事奉之，并非指顺事殷纣王。程颐说："四近君之位，而当升时，吉无咎者，有顺德也。以柔居坤，顺之至也。"

六五：贞吉，升阶。

《象》曰：贞吉升阶，大得志也。

【译文】

六五，守正吉祥，像升阶梯一样登上王位。

《小象辞》说：守正吉祥，像升阶梯一样登上王位，是大遂上升的心志。

【观象会意】

六五阴虚而居尊位，是升到了极处。然而五是阳刚君位，今阴爻以处之，其位则不正，所以六五虚中降位而接纳九二，九二依阶以升至五，五正而二升，君臣之道得以大行，由此而天下得治，所以五大得志。坤为土，自上而居于下，巽为高，是升阶之象。阴柔是阳刚的台阶。

荀爽说："阴正居中，为阳作阶。"又如刘沅所说："坤为土，三爻层土，阶之象。五以柔中应二刚中，虚己下贤，人君之正道也。初以允而生，三与二同德而生，四与二同功而升，贤人皆升，生而有序，故曰升阶。五位非可升，故但言阶。大得志，即象传有庆志行也。自初至此，升已极矣。故初曰合志，此曰大得志。"

上六：冥升，利于不息之贞。
《象》曰：冥升在上，消不富也。

【译文】
上六，升到黑暗的长夜中，利于不停息的守正。
《小象辞》说：升到黑暗的长夜中，必将消衰而不富。

【释辞】
冥：夜晚。冥又通"瞑"，闭眼。

【观象会意】
坤为晦冥、为夜，所以说冥升。阴虚为不富。上六已升到极处，还升而不息，继续上升则无所利，而利于守贞，升极当降，长极当消，消则不富。哪还有继续增益的道理？一年四季的往复进退，万物的盛衰都是如此。上六能去其不已之贪心，行以好善而不倦的精神操守的上升，才是有利的。如果追求官职与地位的上升，该停止而不停止，就不会有利了。诚如程颐所说："以小人贪求无已之心，移之于进德，则何利如之。"

【易学通感】
巽木生于坤土是升长之象。树木随时都在生长，无所阻碍。用于人生，君子观地中升木之象，有积小以成高大的意象。人生的成长要有一个漫长的过程，少年的允升，天天向上，青年的诚信以积德，壮年随着人格的升华而畅通无阻，中年的成熟，可达到人生最辉煌的境界，晚年以不已之心提升学识与精神修养。如孔子所说："五十以学易，可以无大过矣。"
庄子在《大宗师》中说："已外生矣，而后能朝彻，朝彻而后能见独，见独而后能无古今，无古今而后能入于不死不生。"

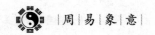

困　第四十七卦

兑宫一世卦

困 ䷮ 坎下兑上
中爻离巽　　　【错】䷕贲　　　【综】䷯井

【题解】

困卦说的是君子如何善处困难与摆脱困难。《序卦传》说："升而不已必困，故受之以困。"困卦的卦义是阳为阴所困，坎刚为兑柔所掩，是君子见困于小人。困卦上泽下水，水在泽上是泽中有水。困，水在泽下，是泽中干涸无水之象，是困乏的表现。困卦用于人事，君子在身陷困境时要讲操守，穷不改志。甚至为了实现理想可以牺牲生命。

困：亨。贞大人吉，无咎。有言不信。

【译文】

困卦，亨通，守正的大人吉利，没有过错。穷困之时说话没人相信。

《象》曰：困，刚掩也。　险以说，困而不失其所，亨，其唯君子乎？　贞大人吉，以刚中也。　有言不信，尚口乃穷也。

【译文】

《象辞》说：困卦，是刚健受到埋没掩蔽。处于险困时能保持乐观态度，身处困境而不失掉操守，亨通，只有君子才能如此吧？守正大人吉利，因为九二和九五都在中位能守中道。在穷困之时说话没人相信，靠空谈来摆脱困境，只能使处境更加穷困。

《象》曰：泽无水，困；君子以致命遂志。

【译文】

《大象辞》说：大泽中没有水，是干涸困乏之象。君子观此卦象，认识到在身处困境时，宁可牺牲生命也要实现理想。

【观象会意】

二、五两爻阳刚得中位，处险而能脱，所以亨通。二、五刚中有大人之象，占卜的人处困境能亨通，是能行其正道，不是大人谁能做到这一点，所以说贞。有言不信，兑口为言，三至上六正反兑，所向不同，所以是有言不信之象。此告诫君子处穷困之时当务韬晦沉默，不可多说话以增加困境。

困卦下卦为坎，三爻至上六又为大坎之象，是险中又险。四、五两爻的阳刚，被三和上六所掩，九二阳刚被初、三两阴爻所掩，坎为险，为陷，也是掩。是阳刚之君子被阴柔小人所掩蔽，君子处穷困之时，所以是"困，刚掩也"。这是从全卦来解释困的。困卦从否卦变来，否二之上，变成坎险、兑悦之象。上九之二，处于险难之中。乐天知命，安于道义，困而自说。不失去所亨通的理由，是心中亨通，坎为心，亨者通，处穷困而心中亨通，则不会穷困了。

古之君子视富贵如尘土，看生死如梦幻，才不会在困境中沉沦，只有君子能做到如此。所以说："险以说，困而不失其所，亨，其唯君子乎？"程颐说："卦所以为困，以刚为柔所掩蔽也。陷于下而掩于上，所以困也，陷亦掩也。阳刚君子为阴柔小人所掩蔽，君子之道困室之时也。"

水在泽下，则泽干涸，所以泽无水。巽为命，兑为反巽，为毁折，所以说致命。坎为志，观其大象，君子处困室之时，其德泽不能推及于物，推致其所以造成这种困境的原由，是命也。巽为命，天命的变化是消息盈虚的道理，君子顺从天命而固穷，自遂其刚大之志，居下位而不忧，常怀激励之心，如程颐所说："虽厄穷而不动其心，行吾义而已，所以遂其为善之志也。"

初六：臀困于株木，入于幽谷，三岁不觌。

《象》曰：入于幽谷，幽不明也。

【译文】

初六，好像臀部坐在树桩子上不能安处，又像坠入幽暗的深谷之中不能脱身，多年见不到阳光。

《小象辞》说：坠入幽暗的深谷之中不能脱身，是昏暗不光明。

【释辞】

觌：音敌（dí），相见。

【观象会意】

初爻在下，所以为臀。互巽为木，兑金伤之，是株木之象。初六上应九四，有坎陷所阻，所以困于株木。株是树干。尚秉和说："坎为栋，故曰株木，坎为幽，坎陷为谷，初在下，故入于幽谷，离伏故不觌。三岁言其久，盖初失位，处坎下，故其象如此。"人坐则臀部在下，所以初为臀。

初以阴爻处下，才不能有所作为。想联合六三以困九二，而反而自困。如臀部坐在株木，备极困苦，不能迁于乔木，反入于幽谷。历经三岁而无所见，其困境也就可见了。阴柔处下，是幽暗不明之至。小人做暗昧的事，愈陷愈深，幽不明的爻象。离为明，互离在前，坎在下，与离相反，所以是"幽不明也"。

九二：困于酒食，朱绂方来，利用亨祀，征凶，无咎。

《象》曰：困于酒食，中有庆也。

【译文】

九二，酒食匮乏贫困，荣华富贵刚来到，利于主持宗庙祭享，犯难前进会有凶险，但没有灾害。

《小象辞》说：酒食匮乏贫困，九二刚中处柔有值得庆贺的事。

【释辞】

朱绂：音扶（fú）。朱是红色，绂是垂在人体前面遮蔽膝盖的服饰。

【观象会意】

坎为酒食。二居坎中，所以困于酒食。巽为绳、为绂，坎为赤，巽在二爻前面，所以是朱绂方来。困于酒食，是困于食禄。方困而有赐之朱绂的机遇，所以《小象辞》说"中有庆也"。

刘沅曰："坎当酒，兑为食，二居坎而应兑，故有酒食。朱绂谓五。互离为朱，在巽股之下，故象绂。坎隐忧，有人鬼象，故曰享祀。小人困君子之身，不能困君子之道，酒食醉饱溷其迹，而刚中之德自有来朱绂者，故有庆。"

九二刚中之德，虽然困于酒食，但内心是清醒而刚健的。《象辞》说："亨，其唯君子乎？"指的是九二。

六三：困于石，据于蒺藜，入于其宫，不见其妻，凶。

《象》曰：据于蒺藜，乘刚也；入于其宫，不见其妻，不祥也。

【译文】

六三，困在巨石之下，立在蒺藜之上，返回到家中，却不见妻子，凶险。

《小象辞》说：蹲在蒺藜之上，是凌乘着九二阳刚，回到家中看不见妻子，是不祥之兆啊。

【释辞】

据：蹲。

蒺藜：音急离（jí lí），有刺的植物。

宫：居室。

【观象会意】

六三阴居阳位，不中不正，故有此象。而占卜的人遇之则凶。前贤以为，石指九四，蒺藜指九二，宫谓三，妻指上六，其义来源于《系辞传》。石之象，其说虞翻让二变阴，则二、四互艮，三在艮山之下，故困于石。此取象于卦外。尚秉和据《焦氏易林》，认为巽为石，坎为蒺藜，三前临巽，故困于食，下据坎，故据于蒺藜。石坚刚不可入，蒺藜刺人，不可践也。巽为入，坎为宫，故入于其宫。巽为齐，妻为齐也，故巽为妻，巽为伏，又上无应，故入宫而不见其妻，象而如是，凶可知也。

　　按：三本属艮之爻位，艮为石。以六居之，而刚为阴柔所掩，所以是困于石。蒺藜是坎之象，是九二。六三凌乘二刚，所以是据。坎为宫，三居其上，是入其宫。六三无才无德，欲攀附九四而为四所困，如石之不可入。相要倚九二为援，而二不可为倚，如据蒺藜之上，为其所伤。只有陷于坎中，所以入于宫而不见其妻，则困而凶险。

　　九四：来徐徐，困于金车，吝，有终。
　　《象》曰：来徐徐，志在下也。虽不当位，有与也。

【译文】
　　九四，徐徐向下而来，为九二的金色大车所困阻，蒙受羞辱，最终能有好结果。
　　《小象辞》说：徐徐向下而来，心志在下面，虽然不应当在那个位置，但是有人向上推举他。

【观象会意】
　　九四想要下来与初六相应，为九二同性所阻，所以徐徐。九二坎为车，互离色黄，所以是金车。困于金车，申明下来徐徐的缘故。仍然受阻于坎险，不得与初六相应。然而四与初属于正应，初有憾惜，终将遇合，所以是有终。坎为志，志在下，说的是志在应初。

　　九五：劓刖，困于赤绂，乃徐有说，利用祭祀。
　　《象》曰：劓刖，志未得也。乃徐有说，以中直也。利用祭祀，受福也。

【译文】

九五，采用削鼻断足的酷刑来统治众人，导致众叛亲离，因此困于君王之尊，但可以渐渐解脱困境，利于举行祭祀来保住社稷。

《小象辞》说：采用削鼻断足的酷刑来统治众人，心志不会得以实现，解脱困境，是以中正之道进行处理，利用祭祀，将要得到福报啊！

【释辞】

劓刖：音易越（yì yuè）。劓，割鼻。刖，去掉膝盖。

【观象会意】

朱熹认为：劓、刖是伤于上、下，艮为鼻，上卦以兑而伏艮，艮为鼻，不见，所以是劓。震为足，下则以巽而伏震，震不见，则刖其足。虽然互象有大离之绂，用之以大坎之赤，而所伤已多，是困于他人，兑又为悦，则退又为喜悦，九五祭坎之鬼神，又当获福也。

朱震以为："九四，君侧强臣之象。二、五同德相求，而四间之。四动艮为鼻，震为足。四不动，兑金刑之，劓刖也。劓则丑，刖则不行。五为四伤，亨困之志未得行于二也，故曰'劓刖，志未得也'。"

上六：困于葛藟，于臲卼，曰动悔有悔，征吉。
《象》曰：困于葛藟，未当也。动悔有悔，吉行也。

【译文】

上六，困在葛蔓藟藤之间，又困在高危欲坠之处，叫作动辄有悔，就要尽快有所悔悟，前往也吉祥。

《小象辞》说：困在葛蔓藟藤之间，所处不恰当。动悔有悔，前往也吉祥。

【释辞】

葛藟：音磊（lěi）。藤本植物。
臲卼：音聂物（niè wù）。不安的样子。

【观象会意】

巽为葛藟，上六居互巽之外，又居兑口倒巽之初，所以有葛藟为困之象，臲卼是危险不安之貌，上六凌乘阳刚，下又无应，所以有此象。然而物穷则变，所以占卜的人若能悔悟，就可以征进而吉祥了。上六阴居阴位为何《小象辞》说不当？因为上六困于葛藟，以阴柔而居最上，而掩盖九五的阳刚，所以《小象辞》说"未当也"，如果能动而生悔，则可改行而吉祥。

【易学通感】

处困的哲学，《大象辞》说"君子以致命遂志"，是豁出性命也要实现理想，这是最高的境界。要遂志，就要不断学习，充实自己，学以困而进，才以困而成，境以困而通，道以困而大；要遂志，就要少说多做。处困之时，没人理解你，老子说："多言数穷，不如守中。"要遂志，就要坚持操守。君子固穷，小人穷斯滥矣！困境可以磨练意志，艰难困苦，玉汝于成。孟子说："天将降大任于是人也，必先苦其心志，劳其筋骨，饿其体肤，空乏其身。"因此苦难和锤炼是好事情，困境，只有对勇敢的人才会亨通。

井 第四十八卦

震宫五世卦

井 ䷯ 巽下坎上
中爻兑离　　【错】䷔ 噬嗑　　【综】䷮ 困

【题解】

《序卦传》说：事物不能永远上升，上升不已就是困，在上面受困的结果
必然反于下，而水井处于地面之下，所以井卦序于困卦之后。井是提供水给人
类饮水用的，其意义是养。井卦坎上巽下，坎为水，巽为绳、为入，象征以绳
系容器入井而取水。井卦之要旨是通过井水养物不穷的美德，譬喻君子应当修
美自身，养物无穷，另一方面，当水将出井口时，有瓶碎水覆的危险，以此暗
示以德惠人者应当善始善终，不可功败垂成。

　井：改邑不改井，无丧无得，往来井井。汔至，亦未
繘井，嬴其瓶，凶。

【译文】

　井卦：村落可以迁徙，井依旧在那里。井水是恒久稳定的，每日汲取它也
不见少，不汲取它也不满溢。来来往往的都反复不断地使用井。汲水时，水罐
将升到井口尚未出井的时候，陶罐坏了，水全部流出，所以凶险。

　《彖》曰：巽乎水而上水，井。井养而不穷也。改邑不
改井，乃以刚中也。汔至亦未繘井，未有功也。嬴其瓶，
是以凶也。

【译文】

《象辞》说：井卦，以绳系罐入于水，而把水提上来，是井卦的象征。水井养人的功德是没有穷尽的。村落可迁徙，而水井移动不了。因为本卦九二、九五两爻都有刚毅居中的德性。汲水时水罐将升到井口尚未出井的时候，说明此时未曾实现井水养人的功用。陶罐坏了，水全部流出，所以必然要导致凶险。

《象》曰：木上有水，井；君子以劳民劝相。

【译文】

《大象辞》说：井卦下巽为木，上坎为水。有井水上行，供人饮用之象。君子观察井卦之象，根据井水上行养人的道理，从而鼓励人民劳作，劝诱百姓相助相养。

【释辞】

邑：小村镇。

丧：失，减少。

汔：音气（qì）。几乎，干涸。

繘：音jú。汲水的绳子。

羸：音雷（léi）。损毁。

【观象会意】

井卦从泰卦变来，泰之五爻向下来和初爻交换位置，变成井卦。兑为井，坤为邑，泰卦初爻往坤之中，所以说不改井。不改所以无丧无得。初至四爻为正反兑之象，所以说"往来井井"。汔，几乎，汔至，接近井口。繘，绠，汲井时系桶用的绳子。当汲水陶罐几乎到达井口时，井绳还未上井，陶罐毁坏，水全部流出，当然凶险。李士钤说："瓶汲水之器，繘系瓶之绳，垂于井以汲之，卦画三阳，井之体。三阴，井之用。所谓有之以为利，无之以为用也。"

《象辞》说"巽乎水而上水"，巽为绳，绳入于水，引汲水器将水汲上，上水，是坎水在上。井养不穷，阐明井养人之义，没有穷尽。也是井卦的卦义所在。坤为邑，坎以一阳陷于坤地之中，所以是改邑。改邑而井不改，坎为水，坎中之阳，是刚中。君子穷亦乐，通亦乐，其内心之刚中则不能变，所以说改邑不改井，乃以刚中也。困卦是坎卦之一阳潜于下方，其德泽不能上施，所以为困。井卦九五刚中之一阳升于上，所以是通达而德泽及于天下，也就是井养而不穷的含义所在。

《大象辞》所说"劳民劝相"，坎为劳，坤为民，坎体陷于坤中为劳民，巽为命，所以说劝相。虞翻说："相，助也。"吴如愚说："君子观井象而以为井田之法。使民服田力穑，勤劳以奉养其上，又劝其相助而不敢惰。"

初六：井泥不食，旧井无禽。
《象》曰：井泥不食，下也。旧井无禽，时舍也。

【译文】
初六，井底的水带有泥污，不可饮用。废弃的旧井，连禽兽也不肯光顾。
《小象辞》说：井底水有泥污不可饮用，因为它已为时人所舍弃不用。

【释辞】
禽：古时候鸟、兽、虫、鱼，通称作禽。

【观象会意】
初在地位，以阴居于井之下，所以是泥。兑口为食，巽为兑之覆，兑口向下所以不食。旧井无水只有污泥，人所不食，禽鸟也不会光顾，为时人所舍弃不用。以之喻人，如初六之柔，自处卑秽之地，为世人所厌弃，故曰"井泥不食"。

干宝说："在井下，本土爻，故曰泥。"李士鉁说："禽，鸟兽之总称。巽、兑、坎、离，皆有鸟兽象。应爻阴虚，无禽之象。"

九二：井谷射鲋，瓮敝漏。
《象》曰：井谷射鲋，无与也。

【译文】

九二，井底出水的穴窍喷射出的水，只能供养井中的蛤蟆，水瓮破漏，无物汲水。

《小象辞》说：井底穴窍喷射出的水，只能供养井中的蛤蟆，因为上面没有援引的人。

【释辞】

鲋：音富（fù）。鱼之至小。一说：蛤蟆。

瓮：音wèng，陶制容器。

敝：音必（bì）。损坏。

【观象会意】

九二居兑体之下，所以是井谷。巽为鱼，故称为鲋。《子夏传》认为是蛤蟆。巽伏震为射，蛤蟆穴居于水边上，所以说井谷射鲋，又互离为瓮，互兑为毁折，故弊漏。

刘沅说："井谷，井中出水之窍。巽阴伏坎窬下，为谷。巽为鱼，初阴在下，故象鲋。互离为瓮，互兑为毁折，故弊漏。上无应与，象无人汲引，泉出于谷，仅容小鱼，不能养人，无与之弊之至此。"李士钤说："巽为鱼，坎为弓矢，故射鲋，瓮弊而水下漏，汲与不汲同。此犹君之用贤，见不能举，举不能先也。"

> 九三：井渫不食，为我心恻。可用汲，王明并受其福。
> 《象》曰：井渫不食，行恻也。求王明，受福也。

【译文】

九三，水井已淘尽污泥，却无人食用，使我心中愀惜。可以汲取这清澈的井水，君王圣明，对在野的贤士、对臣民将同受福泽。

《小象辞》说：水井已淘尽污泥，却无人食用，行道之人也深为愀惜。可以汲取这清澈的井水，企求君王圣明，上下内外都受益。

【释辞】

渫：音泄（xiè）。清除污秽。

恻：悲伤，惋惜。

【观象会意】

阳为清洁，渫，是治井之象。兑口在上，不食之象。九三之君子修德，洁己以待用而不被所用。好比井已修渫，却不被人饮用。我，是九三自称，上六为正应居高位，为我道之不行而忧伤，其心恻然。坎为加忧，为心病，所以是为我心恻。上六有此心，以汲的方法向上援引，则三得以向上，上六的恻然之心可以看到了。坎在井上，坎为轮，是井在汲引之象。

乾五为王，离为明，三往应上，九或成艮手，王受福之象。君王光明，是九五之象。九五光明就会汲取九三而用之，养而不穷，受其福的人，应当不仅是九三和九五了，而是天下普遍受其福。夫水洁宜于食用，乃竟不被食用者，以五为阳，三亦阳，五隔其间，九三不得和上六阴阳相应。但三与上毕竟是正应，上水既渫而清，三尽可汲，九五岂能永远阻挡得了。五说的是王，五坎为隐伏，所以不明，然而君王终有光明之时，九五之王光明则三上就会汲而引之。

尚秉和说："凡爻有正应者，初虽有阻，终必相合。"王明，则三上终将相遇。

六四：井甃，无咎。

《象》曰：井甃无咎，修井也。

【译文】

六四，井壁已砌好，没有过错。

《小象辞》说：井壁已砌好，没有过错，是维修水井啊。

【释辞】

甃：音宙（zhòu）。砌井壁。《子夏传》：甃，修治也，以砖垒井之坏上甃。

【观象会意】

六四是坎卦初爻，原为坤土，在互离之中，坎水，坤土，持而用火烧，是烧土为器。巽为工，自下而垒于上，至于井口，是甃之象。六四以正位近九五之君，下无应与，是近君而无汲引之用，只好守正以自修，贞咎而已。所以《小象辞》说："井甃无咎，修井也。"

刘沅说："四互离为墉而中虚，井甃象。甃者，因其井以御外患，所以洁其泉也。阴柔得正，近九五之君，可成井养之功。"

邹师谦说："九三之渫，去内浊以为清，然不甃则外污易入，而清则仍浊，六四之甃，御外污以致洁，然不渫则内浊未除，而洁者终污。君子观此两爻，可悟内外相交培养之学。"

九五：井洌，寒泉食。
《象》曰：寒泉之食，中正也。

【译文】

九五，井水清澈，清凉的泉水可以食用。
《小象辞》说：能够饮用的清凉之水，是九五居位中正决定的。

【释辞】

洌：音列（liè）。陆德明："洌，洁也。"《说文》："水清也。"

【观象会意】

九五以阳爻居阳位，坎又为阳，是阳刚中正。经过了三渫和四甃之后，所以井水清洌。坎居正北，其性寒，井是五月卦，阴气之下而上，是井寒之象，互卦兑口承之，是食之象。李士鉁说："坎为流水，北方为寒。寒，水之本性。泉，有本之水也。泉不竭则足以养天下，济群生。不言饮而食者，食则饮在其中，言饮下足尽水之用，凡食无不资于水也。"

上六：井收勿幕，有孚元吉。

《象》曰：元吉在上，大成也。

【译文】

上六，把井绳拉起来，不要盖上井口，井水源源不绝地供养众人，取得信任，大吉大利。

《小象辞》说：大吉在上面，是大有所成了。

【释辞】

幕：覆盖。

【观象会意】

坎为轮，在井之上，下应巽，巽为绳，井收是收井绳。虞翻说："收谓以鹿卢收缬也。"勿幕，说的是上六把九三汲向上，三上易位，互艮坎，成山水蒙卦，蒙有覆盖之意，井道大成。如上六专应于三就失于正，所养的人少了，好比汲水之后，盖上井口。所以告诫收上井绳之后，不要盖上井口，就上下都有孚信而得大吉。大吉在上，所以井水养人之道理以大成。

井之所以养人，在于井水源上不穷，以供众人所饮用。君子观井之象，效法坎之劳，使民众辛勤劳作，用巽之木以教导百姓相互扶助，各得其所养，体现了井养的道理。为政在于养民，圣人取象于井而制恒产，于是有井田之制劳民以务农，并劝以相养之道。井卦通过展示水井养人，喻君子修养自身，其物无穷。《系辞传》说："井，德之地也。"井以辨义。全卦以井水养人上升到修身以养德。后人把寒泉视为清廉的形象，是取之于井卦。

【易学通感】

《象传》说"井养而不穷"，是因为井水供人食用是源源不断的。这是古代社会的井。地下水是有限的，过度地汲取，会使地下水位不断下降，形成地下水漏斗。如果有一天，地下再也涌不出水，人类将会怎样？那就是改邑又改井，城市可以搬迁，井也可以再挖。如果所有的城市地下都无水，又搬到哪里去呢？

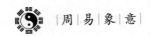

革　第四十九卦

坎宫四世卦

革 ䷰ 离下兑上 中爻巽乾　　【错】䷃ 蒙　　【综】䷱ 鼎

【题解】

革卦是讲变革的。卦体火在下，泽在上，水润下浇灭火，火炎上烧干水，两物相克，是变革之象。又离为中女，兑为少女，二女同居，各思其所归，其志向不同，也有变革之义。但是革卦的要旨在于强调：变革要取得成功，必须具备的两大条件。首先，在于把握时机，如时间的选择；其次，要诚信守正，即推行变革者必须遵循正道，顺应时代潮流，以至诚之心取信于人。

　革：己日乃孚，元亨。利贞，悔亡。

【译文】

革卦，在己日推行变革能取信于众，大为亨通。利于坚守正道，悔恨消失。

　《彖》曰：革，水火相息，二女同居，其志不相得，曰革。己日乃孚，革而信之。文明以说，大亨以正，革而当，其悔乃亡。天地革而四时成。汤武革命，顺乎天而应乎人，革之时大矣哉。

【译文】

《彖辞》说：革卦，水火相遇，互相熄灭。又离为中女，兑为少女，两女同居，各思其归宿，心志不能相同，所以必有变革。己日推行变革能取信于众，时机成熟了再变革，才能得到天下的信服。内心恪守文明的美德而使人心喜悦，坚守正道使前景大为亨通，变革时机和措施得当，就不会造成悔恨。天地变革形成一年四季，商汤、周武王推翻无道的夏桀、商纣王都是既顺应了天道，又符合民众的意愿，到了该变革的时候就要变革。革卦的时势意义太重大了！

《象》曰：泽中有火，革；君子以治历明时。

【译文】

《大象辞》说：泽上火下，譬如泽水中有火焰，象征"变革"。君子观此卦象，了解变革的规律，因而制定历法，察明天时运动的变化规律，颁告民众。

【释辞】

革：卦名。本义为皮革，经过加工皮革变为柔软，有变革、改革、革新等含义。

己日：十天干第六日，十干至庚而更新，庚前一日为己日，是柔日，是祭祀天地的吉日。

【观象会意】

革卦，是谈变革的。兑泽水在上，离火在下，火燃则水干，水下注则熄火，水火不相容，必然要变革。少女、中女合为一卦，少女中女，志不相得，所以其卦是革。变革的初始，没有人会相信你，所以必然选择一个适于变革的己日，才能为人相信。革卦内有文明之德，外有和悦之气，利于坚守正道，就会有大的亨通，所有的悔恨都将消失。己日，是已可改革之时，己日后为庚，庚有更新的意思，选择己日是先于天时而革。

《象辞》所说的息，是相长的意思。说的是水火交错发挥作用。兑、离二卦都是阴卦，阴遇阴为敌，所以其志不相得。巽为志，二至上为正反巽，所以不相得。五行之中，己为中央土，五德之中，仁义礼智信，信亦属中央，所以是己日乃孚。改革得到孚信，有人相信追随你，所以无悔。一年四季相替代，变革无有穷期，是天道的孚信；汤、武革命是顺应天时，合乎人心，是人的诚信。进行变革没有诚信就无人追随，因而变革就不能推行，所以选择变革的时间的意义太大了。

顾炎武说："天地之化，过中则变。己则过中将变之时，故受之以庚。古人有以己为变改之义者，馈食礼日用丁己，注云：取其令名自丁宁自变改；《汉书·律历志》亦谓理纪于己，敛更于庚。"

何楷说："春夏为阳，尽于离，秋冬为阴，起于兑。四时之变化，是天道最大的变革。大象辞不说泽下有火，而说泽中有火，以火性炎上。"

赵彦肃说："泽中有火，兑见离伏，正秋时也。火藏矣而非无，故火墓于戌。冬继秋，春继冬，夏继春，父子相传，因也。秋继夏，金火相传，革也。五行以相生相授，而金火以相革相成。"

历，是日月星辰之所历，观看日月星辰的变化以定四时。革卦上兑为月，下离为日，乾为寒，离为晨，兑丽巽风皆备，所以君子效仿革卦，因而制定历法，明确季节的变化，使民据天时变化以耕作。

初九：巩用黄牛之革。
《象》曰：巩用黄牛，不可以有为也。

【译文】
初九，用黄牛的皮带牢牢地捆绑住。
《小象辞》说：用黄牛的皮带捆住，是说初九不可有所作为。

【释辞】
巩：用熟牛皮束物。

【观象会意】
离为牛，是牛之象。虽然处于变革之时，初九居下位，上无应援，是不可以有为之象，巩是固的意思，是用皮带束物。占得此爻应为固守现状，不可以有所作为。程颐说："革，事之大也。必有其时，有其位，有其才，审虑而慎动，而后可以无悔。"

按：初九阳居阳位，是想要变革之人，其所以不可以有为，是时机未到，位置低下，无变革的能力。而且上方没有与之呼应的人，所以不可以轻举妄动。本爻变，下卦成艮，艮止所以不革。刘沅说："居初位卑，无可革之权。上无应与，无共革之人。戒以坚确固守，不可有为。不可革而不革，惟其时而已。巩，韦束也。离为牛。中爻错坤，黄象。"

六二：己日乃革之，征吉，无咎。
《象》曰：己日革之，行有嘉也。

【译文】

六二，在己日就推行变革，前进便会吉祥，没有过错。

《小象辞》说：在己日就推行变革，行动有好处。

【观象会意】

离为日，有日之象。离纳甲是己，所以是己日。六二是离卦主爻，以文明之才而柔顺中正，上应九五之君，前遇阳爻，所以征吉而无咎。人都信任六二，所以是己日乃孚，革而信之。二就九五之君，所以有嘉，乾为嘉，是说在应当变革之时变革，则其行动会被称赞。

九三：征凶，贞厉，革言三就，有孚。
《象》曰：革言三就，又何之矣！

【译文】

九三，急于变革有风险，如果守旧不变更有危厉。变革尚需多次筹划，争取人心，方可行进。

《小象辞》说：舆论认为变革要经过多次才能完成，又往哪里去呢？

【观象会意】

九三前临重阳，阳遇阳不通，所以征凶。贞厉，是占卜此一爻有危厉。然而九三上应兑口，兑口为言。兑为毁折，所以是革言。九三爻位是三，又离数为三，所以说三就。革卦下三爻都是主张变革的人，所以都说革，上三爻是接受变革的人，所以说改和变。革言，是变革的议论，三就，经过多次的变革才能完成，所以必须仔细考虑成败利害，这样的变革举措才会使人相信，可以进行了。

惠士奇说："离历三阳而革道成。"朱骏声说："究之言就也成也，凡物至秋冬则老而成就，乾老阳，故称究。孚于三，改于四，变于五，革已循序而有渐也。征凶贞厉者，周之五年养晦，须暇之时与？"

马其昶说："爻惟二、五当革之任。初不可革，三、四可革而不革。三就，故三言有孚。又何之矣，释征凶。革至五而三就，则当九三之时未可以行也。凡始作难者必有殃咎，故曰毋为祸始。"

按：革言，是改革的理论。改革理论的确立，要经过多次变革的检验和借鉴他人成功的经验才能最后形成。《小象辞》说"又何之矣"，谈的是改革往哪里去，是"顺乎天而应乎人"还是与天斗、与地斗、与人斗其乐无穷，这是关系到国家与民族命运的大问题，需要全体民众共同参与。

九四：悔亡，有孚改命，吉。
《象》曰：改命之吉，信志也。

【译文】

九四，悔恨消失，有民众的信任，改变旧的天命，吉祥。
《小象辞》说：改变天命的吉祥，关键是能使民众心志信服。

【观象会意】

九四当变革之时，进而辅佐九五之君，即《象传》所说革而当者，悔吝自然消失。然而推动改革的出发点必须出于诚而取信于上下，然后才能改其政令，天命就会有所归，所以才会有好的结果。

虞翻说："将革而谋谓之言，革而行之谓之命。"改命，说的是革卦到九四已经完成了变革。九四介离兑之间，正是夏秋之交，离交于兑是改夏之命为秋命。九四卦已过中，是已改其命。

刘沅说："离变为兑，改夏为秋。四，佐命之臣也，不曰革而曰改者，革只去故，改则兼有新义。信志，即有孚，革道以上下相信为本，九四之志道以孚乎人心，故改命而吉。"

九五：大人虎变，未占有孚。

《象》曰：大人虎变，其文炳也。

【译文】

九五，伟大人物像猛虎一样实行变革，即使尚未占卜吉凶，也会得到民众的信赖。

《小象辞》说：伟大人物像猛虎一样实行变革，是九五的文采彪炳。

【观象会意】

九五的阳刚中正，居尊是变革之主，所以称大人。乾为大人，兑为虎。老虎生下来就有文采，但不显著。变为成年之虎后，文采炳然显见了。兑为文明，是虎之变。上卦经过九四的改命，到九五的"大人虎变"是旧的秩序已被推翻，社会文化和风俗都为之一变，要开创新局面，即使未占卜吉凶，也会得到群众依赖。

《小象辞》说："其文炳也。"丁易东说："文炳以人事论，改正朔，易服色，殊徽号，变牺牲，制礼作乐，炳乎其有文章是也。"

上六：君子豹变，小人革面，征凶，居贞吉。

《象》曰：君子豹变，其文蔚也。小人革面，顺以从君也。

【译文】

上六，有德君子像豹斑随季变色一样推动变革，小人也纷纷改变了嘴脸，在变革成功之时，如果不断革命，则有凶险。应该休养生息，安静守正可获吉祥。

《小象辞》说：君子像豹斑一样变色，它的花纹美丽多彩，小人改变嘴脸，是顺从地服侍着君王。

【观象会意】

上兑伏艮，艮为君子，为豹。君子豹变，是变革之后，君子对新的政权，在文化上加以润色，如豹的花纹绚丽多彩。丁易东说："蔚，本益母草，其花对节相开，亦如公侯相对而并列，故以蔚言之。豹次于虎，兽不同也，炳从虎，蔚从草，文之大小显著不同也。"陆绩说："兑之阳爻称虎，阴爻称豹。"

按：兑西方属金。虎豹都属金兽，也可说得通。但互乾老为阳金，故象虎；兑为少阴金，故象豹，虎大而豹小。张载说："虎变文章大，故明；豹变文章小，故蔚。"艮为面，艮伏所以称革面。小人革面，说的是革命之后，除旧以施新政。小民则纷纷随着新生政权，洗心革面，改变其价值取向，以顺从新的政权。

【易学通感】

革者，革故也。革命者，改变命运也，不一定要人家的命。革，是永恒的话题。革之难：其一，要"革而当"，革而不当，不如不革；其二，革他人易，革自己难，要革他人，先革自己；其三，在一次大的社会变革取得成功之后，要休养生息，如果隔七八年再来一次，那国将不国了。

鼎 第五十卦

离宫二世卦

鼎 ䷱ 巽下离上 中爻乾兑　　【错】䷂ 屯　　【综】䷰ 革

【题解】

鼎卦巽下离上，巽为风，离为火。《说文》："鼎三足两耳，和五味之宝器也。易卦巽木于火下者，为鼎，象析木以炊也。"商周时期，铸青铜以为器，贵族烹煮食物用鼎。化生为熟，以祭祀宗庙，以养圣贤。所以鼎有改旧为新的意义。鼎卦序于革卦之后，即取此义。《杂卦传》："革，去故也；鼎，取新也。"清代李光地说："井在邑里间，所以养民。鼎为朝廷贵器所养者贤。易义至于尚贤，则吉无以加。"

鼎在古代又是权力的象征。鼎的功用是烹饪，烹饪的意义在于享神和养贤，贤人主政则社稷安。全卦六爻各取鼎器某一部分为喻，说明执政者任事执权的不同情状，唯九四一爻不称其职，是寓戒最深的反面形象。

鼎：元吉，亨。

【译文】

鼎卦，大为吉祥，亨通。

《彖》曰：鼎，象也。以木巽火，亨饪也。圣人亨以享上帝，而大亨以养圣贤。巽而耳目聪明，柔进而上行，得中而应乎刚，是以元亨。

【译文】

《彖辞》说：鼎卦，就是鼎器的象征。把木柴送入火内，风助火势，有鼎下生火烹煮食物的情状。圣明的君王烹煮食物来祭享天帝，君王烹煮大量的食物来供养圣贤。臣下则态度谦逊，以其聪明才智服务于君王，地位不断地上升。臣下恪守中正之道，应合于君王，其前途必然无限，所以大亨通。

《象》曰：木上有火，鼎；君子以正位凝命。

【译文】

《大象辞》说：木上有火，就是鼎卦的象征。君子观此卦象，取其端正之义，以端正位置，严守使命。

【释辞】

鼎：卦名。卦义有革故鼎新，取新，鼎立，鼎盛和鼎足之势等。

以木巽火：巽为木，离为火，巽为风、为入，所以说以木巽火。

亨：同烹，烹饪，"圣人亨""大亨"中的"亨"与此义同。

巽：同"逊"，谦逊。

凝：保持，坚定。

【观象会意】

鼎是烹饪的器具，从全卦来看，初爻是鼎足，二、三、四阳为腹，腹中实，是容纳烹煮物的，六五是鼎耳，上阳为鼎铉，有鼎之象。从上、下两体来看，离火虚在上，其足是在下承重，也是鼎之象，又以巽木入离火，木投入而火焰出，是烹饪之象。上离为目，而五为耳，有内巽顺而外聪明之象。此卦从巽卦变来，阳进居于九五，下应九二之阳刚，所以占卜者遇之而元亨。

端木国瑚认为："鼎之象，不在鼎，而在伏象屯，屯下震为足，互坤为腹，上坎为耳，为铉。鼎之象无一不备。后人不知易于正伏象不分。谓下阳为足，中三阳为腹，五阳为耳，易象在巽足、乾腹、离耳之象。"《尚氏学》认为端木说为正诂，两千年误解，应为纠正。《彖辞》说"以木巽火"，是木能生火，巽木入离火，是烹饪之功用。内卦有巽顺，则耳目的器官能得其功用而聪明，柔进而上行，以其鼎卦为巽顺文明之体，而且柔得中位又应九二的阳刚，如此虚心求贤明之人，才能化成天下，所以大亨。

李士鉁说："易惟井鼎二卦，以物名卦。盖天地之道，莫大于水火，生人之道，莫重于饮食。制器当象，此其最先。井曰取而不竭，鼎曰用而常新，圣人有取焉。卦中有乾体，五以坤道凝元，故元。制用养人故吉。鼎者变物之器，水火不变化，不能成食，阴阳不变化，不能生物，学问不变化，不能造道，政事不变化，不能利民，易变则通，故亨。"

《大象辞》所阐发的"鼎；君子以正位凝命"，古代君王认为，鼎是神器，所以有九鼎、国鼎和宝鼎之说。按：鼎卦二至五爻互卦为泽天夬。兑、乾皆为金，又火在木上，是铸鼎之象。鼎有趾、腹、耳、铉，每个部位均不可替换，所以是"正位"；上下尊卑用处不同，各有其数，所以是"凝命"。上离位南，是正位。下巽为命，九三阳居阳位，也是凝命。

初六：鼎颠趾，利出否，得妾以其子，无咎。
《象》曰：鼎颠趾，未悖也。利出否，以从贵也。

【译文】

初六，鼎脚颠倒，利于倾倒鼎中污秽，因无子而纳妾，因纳妾而得子，没有过失。

《小象辞》说：鼎脚颠倒，并未有违逆之事。有利于排除脏东西，因为它顺从了高贵的人物。

【释辞】

颠：倾覆。

否：恶，指鼎内不洁之物。

【观象会意】

趾，指初六在趾位。巽为股，初在股下，足象颠趾，脚趾向上，鼎有倾覆的可能。颠而覆之，是悖道之象，但是只有颠倒鼎趾，才能利于洗鼎，倒出鼎中秽物，所以鼎虽覆而未悖。好比妾虽地位卑贱，因为有子所以得贵。巽为长女，初六位最卑，有妾之象。伏震为长子，主宗庙礼祭，所以母以子贵，以从贵也。初与四相应，应四则趾向上，所以是颠。颠倒得以出否，因为卦象颠倒，巽变为兑，巽为妻，兑为妾，倒巽所以得妾。初为震位，为长子之爻位，故得妾以其子。悖，是违道，初阴顺阳所以说未悖，初承阳上应九四，所以是从贵。

李士鉁说："初在鼎下为趾。巽下断，以一阴承三阳，不胜其重，故颠也。初阴在下，位贱，乾三阳，乾男为子，母以子贵。初之阴载阳而贵，犹鼎趾卑，非趾则鼎之腹无所托焉。"宋书升说："祭先一日溉鼎，去其旧污以取新，故曰'利出否'。"

九二：鼎有实。我仇有疾，不我能即，吉。
《象》曰：鼎有实，慎所之也，我仇有疾，终无尤也。

【译文】
九二，鼎中装满了食物，我的匹配身有疾患，有疾患就与我接触不了，吉利。

《小象辞》说：鼎中装满了食物，要慎重地选择去向，我的匹配身有疾患，最终没有过失。

【释辞】
仇：音求（qiú），匹配。指六五。

【观象会意】
九二阳刚为实，以阳刚的本质，处鼎之中，是鼎有实之象。仇是匹配。九二上应六五，六五对九二来说是我仇，六五居大坎之终，坎为疾，故说有疾。有疾则接触不了我，然而九二和六五属于正应，虽然对方不能前来接触我，而我也要谨慎地到它那里去，六五居于大坎之上，疾病已终了，所以开始有疾患，终则无忧，所以吉利。

尚秉和认为："乾为实，仇，匹也，指五。五乘阳势逆，不能即二，故曰有疾。豫六五乘刚曰贞疾，兹与之同。我谓二，二为三、四所隔，既不能即五，五因乘刚有疾，亦不能即二，然我与我仇究为正应，始虽阻，终必合也，故结之曰吉。象曰终无忧，即谓二、五终合也。"

九三：鼎耳革，其行塞。雉膏不食，方雨亏悔，终吉。《象》曰：鼎耳革，失其义也。

【译文】

九三，鼎耳变形了，无法插杠子抬行，前路阻塞不通。好像鲜美的野鸡汤不得食用，等到阴阳遇合雨泽降临时，才能消除不遇的悔恨，终会得到吉祥。

《小象辞》说：鼎耳变形了，失去了相应、相合之义。

【释辞】

雉膏：野鸡汤。

雉膏不食：喻有雉膏的才能，不被任用。

方：将，刚要。

雨：指阴阳遇合。

亏悔：减少悔恨。

【观象会意】

初六至六五为正反兑，兑为毁折，九三居中当"耳"，上下毁折，鼎耳有所改变，因此说："鼎耳革。"《易林·复之中孚》："鼎烁其耳，热不可举。大路壅塞，旅人心苦。"以行为道路，盖三承乘皆阳，阳遇阳，故其行塞。上离为雉，兑为膏。雉膏在上，乃上不应三，故雉膏不食。兑为雨，为昧。

《小象辞》说"失其义也"，义是适宜。鼎之用全在乎耳，今耳革而失其用，所以说失义。

李士鉁说："三当两卦变易之际，故革。离为雉，润以兑泽，为雨，雉膏，实之象。兑毁为亏。雉膏虽美，不烹则不可食，犹美才不陶镕则不可用。不患无位，患所以立。君子藏器于身，待时而动，犹美食调合变化，不能使人必食，而能为可食，然果有可食，不患其终不食也，故虽亏悔而终吉。"

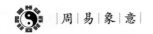

九四：鼎折足，覆公餗。其形渥，凶。
《象》曰：覆公餗，信如何也！

【译文】

九四，鼎折断了足，王公的美食全倾洒出来。鼎身龌龊，遍地狼藉，这是凶险之兆。

《小象辞》说：王公的美食全倾洒出来，这样的人怎么能信赖呢？

【释辞】

餗：音素（sù），鼎中的食物，美馔。

渥：音卧（wò），沾濡，食物打翻后的狼藉情况。

【观象会意】

初六应九四，初六变阳失鼎足，互体兑为毁折，因而是鼎折足。郑康成说："餗，美馔，鼎三足，三公象。"九家云："三公调阴阳，鼎调五味，折足覆餗，犹三公不胜其任，倾败天子之美。"

初与四相应，初趾颠，故四折足。然而初鼎趾无实，颠趾当有出否之利，四鼎既实，折足难免覆餗之凶。董仲舒说："鼎折足者，任非其人也；覆公餗者，国家倾也。是故任非其人而国家不倾者，自古至今未尝闻也。"

六五：鼎黄耳金铉，利贞。
《象》曰：鼎黄耳，中以为实也

【译文】

九五，鼎上有黄色鼎耳，配以刚坚的鼎杠，利于守持正固。

《小象辞》说：鼎上黄色鼎耳，处中以柔居刚，得到了充实。

【释辞】

金铉：金属的抬杠，贯穿于两耳中以抬鼎。

【观象会意】

五处兑象之上，兑为耳，离黄中，故曰黄耳。互乾为金，故曰金铉。铉是贯穿两鼎耳以举鼎的，六五得中，下应九二，故利贞，占卜的人利在贞固守正。陆绩说："得中承阳，故曰中以为实。"

王宗传曰："在鼎之上，受铉以举鼎者，耳也，六五也。在鼎之外，贯耳以举鼎者，铉也，上九也。以六五之虚中，而资上九刚实之助，此黄耳之得金铉也。人君欲受人之实，为己之实，非有虚中之德不可。"

上九：鼎玉铉，大吉，无不利。
《象》曰：玉铉在上，刚柔节也。

【译文】

上九，鼎器配有玉饰的鼎杠，大为吉祥，没有不利。

《小象辞》说：玉铉在上位，只有刚柔调节恰到好处，才会大吉。

【释辞】

玉铉：互乾为玉、为金。

【观象会意】

程颐说："处终，鼎功之成在上，铉象，刚而温者玉也。"

按：上九一阳在上，是鼎铉之象，铉是鼎杠，从金，必是金属制作，玉不胜任作铉，说玉铉者，上铉用玉来装饰，以其上九以阳居阴，刚而能温，所以有玉铉之象，也就是《小象辞》所说的"刚柔节也"。

【易学通感】

人的身体是一个宝鼎。阴阳调和，可以正位凝命。养生就是养阳气：三、四、五三阳是鼎的腹部，于人体为肾、肝、脾、心、肺，分别为人体五脏。如三阳尽失，此卦变为山地剥。"剥者，乱也。"内脏都坏了。初六：是鼎颠趾，利出否。想健康就要清除体内垃圾。九二：我仇有疾。青春时期，调整好心理。九三：其行塞，雉膏不食。吃得太好，血管会堵塞。九四：折足、覆𫗧、形渥。病来如山倒，生命危机出现在中年时期。六五爻变，成为天风姤，爻辞说"利贞"。生命是正位凝命之时，该放下就放下，居易以俟命，否则就会有疾了。

上九发动，有恒卦之象，大吉，无不利。《小象辞》说："刚柔节也。"老年人的心态应刚柔兼备，生活阴阳调和，饮食有节，起居有常，享受生命的恒久。

震 第五十一卦

震宫八卦之首，象雷。

震 ䷲ 震下震上
中爻艮坎　　【错】☴巽　　【综】☶艮

【题解】

《说卦传》："万物出乎震，震，东方也。"《杂卦传》："震，起也"。震为动，上下皆震，雷声奋起，大地解冻。震为雷，也为地震。震为长子，是君王的接班人。作为承接江山社稷的领导者，在面临天灾人祸的考验下，心中镇定自若，处惊不变，犹如中爻艮山一样岿然不动。同时，接连不断的雷声，令君子恐惧修省，使人谨慎前行，去开拓亨通的境界。

震：亨。震来虩虩，笑言哑哑。震惊百里，不丧匕鬯。

【译文】

震卦，亨通。隆隆雷声，令人惊恐。言笑声声，雷声震惊百里，承继社稷的长子，悔危不惧。

《彖》曰：震，亨。震来虩虩，恐致福也。笑言哑哑，后有则也。震惊百里，惊远而惧迩也。出，可以守宗庙社稷，以为祭主也。

【译文】

《彖辞》说：震卦象亨通。隆隆的雷声，令人惊恐，常怀恐惧之心，方可永保福庆。言笑声声，这是惊恐考验之后的言笑欢乐。雷声震惊百里，使远方震惊，使近处警惧。主祭者镇定自若，他出而继位，可以守住宗庙社稷，承接主持国政和祭典的大事。

《象》曰：洊雷，震；君子以恐惧修省。

【译文】

《大象辞》说：接连不断的雷声是震卦的象征。君子为天威所震慑，因而惊惧惶恐，修身改过。

【释辞】

震：卦名。卦义为震动、震荡、震撼、震惊、震慑、震怒等。

虩虩：音系系（xì xì），声音大得吓人。

哑哑：笑声。

匕鬯：匕，羹匙用以取祭祀。鬯，音畅（chàng），祭祀用的香酒。

【观象会意】

震卦从临卦变来，临卦的九二上升到四爻，二、四易位，成了震卦。雷震动于积阴之下，奋发而出，是大地解冻，所以亨通。震来，是九四的到来。虩，《说文》："蝇虎也。"程颐说："蝇虎谓之虩者，周旋顾虑，不自宁也。"九四动于坎中，动而止，止而复动，离目内顾，未言宁息，是虩之象。福即"笑言哑哑"，恐致福，是恐惧以致福。后，指雷声之后。有则，说的是恐惧已深入人心，而后处事有法则了。

阳爻来居初位，所以是震来。雷声发动，万物震恐，故曰"震来虩虩"。互坎为法则。震为笑，为言，所以是"笑言哑哑"。坎为棘匕，为鬯。"震惊百里，不丧匕鬯。"说的是震雷之声，虽然威震百里，主持祭祀的长子并不恐惧。从象上看是一刚载两柔，好似鼎肉尚在匕，匕没有在手中脱落。震为长子。临危而不惧，出可以守宗庙社稷，以为祭主也。

《大象辞》所说的"洊雷"，洊，是重复而来。上下皆震，所以是洊。当雷声不断地震动，人皆恐惧，只有在恐惧之余加以修省，改变自己的处事行为。这也就是孔子的迅雷必变色而作的意思。如项平庵所说："恐惧修省，所谓洊也，人能恐惧，则既震矣。又修省焉，沔在其中矣。"

初九：震来虩虩，后笑言哑哑，吉。

《象》曰：震来虩虩，恐致福也。笑言哑哑，后有则也。

【译文】

初九，隆隆雷声令人惊恐，以后听雷言笑声声，吉祥。

《小象辞》说：隆隆雷声，是恐惧以致福；言笑声声，而后处事有法则了。

【观象会意】

初九是震卦之主，在内卦之下，所以爻辞与卦辞相同，居震之始，所以能先戒惧。范仲淹说："君子之惧于心也，思虑必慎其始，则百志弗违于道；惧于身也，进退不履于危，则百行弗惧于祸。故初九震来而致福，慎于始也。"

六二：震来厉，亿丧贝，跻于九陵，勿逐，七日得。

《象》曰：震来厉，乘刚也。

【译文】

六二，震雷袭来有危厉，丧失大量货币，应当登高远避于九重高陵之上，不要追寻，七天会失而复得。

《小象辞》说：震雷袭来有危厉，因为它凌乘在初九刚爻之上啊！

【释辞】

亿：释文云本亦作噫，语气词。虞翻云："惜辞也。"艮为贝，震者艮之可覆，故丧贝。古以贝为货币。

跻于九陵：上震覆象艮为山，转喻为陵。

【观象会意】

来，是复的意思。震来厉，说的是一阳在下复于初九，六二乘阳，居厉不安。六二动，下卦成兑。兑为口，为噫（虞氏本作嗌）。艮为贝，震卦是艮之覆，所以是丧贝。古以贝为货币，因为危厉而丧失财产。震为言，所以是噫，噫是叹息之词。

六二至九四互艮，艮为山、为陵，艮阳在上，阳老所以是九陵。震为跻，跻是上升，互坎为盗，在艮陵上，说的是有人持贝，跻九陵而逃去，然而不必追逐。

震为逐，其数七，所以说七日。震为复，勿逐七日得，说的是所丧之贝，不必追逐，到七天自然来复而自得。程颐说："守其中正而不自失，过则复其常，卦位有六，七乃更始，事既终，时既易也。"

六三：震苏苏，震行无眚。
《象》曰：震苏苏，位不当也。

【译文】

六三，雷声震动时心惊胆战，如能因震惧而在行动中遵循正道，就不会遭致祸患。

《小象辞》说：雷声震动心惊胆战，六三的位置不适当啊。

【释辞】

苏苏：《郑注》：不安也。一说，苏苏，舒缓也。

【观象会意】

六三在坎陷中，以阴处阳居位不正，而处变无才。前震方来，后震继至，震惧自失，故曰震苏苏。程颐说："苏苏，神气缓散自失之状，处不当位，震惧自失而不知动，其祸自取也。故曰眚。"

坎为疾病，故为眚。三不当位，所以不安，然而上承阳，也是无眚。虞翻曰："坎为眚，动而得正，坎象不见，故无眚。"按：震以阳为福，以阴为眚，然而阴需借阳力而行动，全靠震动以消除阴霾之气，这也是无眚，是恐惧之心使人修省。

九四：震遂泥。

《象》曰：震遂泥，未光也。

【译文】

九四，雷电下击，其人吓得坠入泥中。

《小象辞》说：雷电把人吓得坠入泥中，是九四的震雷之道未能发扬光大。

【释辞】

遂：通坠，坠落。

【观象会意】

九四陷于二阴之间，三至五爻为陷。泥指九四以阳居阴，故不为水而为泥，当洊雷震惊之时，而坠于其中，就会濡滞沉溺，如何能自震。九四至上九为大离之象，离为光，而坎泥陷之，所以是未有光。

刘沅说："泥，滞弱也。互坎为陷，又互艮止，故泥。九四不中不正，陷二阴间，如雷乍动为阴气所陷。在人则有刚德非不能奋，而志气未能自遂，困心衡虑之时也。"

六五：震往来，厉，亿无丧，有事。

《象》曰：震往来厉，危行也。其事在中，大无丧也。

【译文】

六五，雷震之时往来都有危险，恪守中道就没有丧失，做好主持祭祀之事。

《小象辞》说：雷震之时往来都有危险，是危险的行动，主持祭祀之事只要在中位，就不会有太大的损失。

【观象会意】

六五君位，以柔居刚，处中，故可为震动之主。震动时，上往则以柔居震动之极，阴遇阴为敌；下往则遇九四，有犯刚之失，是往来都危厉。应谋求居中守静，以不变以应变，居中用事，所以守宗庙社稷，为祭主。所以是"其事在中，大无丧也"。

五动而成兑、巽，兑为口，是噫（亿），叹惜之词。巽为事，六五的所有事在中道而已，五之位是刚大，才能无丧有事，而柔爻居之则危，刚大守中，虽处甚危之时，可以导致亨通。程颐说："诸卦虽不当位，多以中为美。三、四虽当位，或以不中为过。盖中则不违正，正不必中也。天下之理，莫善于中，于二、五见之也。"

上六：震索索，视矍矍，征凶。 震不于其躬，于其邻，无咎。 婚媾有言。

《象》曰：震索索，中未得也；虽凶无咎，畏邻戒也。

【译文】

上六，雷电交加，其人股栗不安，双目四顾，行路艰难，危机四伏。但雷电不会击在他身上，而是落在邻人的头上。尽管有危险，其人却可以免除灾害。邻人受雷击而己得避祸，有男女之间婚媾的议论。

《小象辞》说：雷电交加，其人股栗不安，因为过了中位，未能得中正之道，虽然凶险，得以免除灾害，是从邻居那里感受到惊畏而知道威惧。

【释辞】

索索：恐惧的样子。

矍矍：音决（jué），惊惧四顾的样子。

【观象会意】

上六柔弱，处震动之极，不得中道，内心难以安定。索索，郑玄："犹缩缩，足不正也。"六三处下震之上，是苏苏不安，上六与之同。矍矍，是左右惊顾之状。六三与上无应援，所以征凶。"震不于其躬于其邻。"也是惊远惧迩的意思。艮为躬，艮覆为震，所以不于其躬于其邻。震为邻。邻是指六三，说的是从三苏苏，即可知其惧而戒备了。知道害怕就没有过失。卦六二至上六为正反震，所以是有言。有言就是争讼。震卦长男、中男、少男三男之象齐备，而无一女象，所以不能婚媾，如婚媾就会引起争讼。

《小象辞》所说的"中未得"，说的是心中无主而自失，如果是这样，就凶险了。戒是戒备。虽然有致凶的因素存在，而能够做到无咎，以邻为戒，则变化还未加于邻居之上，而我先畏戒了，就可以免于凶而得无咎。

【易学通感】

1970年在铁岭农村下乡时，青年点种的土豆丰收，青年们用生产队的马车捎回沈阳，途经抚顺时被扣。我身为点长，为了挽回青友们的损失，逞血气之勇，冒雨连夜骑自行车翻山越岭，在三岔子铁抚交界的大岭上，感受了终生难忘的恐怖之夜。

当我顶着大雨推车接近山顶时，电闪雷鸣，一个接一个，在我头上炸起，尝到了震来厉、震苏苏、震遂泥的感觉。我在山的最高点，手扶的车把又是铁的，雷不击我击谁？于是当闪电再次亮起时，我立刻趴到路边的水沟里，雷声过后再爬起来。双耳震得嗡嗡响，两眼冒金星，浑身是泥，几番折腾，总算是到了山顶。我扶紧双把，在黑夜中想着"黑泥、白水、黄干道"，一路飞驰下山。事后想起来，救我一条命的是解放军拉练班长借我的军用雨衣。

艮　第五十二卦

艮宫八卦之首，象山。

艮 ䷳ 艮下艮上
中爻坎震　　　【错】䷹ 兑　　　【综】䷲ 震

【题解】

事物没有永远是动的，动必有停止，所以震卦之后是艮卦，艮卦一阳止于二阴之上。《序卦传》说："艮者，止也。"艮为山，山有静止稳重之象，艮卦与震卦互为综卦，二者相互为用。震卦提示的是接受考验，在惊恐中能从容镇定，艮卦则强调"动静不失其时"，当动则动，当止则止。用于人身修养上，艮卦强调不为物欲所惑，澄心静虑以守心安身。

艮：艮其背，不获其身，行其庭，不见其人，无咎。

【译文】

艮卦，停止在背后，连自身的身体都看不见，看不见前面的物欲诱惑，就像行走在庭院里也看不见人一样，没有过错。

《彖》曰：艮，止也。时止则止，时行则行，动静不失其时，其道光明。艮其止，止其所也。上下敌应，不相与也。是以不获其身，行其庭不见其人，无咎也。

【译文】

《彖辞》说：艮的意思是停止。该停止的时候就要停止，该行动的时候就行动。行动和静止都不失其时，所以艮道的前景是光明的。艮卦是停止，停止于应该停止的地方。卦中六爻上下相互敌对，没有任何一爻能得到应合，因此才得不到他的身体，行走在他的庭院里，见不到他们家的人，人与人之间两两相背，所以没有过错。

《象》曰：兼山，艮；君子以思不出其位。

【译文】

《大象辞》说：两山相重，互不往来，是艮卦的象征。君子观此卦象，因此各安其位，思考问题不超出自己的职责范围。

【释辞】

艮：音亘（gèn），卦名。卦义：山，止，时止，行止。

【观象会意】

艮为止，震为行。《杂卦传》："震，起也；艮，止也。"艮卦与震卦互为综卦。艮卦所以能止，是止之于其所在，艮为背，人是看不见自己后背的。人的行动生于欲望，而欲望生于所见，后背的东西是看不见的。上下两体皆艮，譬如两人，一人背而往，一人背而来，四、五中爻，体在艮中，艮为门阙，门阙之中是庭院，庭院是人往来交际之所，两人背行于庭，虽然往来于交际之地，然而背行则无所见，且自己都看不见自己的后身，怎么能看到自己身后的人呢？

不获其身，是忘我的境界；不见其人，是忘物的境界。能做到忘掉自我，忘掉物欲，所以能止其所止也。六爻上下敌对，阴阳无一相应，是不相与也。行其庭不见其人，不相见就不能交往，不交往就无过错。老子的"民至老死，不相往来"，出于此乎？尚秉和说："艮为时，下艮，故曰时止则止。三至五互震，故曰时行则行。止则静，行则动，动静随时，故其道光明。艮为道路，阳在上故光明。六爻无应予，故曰敌应。阴阳相遇为朋为类；若阳遇阳、阴遇阴，则皆为敌。"胡炳文说："人身惟背不动，艮止象。不获其身，内艮；不见其人，外艮。"李鼎祚说："艮为门阙，今纯艮，两门之间，庭中之象。"

《大象辞》说"思不出其位"，坎为心，古人认为，思虑是心脏的功能，艮卦中爻为坎。位是所当停止的地方。震为出，倒震为艮，所以不出，两山并立，不相往来。

> 初六：艮其趾，无咎，利永贞。
> 《象》曰：艮其趾，未失正也。

【译文】

初六，停止在脚趾迈出之前，没有过错，利于永久恪守正道。

《小象辞》说：停止在脚趾迈出之前，是止于行动之前，没有失去正道。

【观象会意】

艮卦取于人的身体的各部分，初六象足之趾，以阴柔处下，不能有所作为，故艮其趾而不行。不正，理应有咎，事情停止于初始，是止得最早的，所以不会失正。初六以脚趾为喻，教人立定脚趾，做事止于始，勿轻举妄动，方可避免犯错误。

> 六二：艮其腓，不拯其随，其心不快。
> 《象》曰：不拯其随，未退听也。

【译文】

六二，腿肚子止住不动，未能向上追随本该追随的人，心里不痛快。

《小象辞》说：未能向上，追随本该追随的人，因为九三未能听从下面的意见。

【释辞】

腓：音肥（féi），腿肚子，在足趾之上。

【观象会意】

腓是腿肚子，受大腿支配。九三是大腿股的位置，二发动成巽，巽为股。九三艮止，大腿不动，小腿也随着停止了。艮为手，所以说拯，艮止所以不

388

拯。然而阴爻以顺阳为天职。仍要随从阳刚，不动就是不拯其随。九三居互坎之中，坎为心为忧，既不可以动，又要追随阳刚，不能自主，所以其心不快。

三坎为耳，退处于二，是退听也。程颐说："退听，下从也。"二发动，互卦成兑，兑为决，是其心快，二不能动，坎为心病，所以是不快。退谓九三退而就二，二向上，但九三阳性是向上的，如何能退而听从六二的拯救呢？互坎又为耳痛，所以说未听。

九三：艮其限，列其夤，厉薰心。
《象》曰：艮其限，危薰心也。

【译文】

九三，止住腰部不动，腰背的背脊肉被撕裂，十分危险，像烈火一样熏灼心中。

《小象辞》说：止住腰部不动，其危险像烈火一样熏灼心中。

【释辞】

限：腰部。

列：同"裂"。

夤：音银（yín），夹脊肉。

【观象会意】

三居卦中，在人身为腰胯之间，坎为腰。王弼说："限，身之中也，三当两象之中。"夤，夹脊之肉，脊膂相连之处，两旁夹肾，是命门。命门之气上交于心，如熏火而烟腾。三当腰限之处，止于腰部就上下不通，使心肾之水火不交，有分裂夹脊肉的痛苦，能不危厉吗？

李士鉁说："三以一阳处四阴之间，分裂象，处两山之间，亦分裂象。分裂则内外不能一致，体用不能一如，臬兀不安，动止失据。三位不中，又互震动，有动于心，强制于外，故其心若薰灼然。"惠士奇说："限为身半，内经谓之天枢，盖气交之中，非可当止之地，上下之气不交，在病为关格。"

人身的腰限，是阴阳二气所流行变聚之处，不当止而止，如果勉强克制你的内心，或者压抑气机的顺畅，反而会造成气血不通的疾病。老子说："人法地，地法天，天法道，道法自然。"说的是养生要顺从自然。艮其限，是止非其所，止其限就会脉络不通，所以危厉以薰心。

六四：艮其身，无咎。
《象》曰：艮其身，止诸躬也。

【译文】

六四，止住上身不动，没有过失。
《小象辞》说：止住上身不动，说明六四能自我控制。

【观象会意】

人体腰以上为身，九三艮止下体，不和上身相交，所以体内如里脊肉撕裂一样痛苦。六四已经进入人的上体，是承接全身上下之处，所以能止住全身，不为躁动。此爻用于政治，四在宰辅之位，而六五柔以居中，缺乏刚健之志，所以六四不能止天下所应当止住的弊病，只有艮止其身，自己止于正，所以无咎。程颐对此有微辞："仅能善其身，岂足称大臣之任乎？"

六五：艮其辅，言有序，悔亡。
《象》曰：艮其辅，以中正也。

【译文】

六五，止住口舌不乱说，说话有条理，悔恨会消失。
《小象辞》说：止住口舌不乱说话，因为六五居中守正。

【观象会意】

辅，是口两旁的腮帮，六五居上卦而阴偶，有辅之象。从三爻至上互颐，五居其间，所以艮其辅，互震为动，动而能止，故曰言有序，言有序，故无悔。不随便说话，说话必定有次序，如此可以悔憾消亡。《道德经》说："多言数穷，不如守中。"又说："知者不言，言者不知。"六五是柔弱之君，处艮之时，必定谨言以慎行。

上九：敦艮，吉。
《象》曰：敦艮之吉，以厚终也。

【译文】

上九，以敦厚之德止住邪欲，吉祥。

《小象辞》说：敦艮的吉祥，以敦厚为结束。

【观象会意】

艮为山，有笃实之象，上九发动而上卦为坤，坤土为厚，故敦厚之象，上九以阳刚居上，动而必正，能厚而终，是知止于至善之道，正所以能吉。程颐说："人之止，难于久，故节或移于晚，守或失于终。事变于久，人之所同患也。"

人生修德，最难的是保持晚节，上九以敦厚之德而终始，是人生修炼的功德圆满。

【易学通感】

山连山，艮之象。山为仁者所乐，仁者隐居山中，六爻无应，是和外界没有沟通之象。初、二艮其趾、腓，不出山外也；三艮其限，静坐通三关也；四艮其身，物我两忘也；五艮其辅，大音希声也；上敦艮吉，厚德乃终也。隐者止乎大山之中，远离一切烦扰，缘督以为经，胎息以坐忘；行而不见人，终老无是非。艮卦六爻皆无咎，无咎者，无是非也。人生止于无是非之境，艮卦之意乎？

渐　第五十三卦

艮宫归魂卦

渐 ☰ 艮下巽上
中爻坎离　　　【错】☳ 归妹　　　【综】☳ 归妹

【题解】

《序卦传》说："艮者，止也。物不可以终止，故受之以渐。"渐卦排列在艮卦之后，止是行动的开始，事物的停止是暂时的，暂时停止后又渐渐开始先行进，渐是缓慢的行进过程。取象于树木在山上逐渐长高，渐卦阐述事物发展循序渐进的道理。

用于人事方面，喻女子出嫁要有一个婚礼进行的过程，须经过问名、纳采、纳吉、纳征、请期以至于亲迎的所谓六礼齐备而后方能成婚，这样才能符合女子出嫁渐进的古代风俗，所以吉祥。从渐卦上下两体来看，下艮为止，上巽为入，艮止于内不妄动，巽缓缓而入，进而不骤，时止时入，渐次前进，以正而动，顺守事理，这样做才能使婚姻久远。

渐：女归吉，利贞。

【译文】

渐卦，女子出嫁吉祥，利于坚守贞正之德。

《彖》曰：渐之进也，女归吉也。进得位，往有功也。进以正，可以正邦也。其位，刚得中也。止而巽，动不穷也。

【译文】

《彖辞》说：渐卦的意思是渐次前进，就像女子出嫁须按规定礼仪渐次进行则吉祥。下坤的六三爻上升，上乾的九四下降，卦位三、四两爻易位，各得其正，是"往而有功"和"进而得正"，夫妇之道正，进而可使一国之道正，九五以刚爻得中位，艮止于内，巽动于外，以正而动，顺乎事理，便能维持动态于久远。

《象》曰：山上有木，渐；君子以居贤德善俗。

【译文】

《大象辞》说：山上的高大树木，形成于渐进的生长过程。君子观此象，因而每日积累自己的德行和修养，对周围的人潜移默化，收到移风易俗的社会效果。

【观象会意】

渐，是逐渐前进的意思。古代社会女子以丈夫为家，所以女子出嫁叫作归。从渐卦卦体来看，这种归是自内而外，此卦是从否卦变来，六三坤爻之四，是女往吉。九四乾爻之三成艮，是男下女，这样做是循礼而行，所以吉祥。

渐卦的义理如程颐所说："臣之进于朝，人之进于事，不以其序，则陵节犯义，凶咎。随之廉耻之道，女之从人最大，故以女归为义。"进得位，进有正，这是从九五得正，特指阳刚得中位来说的，二至五爻，刚柔都得其正，是有功，是正邦，是正而巽，所以是动而不穷。

《大象辞》所释之象，山上的树木，虽然每天都在生长，但是人们看不出它生长。君子思考这种现象，悟出提高道德修养，是个潜移默化的渐进过程，欲速则不达。

初六：鸿渐于干，小子厉，有言，无咎。
《象》曰：小子之厉，义无咎也。

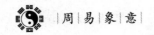 周 易 象 意

【译文】

初六，鸿雁渐次飞到岸边，少年渐近危险，被斥责，没有过错。

《小象辞》说：年少知道危惧，不敢冒失前进，合乎渐进之义，是没有过错的。

【释辞】

鸿：大雁，候鸟，以时而来，以时而返。飞行时排列有序而成行，六爻取鸿飞有序之象，以明依次渐进之义。

【观象会意】

渐卦中爻为坎为离，初六发动下卦变为离，离为鸟，坎为水，阳实在坎水之边，故其象为干。艮为少男，故其象是小子，初六接近坎险，所以是厉。何楷说："六爻皆取鸿象，往来有时，先后有序，于渐之义为切也。昏礼用雁，取不再偶，又于女归之义为切也。"

胡一桂说："自北而离南，象鸿之迁徙。"大雁群飞时，头雁是强健的雄雁，雌雁紧随其后，以雁之迁徙比喻女子从夫，以阐明渐的卦义，所以六爻都是以鸿雁为喻。

李士鉁说："鸿，至有时，行有序，配有偶，女渐之道合，故诸爻取象焉。"

六二：鸿渐于磐，饮食衎衎，吉。
《象》曰：饮食衎衎，不素饱也。

【译文】

鸿雁渐次飞到水中的大石头上，和乐地饮食，吉祥。

《小象辞》说：和乐地饮食，是为了充实力量，再向前飞行。

【释辞】

磐：大石。艮为石，有磐象。

衎衎：音看（kàn），和乐安详的样子。

【观象会意】

艮为石，磐石之象。坎为饮食，互坎象饮食。鸿雁食则呼唤众鸟相聚，是衍衍和鸣之象，鸿渐于磐则远于干，六二以中正之德，上应中正之君，是渐进而和平，得渐卦义理之正所以吉祥。朱熹说："柔顺中正，进以其渐，而上有九五之应，故其象如此。素饱如诗言素餐。得之有道，则不为徒饱，而处之安矣。"《魏风·伐檀》："彼君子兮，不素餐兮。"不是白吃饭的。

九三：鸿渐于陆，夫征不复，妇孕不育，凶。利御寇。

《象》曰：夫征不复，离群丑也。妇孕不育，失其道也。利用御寇，顺相保也。

【译文】

鸿雁渐渐飞到高平之地，丈夫南行没有回来，女人怀孕不能生育，有凶险。利于抵御盗寇。

《小象辞》说：丈夫南行没有回来，是离开同类。女人怀孕没有生育，是迷失了夫妻礼仪正道。利于用来抵御盗寇，是内得群阴的顺利相助。

【释辞】

丑：同类。

【观象会意】

夫是九三，妇是六四，互坎为夫，互离为妇，离为大腹，有孕之象。三爻动离象毁，所以是不育。三动变艮，艮止，也是不育。李士鉁说："陆，高平之地也。鸿飞至陆，离开故居，得以远行。艮为止，互离为火，火山旅，故曰征，体艮止，故不复。离大腹，孕象。坎血漏于下，不育象。卦互未济，亦不育象。不中不和，孕而不生，凶险可知矣。唯寇来，能以阳刚之才，内得群阴之顺助，故利御寇。"

按：九三为艮卦主爻，为艮止，又在互坎之中，坎为寇，所以九三能止寇，即利御寇。

六四：鸿渐于木，或得其桷，无咎。

《象》曰：或得其桷，顺以巽也。

【译文】

六四，鸿雁缓慢地飞到了树木上，如果落到方平的枝柯上休息，没有过咎。

《小象辞》说：如果落到方平的枝柯上休息，是顺当而又安稳。

【观象会意】

六四居九三阳刚之上，阳刚躁动不甘居阴柔之下，所以六四所居是不安稳之地。巽为木，鸿是水鸟，爪趾相连，不能抓住树木，本不应栖于树上，如果能得到扁平的椽子歇息，则安宁而无灾咎。此爻是以鸿雁栖失其所，喻妇人之所失。四的丈夫是九三，三夫征不复，四雌雁暂得枝柯以栖身。是可进而不速进的意思。

九五：鸿渐于陵，妇三岁不孕，终莫之胜，吉。

《象》曰：终莫之胜吉，得所愿也。

【译文】

九五，鸿雁缓慢地飞到了山陵之上，妇人三年也不生育，但最终没有人能阻碍九五和六二的阴阳结合，吉祥。

《小象辞》说：最终没有人能阻止九五和六二结合的吉利，是夫妇如愿以偿。

【观象会意】

上体巽为高，下艮为山，九五居山之上，故称作陵。鸿雁之飞由低处逐渐向高飞，最终飞到高山之上，体现了渐卦之义，不轻进，不疾进，而终于达到了最高点。五和二是正应，有明媒正娶夫妇之象。三至五爻互离，离为大腹，九三发动，离象不见，所以是不孕，历三年后，自然阴阳结合而怀孕。

自六二到九五经历三爻，象三岁。艮少男，巽长女，少男未发育成熟，是以不能生育。观其全卦六爻，虽然三阴三阳平衡之卦，但是初与四，三与上阴阳都不相应，三和四爻不属于正应，以比邻关系的结合，阴凌乘阳刚之上，终非正常关系的结合，只有二与五是相应，各有中正之德，履正而居中，以五、二阴阳的中正之道结合，有夫妇则有父子，有父子则有君臣，则可以正邦国，道济天下了。

上九：鸿渐于陆，其羽可用为仪，吉。
《象》曰：其羽可用为仪，吉，不可乱也。

【译文】

上九，鸿雁渐渐地飞到天路上，排列有序，羽翼翩翩，可以供人效法为仪仗形式，吉祥。

《小象辞》说：羽翼翩翩，可为仪仗形式的吉祥，因为鸿雁之飞，队形不乱，前后有次序。

【观象会意】

上九之陆，是天陆，天空的云陆四通八达，往来无碍。鸿飞有序，由至卑而极高，初六渐于干，六二渐于磐，九三渐于陆，六四渐于木，九五渐于陵，上九渐于天空云路，是以渐而上，飞行是有次序的。好比人的自身修养德行的增进，也是一个逐渐的过程，最后德至盛而为天下所效法。此境界如王弼所云："进处高洁，不累于位，无物可以屈其心，乱其志。峨峨清远，仪可贵也。"

【易学通感】

渐卦卦象是巽上艮下，巽为长女，艮位少男。渐卦，女归吉，是婚姻嫁娶之卦。少男娶长女，余以为是古代社会娶童养媳的习俗。虽然长女归夫家，因为男子年少，夫妻不能圆房，需要等少男长成，所以卦名为渐。中爻坎为中男。又互卦为火水未济，也是未完婚之象。

参之以六爻，初小子厉，需要照看也；二饮食衎衎，主持中馈也。夫子

《小象辞》说："不素饱也。"赞誉她没白吃婆家饭；九三妇孕不育，坎血漏于下，流产之象；六四或得其桷，得以栖息。动而变乾，乾为夫，夫唱妇随。六五妇三岁不孕，自六二到九五经历三爻，象三岁。艮少男，巽长女，少男未发育成熟，是以不能生育，过了三岁当然能生育了。上六其羽可用为仪，有凤来仪，绵绵瓜瓞，子孙昌盛也。

归妹 第五十四卦

兑宫归魂卦

归妹 ䷵ 兑下震上
中爻离坎 【错】䷸ 渐 【综】䷴ 渐

【题解】

《序卦传》说："渐者，进也。进必有所归，故受之以归妹。"归妹是渐的综卦。取象是少女在内，长男在外，男动而女说，是以少女喜悦长男，所以不得婚姻的正道。从六爻来看，二、四两阴位所居是阳爻，三、五两阳位所居是阴爻，从二至五，位置都不正。初九和上六阴阳虽然当位，但是从全卦来看，是阳下阴上，也是失位。所以《象辞》说："征凶……无攸利。"可见归妹是凶卦，占卜者遇到没有什么利益。

但从六爻来分析，各个时段有区别：初九有阳刚之德，是处卑位而能尽其职责，爻辞是"征吉"。九二得中是"利幽人之贞"。三不得位而乘刚，是"未当"。四不得位，故有"愆"。六五得中，是归之正。上爻是女归的终点却无应合，所以不吉。

《象辞》认为是凶险之卦，因为女归是男女之大义，如果不是中正之女，所害甚大，是从防范的角度来说的。咸卦和归妹卦都是取象于女说男之象，止而说则是咸卦，动以说则是归妹卦，喜悦之情相同，而行为举止有区别，所以咸卦取女吉祥，而归妹则征凶。

归妹：征凶，无攸利。

【译文】

归妹卦，征进凶险，无所利。

《彖》曰：归妹，天地之大义也。天地不交，而万物不兴，归妹，人之终始也。说以动，所归妹也。征凶，位不当也。无攸利，柔乘刚也。

【译文】

《彖辞》说：少女出嫁是天地的大道理。天地二气不相交，万物就不会兴起。归妹，是人类的归宿和开始。喜悦而主动，所嫁出的是少女，征进有凶险，是因为爻位不当的缘故。无所利，是因为柔弱者凌乘在阳刚者的上面。

《象》曰：泽上有雷，归妹；君子以永终知敝。

【译文】

《大象辞》说：大泽上有雷声滚动，是归妹卦的象征。君子观看这一卦象，应当预想最终的结局，而有自知之明。

【释辞】

归妹：卦名。卦义是少女出嫁。

敝：顶点，结果。

【观象会意】

归妹卦从泰卦变来。泰卦九三上升到四爻，上卦成震，六四下降到三爻，下卦成兑，是天地相交。中爻变成坎、离，坎离是天地二气之用，天地以坎、离交阴阳，阴阳之义配日月。从卦象来分析，虞翻说："三之四，天地交，离日坎月，阴阳之义。配日月，则万物兴。震东，兑西，离南，坎北，此象最备四时正卦。"

王肃说："男女交而人民蕃，天地交而万物兴，即借此阴阳交之情，为归妹婚姻之义。此义又生之始终也。"泰卦的九三、六四各得其正，三、四相易而天地各得其宜，宜，就是义。变为归妹卦，所以是"天地之大义"。

归妹而后有夫妇，天地是夫妇之义，天地交而后有万物，所以归妹为女子之终，是生人的开始。中爻皆不当位，三、五两爻都是以柔乘刚，所以是征凶，没有所利。朱震说："六三、六五柔也，九二、九四刚也，以柔乘刚，则其柔日长。刚为柔所乘，则其刚日消。夫弱妇强不能正室，必行夫妻反目，其道不可推行矣。三不利于内，四不利于外，故曰无攸利，此以中爻言说以动之戒也。"

《大象辞》所说，雷声震动，泽水随之，是归妹之象。君子观看他们的结合，有不合正道之处，知道他们的结局不会长久，以此推广到世间万物，莫不如此。王弼说："归妹，相终始之道也，故以永终知敝。"程颐说："永终，谓生息嗣续；知敝，谓知物有敝坏，而为相继之道。"

归妹卦，是说以动，少女爱情萌发，主动送上门。这样婚姻缺少循礼渐进过程，难以维持长久，君子知其有敝坏的可能，应当预先防备，考虑到长远，天下之事都是有终有敝。君子当远虑其终，而防其敝坏。

初九：归妹以娣，跛能履，征吉。
《象》曰：归妹以娣，以恒也。跛能履，吉相承也。

【译文】

初九，妹妹陪姐姐出嫁，腿脚不好能走路，征进吉祥。

《小象辞》说：妹妹陪姐姐出嫁，是为了婚姻恒久，腿脚不好能走路，是吉祥相承。

【释辞】

娣：音弟（dì），妹妹。

【观象会意】

兑为少女。初爻在兑之下，故称娣，是嫡夫人的妹妹。据《春秋·公羊传》：古时诸侯一聘九女。嫁者为嫡夫人，嫡夫人及两个陪嫁女为媵，六个侄娣，一共九女，人称妾媵。娣就是同姓中疏远的妹妹，属于随嫁女之一，初爻是足位，兑为毁折，兑象折震，所以是跛。然而初九是震位，震为履，所以跛而能履，初九上无应援，九二而为阻，上能前进，应当有比无吉，《小象辞》

却说是"吉相承也"。

《尚氏学》认为:"谓二升五下卦成震,初临重阴,相随而吉,相承者谓二升五吉,初承其后仍吉也。以恒盖谓女嫁随侄娣,乃娶妇之常道。"虞翻认为:"初无应,变为阴,故征吉。"

按归妹卦,二、三、四、互离为中女,下卦兑为少女,初位最下,为娣,所以是妹妹陪嫁之象。《白虎通》云:备侄娣从者,为其必不相嫉妒也。一人有子,三人共之,若己生之,是为娣者,所以绝嫉妒,广嗣续,以恒夫妇之道,故曰以恒也。

九二:眇能视,利幽人之贞。
《象》曰:利幽人之贞,未变常也。

【译文】
九二,一目失明,另一只眼还能看,有利于被囚禁的人占问。
《小象辞》说:有利于被囚禁的人占问,没有改变常道啊。

【释辞】
眇:音渺(miǎo),一目失明。《说文》:眇,一目小也。

【观象会意】
眇能视,是承接上爻跛能履而言的,二、三、四互离为目,而二又居兑中,是以阴毁阳,九二的目象成眇,但是二又居离位,所以虽眇还能看得见。胡一桂说:"初二跛、眇,兑毁之象,履卦六三兑体,故取象同。"又兑为幽人。来知德说:"一与之齐,终身不改,此妇道之常也,故曰未变。"

刘沅说:"二互离目,兑毁折,象眇,二阳刚为贤女,应五阴柔非贤夫,凡所遇非人而不改节操皆是。"《折中》说:"目以两而明,夫妇以两而成,眇者一昏而一明也。幽人虽失所仰望,而其志炯然,故曰能视。"

六三:归妹以须,反归以娣。
《象》曰:归妹以须,未当也。

【译文】

六三，用妾来陪妹妹出嫁，又换成了用娣来陪妹妹出嫁。

《小象辞》说：用贱妾陪妹妹出嫁，未能适当。

【释辞】

须：通媭，楚人谓娣为媭。须女为已嫁之女。《天文志》："须女四星，贱妾之称。"

【观象会意】

六三阴柔不中不正，又是兑悦之主，女子不正，没有要娶她的，所以为夫家所遣，换成了以娣陪嫁。须女四星，是贱妾的称呼，须女是二十八星宿，北方七宿——斗、牛、女、须、危、室、壁的第四个星座。《天官书》："须女四星，贱妾之称。"三居兑上，兑为妾，又居互离之中，离为中女，以妾互女，女之贱可知，三有须象，所以归妹以须，因为上无正应，不得所归。反是来归，即为夫家所遣反。《榖梁传》云："妇人谓嫁曰归，反曰来归。"范注："反，谓为夫家所遣。"

九四：归妹愆期，迟归有时。

《象》曰：愆期之志，有待而行也。

【译文】

九四，延误了出嫁的日子，迟迟未嫁等待时机。

《小象辞》说：延误婚期的心志，是静待时机而后嫁。

【释辞】

愆：音千（qiān）。愆期，误期。

【观象会意】

九四以阳刚之德居上体，却没有正应。好似贤德之女不轻易从人，宁肯延误最佳婚配年龄，以等待她的意中人。此象和六三的归妹以须正好相反。期是女子出嫁所归的日期。九四居互离之终，离为日，又在互坎之中，坎为月，日往月来，由下卦而进入上卦，是超过了所归的日期了。然而所以愆期，是女子等待的人迟迟没有出现。

坎为志。四得坎中，又以震倒艮而为时，为待，志在等待时机。迟归有时，是等待的意中人出现才能出嫁，即有所待而后行也。李士鉁说："互离为期，四在外，故愆期。兑少女，离中女，四由少女而为中女，年已长矣；出下卦而至上卦，时已过矣，所以愆期。震为行，在互坎中，有欲行不得之象。四不中无应，本无佳偶，或有佳偶而礼不备，故迟迟然归，将有待也。"

六五：帝乙归妹，其君之袂，不如其娣之袂良，月几望，吉。

《象》曰：帝乙归妹，不如其娣之袂良也。其位在中，以贵行也。

【译文】

六五，帝乙嫁出少女，正室的服饰不如当侧室的服饰漂亮、精美。月亮已经圆满，吉利。

《小象辞》说：帝乙嫁出少女，正室的服饰不如侧室的服饰漂亮，是正室处于中位，以尊贵的身份前往啊！

【释辞】

袂：音 mèi，衣袖，指服饰。

【观象会意】

六五柔中居尊位，下应九二之阳，是崇尚德行而不贵服饰之象。所以喻为帝乙之女下嫁而服饰不盛之象。然而帝王之女以盛德之光彩照人，所以又为月望之象，占问之人，遇之就吉祥。帝乙本是商纣王之父，本卦并非实指帝乙嫁妹，而是借卦象以帝乙来比拟。《说卦传》："帝出乎震"。震为帝，震为东方甲乙木，所以借殷王成号以之为爻辞。

尚秉和说："震为群为袂，而震亦为口，袂，袖口也。袂在五震，故曰君袂，在二兑，故曰娣袂。皆取象于口，乃五阴二阳，故君袂不如娣良。坎为月，为中，震东兑西，坎月离日，东西相望，正望日也。"五得中有应所以吉祥。

刘沅说："二为坤体之中爻，坤纳乙，五称帝，出乎震，震男主嫁，故曰帝乙归妹。君，女君也。王位，故称君，柔中居尊，女之贵而贤者，尚德不尚饰，故袂不如其娣良。"

上六：女承筐，无实。士刲羊，无血。无攸利。
《象》曰：上六无实，承虚筐也。

【译文】
上六，女子捧着空筐，男子宰杀羊没有血，无所利。
《小象辞》说：上六是阴虚无实，好似女子捧着空筐一样。

【释辞】
刲：音奎（kuí），刺、割。

【观象会意】
上方以阴爻居震之终，震为筐，所以说女承筐。艮为笃实，震是倒艮，所以无实。震又为士，上六本应是兑的爻位，又下应兑三，兑为羊，震象拆兑为刲羊，无血，是兑三塞坎，所以无血。不可为祭祀，所以是为约婚姻而不终。因为六三和上无应，爻辞曰女、曰士，是未结为夫妇之象。

李士鉁说："震为竹，为萑苇，筐象。上六阴虚，故无实。兑为羊，离为刃，故刲羊。坎为血，位在坎外，故无血。上应在三，以阴应阳，不成夫妇。故曰女，未成其为妻也；故曰士，未成其为夫也。取妻所以供祭祀。筐承下无实，犹未承也。羊刲而无血，犹未刲也。不成祭祀，故无攸利。"

【易学通感】
渐卦记载了古代社会童养媳的婚俗，归妹卦展现了中华民族的生息嗣续。

从卦象分析，震春、兑秋、中爻离夏、坎冬，一年四季全备，所以有"天地之大义"。天地的生成大义是阴阳交而万物蕃，人类之大义是男女交而人民蕃。人类的未来是由下一代决定的。万物生生不息是永终，有生必有死是知敝。夫子揭示的"永终知敝"，说的是人类优生优育的大问题。

《春秋繁露》说："男女之法，法阴与阳。养身以全，使男子不坚牡不家室，阴不极盛不相接。天气先盛牡而后施精，故其精固。地气盛牝而后化，故其化良。"用现代白话说，即男子不发育成熟，精气不足，男根不坚，不可以娶妻生子；女子不发育极盛，不可以妊娠，故能永终知敝。明白了天地之道，就了解归妹之道了。这就是中华文明中的优生优育法，及男女养生长寿的不二法门。

丰 第五十五卦

坎宫五世卦。

丰 ䷶ 离下震上
中爻巽兑　　　【错】䷺ 涣　　　【综】䷶ 旅

【题解】

丰卦阐明事物盛大的道理。丰字繁体作"豐",《说文》:"豆之豐满也。""豆"是装食物的器具,豆中装满食物,引申为大,有丰满、丰盛、盛大的意思。丰卦下离上震,中爻巽兑,离为日,为光明,震为动。光明的太阳在下,震动而上行,很快升到顶空,是盛大、至高的象征。明日当空,普照四海,唯最高统治者足以当之。用之于政治,只有天下归心才能盛大,然而这种盛大只是在太阳当午的日中,《象传》说"日中则昃,日盈则食,天地盈虚,与时消息",可见丰卦的主旨在于警示人们如何戒骄戒满,保盛以防衰。

　　丰:亨,王假之,勿忧,宜日中。

【译文】

丰卦,亨通。只有王者能够达到丰满盛大的境界,不须忧虑,适宜于中午时刻保持盛大的光辉。

　　《彖》曰:丰,大也。明以动,故丰。王假之,尚大也。勿忧,宜日中,宜照天下也。日中则昃,月盈则食,天地盈虚,与时消息,而况于人乎?况于鬼神乎?

【译文】

《彖辞》说：丰卦，盛大的意思。好比道德光明而后普济天下，就能收到丰硕的效果。只有王者能够达到丰满盛大的境界，因为王者崇尚宏大的美德。不必忧虑，适宜于中午时刻保持盛大的光辉，说明适于让盛德之光普照天下。太阳下午过后就要偏斜，月亮圆满之后就会亏蚀，天地之间无不是盈虚交替，随着时间消长变化，更何况人呢，更何况鬼神呢？

《象》曰：雷电皆至，丰；君子以折狱致刑。

【译文】

《大象辞》说：雷电同时发作，是盛大的象征。君子从雷电的卦象中获得启示，应该快速准确地判决案件，终结刑狱。

【释辞】

假：到、至。

昃：太阳西斜。

消息：增阳为"息"，消阳为"消"。

【观象会意】

丰，是大。光明而震动，是盛大的态势，所以占卜的人有亨通之道。然而当君王的遇到此卦，考虑到盛极就会衰退，则有忧虑之心，古代圣人以为徒忧无益，盛衰是天地循环的大道理，事物发展如不欲其衰，则不至于让它过盛就可以了，所以戒之以勿忧，宜日中。

"勿忧宜日中"，取象是二至五爻为大坎，坎为忧，勿忧是内卦离为日，离象伏坎，坎不见，所以是勿忧。且日之方中，光照天下，所以不必忧也。然而所忧虑的是日中则偏，月盈将蚀，这种盈虚消息是天地变化的自然规律，何况于人生的命运和生死呢？离卦三爻互兑，兑是正西，是日中将昃，大坎为月，月光始盈，初爻以一阳蔽其下，是月盈将蚀之象，这是日月的消息规律。

《大象辞》说"折狱致刑"，是取雷电威照益行之象，大坎为刑狱，离取其光明，震威可以有震慑威力，光明就不会出现冤狱。

初九：遇其配主，虽旬无咎，往有尚。
《象》曰：虽旬无咎，过旬灾也。

【译文】

初九，遇到相匹配之主，虽然两阳力量均衡，但没有灾害，往前行动必受崇尚。

《小象辞》说：虽然两阳力量均等， 没有灾害，如果打破了这种均衡就有灾害。

【释辞】

旬：《释文》："均也。"荀爽本作"均"。《本义》从之。犹言均等。指初、四均为阳爻，是匹敌的对手。但是互相配合，所以没有灾祸。一说：十日为一旬。

【观象会意】

配主：初与四相应，初本来是震卦爻位，四居震卦阳刚，震为主，初与四都是主。

一说：配主系指六二，初与二阴阳相配。二、五为卦主，所以五为夷主，二为配主，是辅佐之臣。离为日，十日为一旬，初爻居日之未，所以说旬，至旬是到癸日。十日是天干的盈满之数，过旬灾，即月盈则蚀的意思。初爻震位，震为往，二爻阴，所以往有尚。刘沅曰："旬，数之极也，犹日之中也。言无咎者，谓初未至中，犹可进也，若进而过中，则灾，故曰过旬灾也。"

六二：丰其蔀，日中见斗，往得疑疾，有孚发若，吉。
《象》曰：有孚发若，信以发志也。

【译文】

六二，天空像连缀的席子遮蔽起来，白天变成了黑夜，日当中午，看到了北斗星。此时前往会受到猜疑而带来弊害。只有诚信守中，才能逐渐启发应爻

409

六五，吉祥。

《小象辞》说：只有诚信守中，才能启发六五，是诚信启发了志向。

【释辞】

蔀：音部（bù），遮蔽光明之物，指日食形成的阴影。

斗：指北斗星辰。

【观象会意】

六二处离的正中，是处丰的时段，但上敌应六五之震，震为草莽，以离为光明，遇六五的柔暗，所以有"丰其蔀"之象，就是遮蔽很大。也即程颐所说"用障蔽之物掩晦明者"。而震为仰盂，有斗之象，日光被遮蔽了，天空黑暗了，以至于中午时分见到了北斗星。天空昏暗如此，还可以前往吗？

六五居大坎之中，坎为疑，为疾，前往则得疑疾，所凭借的是二爻所处是离中虚而有孚信，只有诚信之心才能启发五坎的志向。李士鉁说："离为日，二位居中，故日中。斗指五，五居帝位，离目为见。斗见于夜而不见于日者，其光为日所夺也。日光掩则斗见矣。坎为疑，为疾。巽为退，亦为疑，又为风，为躁，亦疾也。坎有孚象，兑、巽亦有孚象。"

九三：丰其沛，日中见沫。折其右肱，无咎。

《象》曰：丰其沛，不可大事也。折其右肱，终不可用也。

【译文】

九三，天空像被巨大的幡幔遮蔽起来，中午时分见到了小星星。像折断了右臂，不会有过失。

《小象辞》说：天空像被巨大的帷幔遮蔽起来，不能举办大事了。折其右肱，最终不可以用了。

【释辞】

沛：《九家易》："大暗谓之沛。"指遮蔽日光形成的大片黑暗。

沫：微小，指小星星。

肱：胳膊。

【观象会意】

沛是大。王弼以为是帷幔，以震有旗之象。《九家易》注："大暗谓之沛。"沫，《子夏传》："星之小者。日中见沫者，言当日中而昏暗见小星者。"尚秉和说："沛，大雨貌。三兑体，兑为雨，故曰沛。兑为晦，故曰见沫，艮为肱，三应在上，上艮覆，故折其右肱。兑为右为折也。然三当位有应，无咎。"

九三处光明之极，而应上六之柔暗，则光明被掩蔽，是有用之材，放于无用之地，所以又有折其右肱之象。虽不见用，乃上六的过错，于三何尤哉？故无咎。《象》曰："丰其沛，不可大事也。"与遯卦九三同。都是说的艮止。人世间要做大事，确保事业丰亨的人，必须光明与行动相配合。如果三爻变中爻互艮，上虽动而不明矣，动而又止，如何能做大事呢？其不可济丰是必然的，周公爻辞以本爻未变而言，孔子《象辞》以本爻变后说的，人所赖以做事的，习惯用右手，今三为时所废，是有用之才而置无用之地，如人折端了右肱，所以终不可用。

九四：丰其蔀，日中见斗，遇其夷主，吉。

《象》是：丰其蔀，位不当也。日中见斗，幽不明也。遇其夷主，吉行也。

【译文】

九四，天空像被连缀的席子遮蔽起来，日当下午看见了北斗星，九四爻遇见了远方朝见的诸侯，吉祥。

《小象辞》说：天空像被连缀的席子遮蔽起来，九四阳居阴位不适当，日当中午看见了星斗，是天空幽暗不明，遇到了他的柔弱君主，前行吉利。

【观象会意】

日中见斗，主是指六五，五是柔爻，故称夷主。阳遇阴则通，所以吉祥。

六五发动上卦为兑，兑为昧，故幽不明。九四以阳刚之德辅佐柔弱之主，与初同心事，天下事尚有可为，所以吉祥。

六五：来章，有庆誉，吉。
《象》曰：六五之吉，有庆也。

【译文】

六五，招致天下贤才来彰显君王的美德，有可喜可贺之事，吉祥。

《小象辞》说：六五的吉祥，是有可庆贺之事。

【观象会意】

爻辞通例自下而上说往，自上而下呼作来，六五的来字和他卦的来字不同，是君来的意思。六五以柔弱之君，屈己以下贤，以召贤臣济其丰功伟业，则有庆誉而光明了。六五下敌应六二，六二为离中，六二离本为章明，而文居中得正。本卦明以动，故丰。非动则明无所用，离为文、为章，六二以孚信而来，是来章。庆，是福庆集于己身。誉，是声誉闻于他人。六五爻变为兑，兑为口，有誉之象，吉是可以保持丰亨之治。六五是丰卦之主，六二虽为之不应，但有章明之才，如果能求而致之，则光明与动相配合，就有庆而吉祥了。

一说，六五之来章，是召来二阳爻。苏轼曰："六五来章，谓虚己以来二阳。"此二阳指三、四两阳爻而言。尚秉和说："呼九四来五，当位居中，象所谓日中也，故曰章。五得位，故有庆誉，吉。或谓四往五不能曰来，岂知六五呼四，当然曰来。"

上六：丰其屋，蔀其家，阙其户，阒其无人，三岁不觌，凶。
《象》曰：丰其屋，天际翔也；阙其户，阒其无人，自藏也。

【译文】

上六，扩大他的房屋，遮蔽他的家，窥视里面的住户，静悄悄了无一人，三年之久都看不见人出来，风险。

《小象辞》说：房屋高大华丽，好像在天上飞翔，窥视里面的住户，是他自己躲藏了起来。

【释辞】

阒：音窥（kuī），从暗处、狭处偷看。

阒：音去（qù），空寂。

觌：音敌（dí），见。

【观象会意】

当上六以阴柔居丰大之极，又处于动之终点，所以爻辞说丰大其屋，而反以自蔽之象，"无人""不觌"都是说障蔽之深。丰卦上六与明夷卦初登于天，后入于地相同，丰其屋是实登于天；蔀其家以下是后入于地之象，蔀其家是屋中生草之象，已无以前的丰了。丰其屋，是丰之极，蔀其屋是丰的反面了，所以《小象辞》以"天际翔也"。

阒，是窥视，离为目，窥视之象。阒，是寂静，阒其无人，是室内寂静而无人。三岁不觌，发动为离，离数三，凶，是杀身而家亡之象。泰卦之后有城复于隍之象，丰之后而阒寂其户，可见处太平盛世以保持丰大，是容易做到的吗？上六以阴暗的本质，居明动丰亨的极点，有如天下承平即久，奢侈之风日盛，所以有丰其屋之象，然而势极则反，是天理之循环，所以离明到了极点，必反其黑暗，有阒其无人，三年不觌之象。占卜此爻的人，其凶险是显而易见了。

上居震终为倒艮，艮为室，为门阙，故有屋、有家、有户，以震为草莽倒艮，所以丰其屋，蔀其家之象。震又为人，倒艮故有"阒其户，阒其无人"之象。震为木，其数三，居伏坎和大坎之上，坎为岁，故三岁不觌，其凶甚矣。《小象辞》说："天际翔也"。上为天道，是说屋之丰如晕飞天际，而恰恰把自己遮蔽起来。何楷说："亢然自高，丰大其屋，以明得意，方且深居简出，拒人于千里之外，岂知其凶将及乎？"

【易学通感】

丰卦是太阳的黑子，丰卦又有日食之象。黄宗羲说：丰亦为日食之象。初之"配主"，月也。"日中见沫"，日食之既也。"来章"，复圆也。"阒其无人"，日入而人息也。丰卦说的是光明中的黑暗。当今社会中的黑暗，吏治腐败也。初九"遇其配主"，行贿母老虎，当时被提拔，过后被查处；六二"丰其蔀"，贪污官员一大片，官场黑暗；九三"日中见沫。折其右肱"，反腐初见成效，"大老虎"落马；九四"日中见斗"，形势反复而不明；六五"来章"，官场得以整肃，暗而复明；上六"丰其屋，蔀其家，阒其户，阒其无人，三岁不觌，凶"。《小象辞》说"天际翔也"，贪官暴露外逃，被捉拿归案。《系辞传》说：易通乎故今之变。范围天地而不过。诚斯言哉！

旅 第五十六卦

离宫一世卦。

旅 ䷩ 艮下离上 中爻巽兑   【错】䷻ 节   【综】䷶ 丰

【题解】

旅卦是丰卦的综卦，丰是盛大，旅是羁旅。丰大到了极点，哪里也装不下，必将失去所居。失其所居，便成了羁旅之人了。卦体上离为火，下艮为山，山上烈火蔓延，不能安居。于是旅迁在外，艮止在内卦，即家不可入，附丽在外，旅食之象也。《杂卦传》："亲寡旅也。"《序卦传》："旅而无所容"。旅居他乡者如浮萍，孤身离亲，居无定所，需要广结人缘，卑弱则遭辱，高傲则难容身，因此要中正守信，不卑不亢，才能在羁旅中获得安定。

李白说："夫天地者，万物之逆旅，光阴者，百代之过客。"人的一生如在旅途中，旅卦正是暗喻人生要善处行旅之道。

旅：小亨。旅贞吉。

【译文】

旅卦，柔顺者有小的亨通。行旅在外坚守正道可获吉祥。

《彖》曰：旅，小亨。柔得中乎外而顺乎刚，止而丽乎明，是以小亨，旅贞吉也。旅之时义大矣哉！

【译文】

《彖辞》说：旅卦，柔顺者有小的亨通，那是因为柔顺存在于心中，而外面顺从刚强，六五爻犹如柔顺而外居适中之位的人，要投靠强有力的人以谋寄身，旅居在外者行动要有所克制，当止则止，又能依附外面有德的强者，所以卦辞说，旅者只能小有亨通。行旅坚守正道可获吉祥。旅卦的时势意义是多么重大啊！

《象》曰：山上有火，旅。君子以明慎用刑而不留狱。

【译文】

《大象辞》说：山上有火，火到处蔓延，这是行旅者的象征。君子观此卦象，因此以火的明察、山的慎重执行刑罚，及时判决案件，不要拖延不决。

【观象会意】

旅卦内卦为山，外卦为火，内卦为主，外卦为客。山止而不动，好比客舍。火动而蔓延，好比行旅之人。山止于下，火焚于上，是行人离开其所止，不停留之象，所以卦义为旅。柔得中位，就能顺从上下的阳刚，不为刚所遮掩，有小的亨通，也是柔弱者的亨通。六五爻得中道于外卦，艮止又附丽于光明，所以占卜的人能得到小的亨通，而能坚守行旅之正道的人会获得吉祥。

虞翻说："小指的是阴柔。"李士鉁说："艮之止似馆舍，火之动似人行，逆旅有定，过客无定。"人在外面，称之为旅。六五柔爻得中于外卦，所以卦称之为旅，所以《象辞》称"柔得中乎外而顺乎刚"。艮、离都无顺之义，二、三、四爻互巽，巽为顺，人在外面行旅，不坚守正道当然不会吉利，然而行为不柔顺也不会一帆风顺，只有柔顺的依附阳刚有德的强者，所以旅是指柔弱者亨通。旅卦阴爻都上顺阳刚，又是止而附丽于光明，所以有小的亨通。旅卦是人失去所居的时段，失其所居就要依托附丽于人，就得委曲求全，勉从虎穴暂栖身，如刘备之投袁绍、吕布和曹操，不是智者发挥作为之时，因此求安而已矣，所以是小亨。

《大象辞》说："君子以明慎用刑而不留狱。"明，是明察其案情，以量罪的轻重。离为明。慎，是慎重使用法律，不致产生冤狱，艮为实，为慎重。不留狱，是决断于明慎之后，当定罪的即治罪，该释放的就释放，不拖而不决，留在狱中。

初六：旅琐琐，斯其所取灾。
《象》曰：旅琐琐，志穷灾也。

【译文】

初六，旅人在旅行时行为卑贱猥琐，这是自己招来了灾祸。

《小象辞》说：在旅行时行为卑贱猥琐，这是心胸狭隘，志向短浅而自招灾祸。

【释辞】

琐琐：细碎，卑微。

【观象会意】

郑康成说："琐琐，小也。"艮为小。这种小好比是人的心胸小，是小人之旅。卑弱而不中正，行为猥琐，过于计较。在行旅途中，计较钱财的得失，算得很细，这种猥琐的言行，是自取其灾祸，并非是由外来的。初六居艮之下，当旅之时，才柔弱而行为猥琐，为人所厌恶。其人志向狭小，小而面临大坎，二至五为大坎，为险，是取灾之道，艮为手，有求取灾祸之象。

六二：旅即次，怀其资，得童仆贞。
《象》曰：得童仆贞，终无尤也。

【译文】

六二，旅人居住在客舍，怀藏资财，身边带着童仆，恪守旅行正道。

《小象辞》说：身边带着童仆，恪守旅行正道，最终不会有过失。

【释辞】

即：就，住进去。

次：旅舍，客栈。

资：钱财。

【观象会意】

即,是住进旅舍。次,是行旅之人的客舍。艮为屋、为舍,二居艮止的中爻,所以是即次之象。二至五互巽为入,有即次之象,为近利市三倍,是怀资财之象。艮为少年,为童仆。居中为贞,童仆是行旅时服侍左右、奔走供驱使的人。终,是艮能成始成终。《说卦传》:艮,东北之卦也,万物之所成终而所成始也,故曰:"成言乎艮。"

六二当旅之时,有柔顺中正之德,所以有即次、怀资、童仆贞之象,是旅途中最吉利的人。刘沅说:"艮为少男,故为童,初承二,其仆也。艮为门,为庐舍,二在艮止之中,故象即次。互巽为近利市三倍,象怀资。六二柔得中,止得其正,有宿止之地,有资用之饶,有忠顺之童仆,三者皆得,旅道备矣。旅所赖者,仆也。得仆贞,则无意外之患。"

九三:旅焚其次,丧其童仆,贞厉。

《象》曰:旅焚其次,亦以伤矣。以旅与下,其义丧也。

【译文】

九三,旅途中客舍失火,失去了童仆,占卜危险。

《小象辞》说:旅途中客舍失火,也给自己造成了伤困,把童仆当作羁旅之人对待,失去了人心,童仆逃跑,是义之所当然。

【观象会意】

九三居艮之上,是旅舍之象。三近离火,互巽为风木,以木巽火,风扬而火烈,是焚其旅次。九三动,下卦为坤,艮少男不见,是丧失童仆之象。互兑为毁折,童仆也丧失了。

九三居下卦之上,过刚而不中,自己高傲不能虚心对待下人,过刚就不会团结众人,不中,则所处就不当,所以有焚、丧童仆之象,是危厉的结果。

黄淳耀说:"与下之道,刻薄寡恩,视童仆若旅人然,义当丧也。"

九四:旅于处,得其资斧,我心不快。

《象》曰：旅于处，未得位也。得其资斧，心未快也。

【译文】

九四，旅人暂时找到了住处，获得了旅行的资财，可是我的心快乐不起来。

《小象辞》说：旅人暂时找到了住处，但是所处的位置不当，意外得到了旅行的资财，心里不会愉快。

【释辞】

资斧：1. 王弼以为是齐斧，资与齐同，资辅供就曰齐。资辅即资斧，旅于处所得此资辅。2. 斧，古代斧形钱币。资斧，即旅行资本。

【观象会意】

处，也是居息之所。旅处和即次不同，即次，是旅舍已得安顿之所；旅处，是旅行者暂时安息之处。艮土性止，所以是即次；离火性动，所以次与处不相同。资，即资财，斧是用来防身的。离为戈兵，有斧之象，中爻上兑金，下巽木，也是斧之象。九四旅于处，就有了栖身之地，不似九三的焚次了。得到了资斧，就有了防御之器了，不会有九三丧失童仆的遭遇了。

离错坎，为加忧，是不快之象。九四动，中爻变为坎，也是不快之象。九四以阳刚之才居阴位，处上卦之下，是巽顺以听从他人的境遇，所以有旅于处，得其资斧之象。然而心中不快的原因，是尚没有上升到五而得君位，下又为九三所阻隔，不能应和于初六，也是不快的因素。巽为志，故为心。

《小象辞》解释说"未得位也"，即九四未得五的中正之位。

六五：射雉，一矢亡。终以誉命。

《象》曰：终以誉命，上逮也。

【译文】

六五，射猎野鸡，只用了一支箭就射中了。终将获得荣誉和任命。

《小象辞》说：六五终将获得荣誉和任命，是达到了高位。

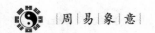

【释辞】

雉：音至（zhì），野鸡。离为雉。

【观象会意】

离为雉，野鸡的色彩斑斓，是文明之象。六五柔顺文明，又得中道，是上离的主爻，所以有射雉之象。互兑为毁折，故射雉。射必用矢，坎为矢。但坎象伏不出现，所以是"一矢亡"。坎后天数是一。

誉，是名声远扬，艮为誉。巽为命。终以誉命，是说巽命在二，虽然与六五不相应，然而九四必然会得位升五，四升到五位，和二相应，是名誉和任命终将归于五了。占卜此爻的人，凡事初始凶，结果必然吉祥。

上九：鸟焚其巢，旅人先笑后号啕。丧牛于易，凶。

《象》曰：以旅在上，其义焚也。丧牛于易，终莫之闻也。

【译文】

上九，鸟巢被焚毁，旅人先欢笑，后来号啕大哭，在边界上丢失了牛，凶险。

《小象辞》说：以羁旅身份高凌于他人之上，他的居巢理应被焚，他轻易地丧失了牛一样柔顺的性格，无处安身，最终没有谁关心他。

【释辞】

易：通埸。音易（yì），田界。

【观象会意】

《说卦传》："离……其于木也为科上槁。"是鸟巢之象。离为鸟，为火，中爻巽为木，为风，鸟居风木之上而遇火，是焚巢之象。旅人，是指九三，三是人位，所以称旅人。先笑，上九未变，中爻是兑悦，有笑之象。及焚其巢，上九动变，则悦体变为震动，全卦变成雷山小过，小过上六"飞鸟离之，凶，是谓灾眚"。面临灾眚，所以是先笑后号咷。

离为牛，牛之象，和大壮卦"丧羊于易"相同，易即"埸"，是田界，震为大涂，有田埸之象。上九当羁旅穷极之明，居卦之上，则自以为高，当离之极，则躁而不安。和巽传所说，柔得中乎外，顺乎刚，止而丽乎明的卦德相反，所以有鸟焚其巢，变笑为号咷之象，有丧牛于无所之象，所以占者遇此爻，必然凶险。

《小象辞》说："终莫之闻也。"伏坎为耳，坎伏所以听不见。

【易学通感】

汉成帝读了旅卦上六，乃下罪己诏："王者处民上，如鸟之处巢也，不顾恤百姓，百姓畔而去之，若鸟之自焚也。先虽快意说笑，其后必号咷而无及也。"这是感悟较早的。感悟晚的，如城破国亡的崇祯皇帝，手刃爱女，泣曰："汝何生于帝王家！"自缢于景山的树下，此可长歌当哭，然悔之晚矣！

巽　第五十七卦

巽宫八卦之首，象风。

巽　☴☴　巽下巽上
中爻兑离　　【错】☳☳震　　【综】☱☱兑

【题解】

巽卦，巽上巽下，为八纯卦。巽为风、为入、为柔顺，卦义是顺从，谦逊。《序卦传》："旅而无所容，故受之以巽。"旅途亲寡，非巽顺何以取容，所以次旅。巽卦是阴柔顺从阳刚。用于行政管理，领导者发布政令，如春风沐浴万物，无所不入，下属要顺从听命；用于人事，做人要谦虚谨慎以入人心、以结人缘。但在政治上顺从不是盲从，要择善而从，在人事上谦逊不是怯懦和卑屈，而应该是谨慎而力行，不卑不亢才得当。

巽：小亨，利有攸往，利见大人。

【译文】

巽卦，柔顺者亨通，利于有所前往，利于见到大人物。

《彖》曰：重巽以申命，刚巽乎中正而志行。柔皆顺乎刚，是以小亨，利有攸往，利见大人。

【译文】

《彖辞》说：巽卦两体相重，表示上顺天命来发号施令。下顺命以遵从，还要反复进行宣讲、申告。九五爻以阳刚处巽卦尊位，有中正美德，正道直行，所以它的志愿得以实现。二阴爻能柔顺上承阳刚，所以说柔顺者亨通。利于有所前往，利于见到大人物。

《象》曰：随风，巽；君子以申命行事。

【译文】

《大象辞》说：一阵风接着一阵风来，象征着巽卦，君子从卦象中得到启示，君王发布命令如风行天下，反复申告，并把命令贯彻在行动中。

【释辞】

巽：音训（xùn），卦义，顺，入，谦逊。

【观象会意】

巽是入的意思。卦象是一阴爻伏于二阳之下，其性质是巽以入，所以其象是风。风是无所不入的，取义是入。阴为主，阴为小，所以是小的亨通。因为巽是阴卦，其义是卑巽，卑巽之人不足以施展才智，虽然小的亨通，然而前程是美好的，利有攸往，因为巽顺的人，谁都喜欢。中爻为兑，兑为悦。九五阳得尊位，阳利见之，所以是利见大人。

巽卦的卦象在天为风，在政府为命令，风行吹物，无处不入，无物不动，如政府诏令的深入需要反复叮咛、告诫。九五阳刚大人，以中正之德指导下面，所以其志得行。四柔顺五之刚，初爻承二之刚，是阴都顺从阳，有如民众顺从政府，员工顺从老板，以顺巽之道治理民众，则民众悦服。在顺从中要注意选择对象，不可盲从，只利于遇到刚健中正的大人，才可以有所作为。

《大象辞》所说的随风，取其前风过，后风继，相继而行。君子将此用在颁布政令的"申命行事"上，申命是告诫叮咛不已，行事是用在行动上，践行不止。

初六：进退，利武人之贞。
《象》曰：进退，志疑也。利武人之贞，志治也。

【译文】

初六，优柔寡断，进退不定，利于武夫果断作出决定，坚守正道。

《小象辞》说：进退不定，是心志未坚，有所犹疑，利于武夫般的果断贞固，是意志得到修治，坚强起来。

【观象会意】

《说卦传》：巽为进退，其究为躁卦。巽为风，风向常转变，故可进可退，说到底，巽是躁动不安的卦。初六，以阴居下卦之初，所以有进退不果之象。如果以武人的贞固来处治，就可以拯救阴柔所不及，而得其所宜了。初六发动，下卦变乾，纯阳之卦，所以是武人。因为阴居阳位不正，变乾就正了，所以说"利武人之贞"，也就是说利阳刚之正了。初六以阴柔居下，又是巽卦的主爻，是卑巽得过了头了，所以心怀狐疑的心，凡事是非可否，无所适从，故有进退之象。

占卜者遭遇初爻的发动，是能以武人的刚断和果决，就会纠正其优柔寡断的弊病，不至于卑巽了，此告诫占卜的人应当如此。《小象辞》说："进退，志疑也。利武人之贞，志治也。"是说初六柔弱，进退失据，因为它心志未坚，有所犹疑，巽为不果，所以志疑，错震，故志治，是说得行其志以治理天下。

九二：巽在床下，用史巫纷若，吉无咎。
《象》曰：纷若之吉，得中也。

【译文】

九二，柔顺谦卑进入床下，用许多祝史、巫觋沟通神灵，吉祥，不会有过错。

柔顺谦卑进入床下，史官和巫师各持己见有所纷争，吉祥，没有过失。

《小象辞》说：各持己见的纷争带来的吉祥，是九二居中能裁断一切。

【释辞】

史巫：古代用以沟通人神的两种官职，史是职掌祭祀和占卜的，巫是降神、祈福和消灾的。

纷若：1. 盛多的样子。2. 争执的样子。是意见不一致。

【观象会意】

九二以阳处阴位而居下，有不安的意思。巽卦一阴在下，二阳在上，有床的象。巽为风，其性伏，九二与上无应合，退而比合下面的初阴，其心在下面，所以说床下。二、三、四互兑，上卦巽又是反兑，九二居正反兑之间，故曰"纷若"。尚秉和说："纷若言不一也，二得中故吉无咎。"

按：兑为口舌、为巫、为史，史巫都是口舌之象。

九三：频巽，吝。

《象》曰：频巽之吝，志穷也。

【译文】

九三，频繁地颁布政令，会有遗憾。

《小象辞》说：频繁颁布政令的遗憾，说明九三心志已穷，难以振作。

【观象会意】

反复多次为频，三居两巽之间，一巽将尽，一巽又来，有频巽之象。频巽和《象辞》所指的重巽不一样。《象辞》的"重巽以申命"，反复申告的是同一个政令，是一个观点反复讲。频巽，是一个师傅一个令，一个和尚一个磬，变化无常，使人无所适从。九三过于阳刚而不中正，又居下体之上，是本不能巽顺，但处于巽的时代，不容许不巽，所以屡巽，屡失，是取羞吝之道。

《小象辞》所评价的"志穷也"，九三在大坎之中，坎为志，初六说志疑、志治，也是取坎象，九三居重巽之间所以是"频巽"，穷者，上面没有应援，下又乘阳，处于大坎之间，所以是志穷。李士鉁说："行事则多谋少断，申命则朝更夕改，事不能治，人何以堪？故吝。"

六四：悔亡，田获三品。

《象》曰：田获三品，有功也。

【译文】

六四，悔恨消失，田猎时获取三个品级猎物，分别作为祭祀、招待宾客和

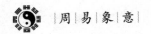

自己食用。

《小象辞》说：田猎时获取三个品级猎物，是因为六四顺从君命，有功而得到嘉奖。

【释辞】

田：田猎。

三品：古代王公田猎，猎获物分三等。王弼说："三品，一曰乾豆，二曰宾客，三曰充君之庖，依尊履正，以斯行命，必能获而有益。"一品的供祭祀用，二品可招待宾客，三品供自己食用。

【观象会意】

六四阴柔而无应援，下又凌乘阳刚之上，本应当有所悔恨，但是它的有利条件是：六四以阴爻居阴位，位正，又居上卦之下，所以得悔亡之占。坎为悔，六四将出大坎互入巽体，所以是悔亡。四居互离之中，离为戈兵，巽又错震象，戈兵震动是田猎之象。离数三，是三之象，初巽象为鸡，二兑象为羊，三离象为雉，是三品猎物之象。

刘沅说："互离，为网罟，为戈兵，田象。巽为近利市三倍，故象多获。三品，上中下三杀也。内卦三爻分上中下；又初巽为鸡，二互兑为羊，四互离为雉。六四重阴应有悔，然柔能正巽，与初同德，而顺乎二、三之刚以上巽五，居大臣位，巽贤才以事上，不但悔亡，且大获成巽之功也。"

九五：贞吉悔亡，无不利。无初有终，先庚三日，后庚三日，吉。

《象》曰：九五之吉，位中正也。

【译文】

九五，守正吉祥，悔恨消失，没有不利。没有善始而有善终。在丁日和癸日这两天吉祥。

《小象辞》说：九五的吉祥，是位置又中又正。

【释辞】

先庚三日：十天干顺序是："甲、乙、丙、丁、戊、己、庚、辛、壬、癸"。天干以戊、己为中，至庚日则过中，象征事物发生变化，庚与更同音，即变更。先于庚的第三日是"丁"日。丁意为叮咛，在发布命令之时应当反复叮咛，即"重巽以申命"的意思。

后庚三日：是"癸"日。癸，其义同"揆"，揆度，即衡量得失于变化之后。

【观象会意】

九五居尊得正，是巽卦的主爻，巽为号令，是命令发出的人，因为它刚健又中正，所以得到正又吉的结局。初至四爻有大坎之象，坎为险。九五居大坎之外，所以悔亡。从全卦来看，初六失之于柔弱，所以是"无初"；九五又居主离刚之终，所以是"有终"。李士鉁说："庚与甲对。十干始于甲，更于庚。蛊为事之始，故用甲。所谓终则有始也。巽为申命，重申其命，故用庚。所谓无初有终也。先三日为之告诫，后三日为之丁宁，详而能断，义以成仁，故吉。"

上九：巽在床下，丧其资斧，贞凶。
《象》曰：巽在床下，上穷也。丧其资斧，正乎凶也。

【译文】

上九，顺从卑伏于床下，就像丧失了钱财和利器一样，守此不动会有凶险。

《小象辞》说：顺从卑伏于床下，往上的路已经穷尽了，丧失了钱财和利器，提示上九应当守持阳刚正道，以防凶险。

【观象会意】

巽卦为木，二、三、四互兑金，有斧之象。中爻有离象，离为戈兵，也是斧之象。阴爻是巽卦之主，阴在下是六四，巽在床下，是说顺我者在下。上九无应援，是失去了辅助，所以说丧其资斧。兑为斧，亦为辅。上卦是兑卦之

427

覆，也是丧其资斧。又上九发动，上卦变为坎，坎为盗，巽为近利市三倍，巽象不见，就成了丧其资斧了。

上九居巽卦之终，而阴爻居于下，所以有巽在床下之象。占卜者遇此爻，虽然行得正，也难以躲避凶险。《小象辞》所说的"上穷也"，说的是处于上九的形势已经穷尽了，"正乎凶也"，是解释爻辞的贞凶，是说必然凶险。

【易学通感】

巽卦的启示：一、人在社会交往中，温柔巽顺的人行得通，但只适用办小事情。在男人社会中，女人是通行证。阴阳相交顺，处处无阻挡，利有攸所往。二、正如毛泽东所说，一个观点要天天讲、反复讲，要使广大人民都知道。这就是重巽以申命。三、巽卦的弊端是：进退和不果。心中无自信，决不会成功。如果只想到失败，你就失败了，如果你没有必胜的决心，决无任何成就。人类在与宇宙的搏击中发现，成功源于人类意志。人生做事成败与否，皆由人的精神状态决定。

兑 第五十八卦

兑宫八卦之首，象泽。

兑 ䷹ 兑下兑上
中爻离巽 　　【错】䷳ 艮 　　【综】䷸ 巽

【题解】

兑本义是说，兑又为悦。上下卦都是兑，兑象为泽，泽水滋润万物，也使万物欢悦。兑卦阐明的是人际关系中的和悦之道，但是与人建立和悦关系的先决条件是诚信和正道。兑卦用于人身修养，强调"刚中而柔外"。

兑卦排在巽卦之后，《序卦传》说："巽者，入也。入而后说之，故受之以兑。"有的学者认为这是牵强的，兑卦一阴爻在二阳爻之上，其象为口，为人开口说话、开口笑，所以兑有说话和喜悦的卦义。人与人之间只有深入了解之后，方有共同语言，才能互相愉悦，所以孔子所说"入而后说之"，有内在的必然联系。人在社会中建立和悦关系的先决条件是诚信和正道。

兑卦用于人身修养，必须内心刚健而外示柔弱，也就是"刚中而柔外"。"顺乎天而应乎人"，也就是传统文化中恪守的"外圆而内方"的准则，既坚守了道德标准又和悦了人际关系，做到悦而不失其正。但是在政治生活中，当权者虽然刚正也会被谄媚者包围、蒙蔽而任用奸邪之徒，所以告诫当权者要警惕巧言令色的小人。

兑：亨，利贞。

【译文】

兑卦，亨通，有利于守持正道。

《彖》曰：兑，说也。刚中而柔外，说以利贞，是以顺乎天，而应乎人。说以先民，民忘其劳；说以犯难，民忘其死。说之大，民劝矣哉！

【译文】

《彖辞》说：兑卦，意思是喜悦。刚爻居于中位而柔爻居于外面，象征内心刚健而待人柔顺，和悦而能坚守正道，所以能顺乎天意而合乎人心。把民众的喜悦放在统治者个人的喜悦前面，民众就会忘我劳作。让百姓心甘情愿地去冒险，民众就会舍生忘死。兑卦的作用之大，会使民众勤勉奋发啊！

《象》曰：丽泽，兑；君子以朋友讲习。

【译文】

《大象辞》说：两泽相连，互相依附、滋润，是兑卦的卦象。君子从此卦象获得启示，因此与朋友相互讨论学习，互有补益。

【释辞】

兑：卦义：喜悦、和悦、说话。

【观象会意】

兑卦是一阴居二阳之上，象征心中诚实，喜悦表现于外，又有阴阳互相喜悦的意思，兑为泽水，滋养万物，也使万物欢悦。在人际关系中，使他人喜悦，自己也喜悦，事事才会亨通。男女之间互相喜悦，极易流于不正，所以卦辞告诫要坚守正道才会有利。上爻口开，是说的形象。人心有喜悦，必然流露在外表。卦体二五两爻以阳刚居中，是中心诚实的象征，三以柔居于外，有待人接物和悦的象征。内心中正而外表和悦，符合乾刚、阴柔的天地之道，天理顺了，人心也就安定了，所以是顺乎天而应乎人。如果不用正道来取悦，就不能顺应天道。阴阳相遇所以喜悦，喜悦所以利于两性之正道，也就是乾卦《彖辞》所说："保合太和，乃利贞"，"各正性命"。九五居天位，上六顺之，所以是顺乎天。互巽为顺。六三居人位，三阴巽乎二阳，所以是应乎人。

尚秉和说："三至上爻互大坎，坎为民，为劳，为险难，为棺椁，故为死，而三至上正反兑，坎民来往，皆在兑说之中，故役之而忘劳，犯难而不知死也，故民劝。"《象辞》发挥愉悦之道，说明君子大人如果能身先民众以任劳，犯难，则民众必欣然忘记劳困，忘记生死。

《大象辞》所说的"丽泽"，丽，是附丽，两个湖泽紧紧相连，是交相浸润，互相滋益，是水流湿各以其类而相从，是朋友之道。"君子以朋友讲习"，同门曰朋，同志曰友，朋友是兼师生而说的。两泽互相附丽和滋润，朋友之间从容讨论，以讲之在先，又切实体验以习之于后，子曰："学而时习之，不亦说乎；有朋自远方来，不亦乐乎。"与兑卦之义相似。

　初九：和兑，吉。
　《象》曰：和兑之吉，行未疑也。

【译文】

初九，和悦相处，吉祥。

《小象辞》说：和悦相处的吉祥，是他行动不存有疑心。

【观象会意】

初九阳爻居阳位，得悦的正道，是和而不流，由于与阴没有感应，所悦未牵系于阴，是拳拳童子之心。初九之和，与《中庸》"发而皆中节，谓之和"是一个意思。指其悦的没有一点私昵之情，得性情的正道，是廓然而大公。初阳在下，有刚德而卑退，不私比于阴，无所牵疑，所以能行天理之正道，所以吉祥。

兑卦卦体是以阴阳相比附，二比三，三比四，四比五，五比上，阴阳相比，就不能无疑，所以上六引兑曰"未光也"。本卦只有初爻无比，无比就无所疑，所以《小象辞》说"行未疑也"。他的行为应当与人和悦，此爻发动变为坎，坎为狐疑，有疑之象。这是告诫占卜的人，保持阳刚奋进之德不变。

　九二：孚兑，吉，悔亡。
　《象》曰：孚兑之吉，信志也。

【译文】

九二，心怀诚信与人和悦相处，吉祥，悔恨会消失。

《小象辞》说：心怀诚信和悦相处得吉祥，是相信自己的意志。

【观象会意】

兑卦六爻之间没有应和，都是以阴阳相比而说的，刚中为孚。九二阳居阴位不正为悔。因为来兑在前面，是私情相系相近，所以不免有悔，然而有刚中之德，孚信于内兑，虽然亲比小人，能够坚持操守不失正道，正是君子和而不同的人。占卜的人能做到如此，以诚信而悦，就会吉祥而悔恨消失了。

六三：来兑，凶。

《象》曰：来兑之凶，位不当也。

【译文】

六三，以谄媚来求和悦，有凶险。

《小象辞》说：以谄媚来求和悦的凶险，是六三的位置不当。

【观象会意】

六三阴居阳位，为兑卦之主，外卦没有相应和之人，只有内来二阳以求媚取悦，逢迎而无耻。六三的凶险是得不到下卦两阳爻的愉悦，相反却得到厌恶，其原因是初九刚而正，九二刚而得中，都是君子，因此不耻于六三谄媚求悦的行为。

六三阴柔不中不正，是位置不当，上无应和，近比于下卦的两阳，来求而悦之，是自卑以求悦于人，不知有礼义廉耻的行为，所以其占者当然凶险了，此爻应当是孔子所说"巧言令色，鲜矣仁"的小人了。

九四：商兑，未宁，介疾有喜。

《象》曰：九四之喜，有庆也。

【译文】

九四，商量权衡喜悦的事，还没有决定下来。能远离诐媚者的不良作为，会有喜庆之事来临。

《小象辞》说：九四的喜悦，是因为有庆贺的事。

【释辞】

商：交谈，商量权衡。

介：耿介，自守。

【观象会意】

商，是商度权衡。九四互巽，巽为不果，是商之象。宁，是安宁。上下之间叫作"介"，是界限，所以人坚守节操也叫作介。九四与六三上下异体犹如疆界，所以称为介。九四上同性比于九五，没有私情，是公理。下比乎六三，异性相吸，是私情。是舍公而从私情，还是割断私情而从公理，这就是九四所以商度未宁的矛盾心态。然而九四的性质是阳刚，如果能介然守正，能远离下体六三的诐媚和柔邪，而相悦乎同一体制中的九五大人，如果这样做就会有喜庆了，这是告诫占卜的人应当作出如此的选择。

《小象辞》所说的"有庆也"，指出九四以高层领导者之位，应当选择和君主（老板）相悦，才能施展他的阳刚之才，而有福庆之事了。

九五：孚于剥，有厉。

《象》曰：孚于剥，位正当也。

【译文】

九五，施诚信于蚀剥阳刚的诐媚小人，有危险。

《小象辞》说：九五施诚信于蚀剥阳刚的诐媚小人，是因为他处于中正的位置。

【观象会意】

剥，指的是上六，阴能剥阳，故曰剥。孚于剥，说的是居九五之位的大人，仰仗国家的升平，恃一己的聪明，认为小人是不足畏而孚信于他，导致内被小人蛊惑其心志，外而影响其政令，国家之事就会陷于混乱了，所以有危厉。九五阳刚中正，为说之时而居尊位，密切接触上六。上六阴柔，为喜悦之主，又处悦的极端，是邪佞之悦以剥蚀阳刚的小人，所以告诫占卜的人，处领导之位，若孚信上六这样的身边小人就有危险了。

程颐说："九五得中尊位而中正，尽悦道之善矣，而圣人复设有厉之戒。盖小人者，备之不至，则害于善。剥者，消阳之名。以五在说时，而密比上六，虽舜之圣，且畏巧言令色，安得不戒也。说之惑人易人而可惧也如此。"

项世安说："兑为正秋，下二爻七月否，中二爻八月观，上二爻九月剥，九五正当剥之时，是以戒之。"

上六：引兑。
《象》曰：上六引兑，未光也。

【译文】

上六，引诱阳刚来和悦。

《小象辞》说：上六引诱阳刚来和悦，是未有得到光大。

【观象会意】

上六处悦之极，是悦道已经完成。上六居九五之上，理应指导九五刚健中正的君主，施膏泽于下方民众，但是《小象辞》指出，上六的行为是"未光也"。其原因何在？是上六引的是六三小人。三巽为绳，互离为光，伏艮为手。引，是开弓的意思，互离错坎，坎为弓，上六又居大坎之上，所以用引字。兑卦两个阴爻，三曰来兑，仅仅是来于下方基层，其为害甚浅，到了上六是悦的顶点，所以引兑：开弓发矢是射向九五以为悦，其目的是仍不忘江山社稷。以悦之道，引导九五之君坠其术中，而不自知。

自古以来，大奸巨蠹，都是这样的。此爻虽不言吉凶，但在五爻的爻辞中明言"孚于剥，有厉"。警告九五为上阴所剥有危厉。《小象辞》中说"未光也"，兑为暗昧，所以是未光。在上位以媚取悦，专注于君位，心术不中，怎么能光明呢？

【易学通感】

生年不满百，常怀千岁忧。昼短苦夜长，何不秉烛游。生活即使处于苦难之中，也应当快乐。快乐有利于身心健康，有利于战胜困难。普通人的快乐之道是：先让他人快乐，自己才会快乐。为政者的快乐之道是：独乐乐，不如众乐乐。

人际关系中的快乐，必须建立在诚实和正道的基础之上，才不致流于邪僻。执政者的快乐，绝不是闷声发大财，让一部分人先富起来的快乐。而应当把天下苍生的幸福和快乐，放在个人和小团体的快乐之上，才会国泰民安，江山永固。这就是《象辞》指出的："说以先民，民忘其劳；说以犯难，民忘其死。说之大，民劝矣哉！"也就是范仲淹所说的"先天下之忧而忧，后天下之乐而乐"。这应当是执政者的最高快乐境界。

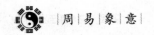

涣 第五十九卦

离宫五世卦

涣 ䷺ 坎下巽上
中爻震艮　　【错】䷶ 丰　　【综】䷻ 节

【题解】

涣卦的卦义是涣散。卦体上为风，下为水，冬去春来，风吹水上，冰河融化，自由流散。涣卦用之于养生，人在抑郁之时，气血凝聚，导致疾病发生，在喜悦之时，气血就涣散，身心舒畅。所以《序卦传》说："说而后散之，故受之以涣。"涣卦用于政治的意义是在人心涣散的时代，如何来拯救涣散的民心。人心涣散，国家就会动荡分裂！所以，涣卦各爻都在强调拯救涣散，提示"散"与"聚"互为依存的关系，而变"散"为"聚"，关键在于去掉朋党之私，散小群以促进大团结，使天下归心！

涣：亨。王假有庙，利涉大川，利贞。

【译文】

涣卦，亨通。在人心涣散之时，君王到宗庙里举行祭祀活动，这样就有利于涉险济难，利于守持正道。

《彖》曰：涣，亨。刚来而不穷，柔得位乎外而上同。王假有庙，王乃在中也。利涉大川，乘木有功也。

【译文】

《彖辞》说：涣卦，亨通。刚爻来到九二爻位，下卦变成坎卦，象征水流

436

不断，没有穷尽。柔爻来到六四爻位，得位于外卦，与上爻同心同德。君王到宗庙里举行祭祀活动，王就占据了中心位置，有利于涉险济难，乘坐木船能渡过大河到达彼岸。

《象》曰：风行水上，涣；先王以享于帝立庙。

【译文】

《大象辞》说：下坎为水，上巽为风，风吹在水上，使冻结的冰面涣散流动，这是涣卦的象征。先代君王因此举行祭天仪式，又建立宗庙，使万民归心！

【释辞】

涣：卦义，涣散。原意是冰块散裂后逐渐融化。

假：音格（gé），至、到。

【观象会意】

涣卦是否卦变来的。否卦九四爻动，否塞消除，所以亨通。涣卦九二的阳刚从否卦九四爻来，是刚来而不穷。有动乎危险中之象，上下二阴爻不能陷住，有解难散险之象，六四的柔爻是自二而往，是正位乎外而以巽顺上，上孚于九五，是君臣协同，能守其中的人。涣卦，二、五两爻的阳刚，六四的阴柔，处之守之都不失其中，所以说是"刚来而不穷，柔得位乎外而上同"。这是从二、四、五三爻来说治理涣散的才能，而致亨通的道理。

九五刚中为王，互艮为宗庙，为门阙，王在庙中，假，是来到。九五自门阙到宗庙，是得人心而聚之象。下坎为大川，浮巽木以济之，乘行若风，是舟楫之象，有亨通之道。说"乘木有功"，是利贞在其中了。卦虽称作"涣"，但卦义是整顿涣散为聚。是君王到宗庙中以凝聚祖先的精神，同舟共济，以正道脱离险境，其意在"利贞"，即坚守正道。

《大象辞》强调"先王以享于帝立庙"，都是用来聚合离散的人心的重要手段。《萃》《涣》二卦都说"王假有庙"，其中奥妙正如程颐说："因其精神之聚而形于此，为其涣散，故立庙以收之。"

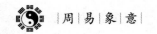

初六：用拯马壮，吉。
《象》曰：初六之吉，顺也。

【译文】

用来拯救的马强壮，吉祥。

《小象辞》说：初六的吉祥，是顺从九二阳刚。

【观象会意】

虞翻说："坎为马，承二，故顺。"张载说："处险之下，故必用拯，无应于上，顺比九二之刚，拯而马壮，其吉宜也。"程颐说："六爻独初不言涣，离散之势，辨之宜早，则不至于涣也。初托于刚中之才以拯其涣，如得壮马以致远，故吉。涣拯于始，为力则易，时之顺也。"

初六居卦之初，是涣散的开始。初六阴柔而位卑，没有济涣难的才能。但是他能顺从九二阳刚，拯马即九二，坎为美脊马，是壮马。九二阳刚中正，可以济涣。初顺从九二，如人涉险，用之以壮马，当然就容易得很了。

九二：涣奔其机，悔亡。
《象》曰：涣奔其机，得愿也。

【译文】

九二，涣散之时奔向几案（古时一种小桌子），忧悔消亡。

《小象辞》说：涣散之时奔向几案，九二实现了愿望。

【释辞】

机：同"几"，几案。古人席地而坐，倚几而休息。

【观象会意】

奔是快走，互象震为足，坎为亟心，所以有奔走之象。当世道涣散，中爻震动不已，机是木，中爻震木，上卦巽木，都有机之象。九二上方互艮，艮为几，为手所依据，所以有几案之象。当涣散之时，九二奔散而得几案依凭，坎悔不见了，所以是得所愿也。几案是用来倚靠休息的，二刚中居内卦有其象。

来氏易认为："当涣之时，二居坎陷之中，本不可以济涣而有悔也。然应九五中正之君。君臣同德，故出险以就五，有奔于其机之象。当天下涣散之时，汲汲出奔以就君，遂得济涣之愿矣，有何悔焉，故占者悔亡。"

六三：涣其躬，无悔。
《象》曰：涣其躬，志在外也。

【译文】

六三，涣散利己的私心，没有悔恨。

《小象辞》说：涣散利己的私心，他的心愿是拯济自身以外的天下涣散局面。

【释辞】

躬：自身。

【观象会意】

六三居坎体之上，将脱离险境，阴爻而不中正，有自私利己之象。但是它居于阳位，志在上进济时，且下三爻之中，只有六三有应援，所以无悔。涣其躬，是六三涣散自己的私心，奋不顾身，求援于上九。虽然是以阴求阳，容易生悔，但志在拯济二下之涣，所以是无悔。观之于象，三居坎而在险外，上与巽风接触，是涣然冰释之象，是有济涣的志向而舍弃自己利益的人。天下为外，外卦水遇风而涣散，三与上九应合，志在舍己以从人。

李士鉁说："三居身中，互艮亦为躬。三位在内而志在外。"老子说："外其身而身存。"又说："吾所以有大患者，为吾有身。"人如果不私其身，则没有可以担忧的。三位虽不中，也能做到无悔。涣其躬说的是无我，涣其群说的是无人。只有心中无我，才有自己的存在。不依赖他人，方能得到他人的帮助。

六四：涣其群，元吉。涣有丘，匪夷所思。
《象》曰：涣其群，元吉，光大也。

【译文】

六四，涣散朋党的小圈子，大吉大利。涣散小群体，聚合山丘似的大群，这不是常人所能思虑到的。

《小象辞》说：涣散朋党的小圈子，大吉大利，所为光明正大。

【释辞】

夷：平常。

【观象会意】

六四阴居阴位得其正，上承九五之君，是担当拯济涣散重任的人。下方没有应合的人，有能散去朋党之象，占卜之人如果这样做，就会大善而吉祥。尚秉和说："坎为众、为群。四体艮，艮为光明。在坎上，故涣其群，承阳故元吉。"艮为止。朋党既然已经解散，人心合而为一，是散小群以成大群，为涣有丘之象。四居互艮之中，六四的涣散才能重新形成聚合，这不是常人的思想所能达到的境界。

《小象辞》所称赞的"光大也"，是六四互象居大离之中。《语类》云："当人心涣散之时，各相朋党，不能混一。惟四能涣小人之私群，成天下之公道，所以元吉。"

按：涣卦是从否卦变来，否下卦为坤，坤为众，三阴成群，今二来居四位，是散其群了。原来是否，现在散了，也是元吉的意思。刘沅说："坤为朋，象群，互艮为山，象丘。居阴得正，下无私应。涣天下之朋党私见，乃聚天下之公理，涣中有聚，非常人之思所及。"

九五：涣汗其大号，涣王居，无咎。
《象》曰：王居无咎，正位也。

【译文】

九五，像发汗治病一样发布盛大的号令，散发国库积聚的财货以聚合天下人心，不会有过失。

《小象辞》说：散发国库积聚的财货没有害处。体现在九五之君位置已坐正。

【观象会意】

涣卦风吹水上，有涣散之象。下卦坎水有出汗之象，九五居巽体，有号令之象。巽为号令，阳为大，所以说"涣汗其大号"。刘向说："涣汗其大号，言号令如汗出而不反者也。"九五又居艮体之上，艮有身之象，汗自身出。人体如果风郁结于体内，有病而不出汗，叫作风痹。如果使风散之于外，则汗出而病愈，这是以人身来说的。

天下的事好比人的身体一样，君主发号大令，是散发天下人的抑郁，如出大汗而不反。互艮为身，坎为水，水动于身，是出汗之象。大汗淋漓，积郁之情得到宣泄，是涣汗。艮为门，坎为宫，五为王位，所以是涣王居。

居，是君王的居积财富。涣汗，是君王用宣泄的方法，解除天下民众对政权积压的愠怒和不满；涣王居，是君王把国库积累的财富散发给民众。当涣散之际，人心分崩离析之时，如何保住政权，君王只有拿出至诚之心，颁布大的改革号令，顺应民情，施德泽于天下，才能收拢涣散的人心，保持其执政地位。

上九：涣其血，去逖出，无咎。
《象》曰：涣其血，远害也。

【译文】

上九，涣散，离开坎卦的血光远去，没有过失。
《小象辞》说：离开坎卦的血光之灾，是避祸远害。

【释辞】

逖：音替（tì），远。一说作"惕"。
出：离开。

【观象会意】

上九以阳刚居涣卦之极，是能远离涣散的人。下应六三，坎为血，三居坎之终，应为有咎，但上九离坎已远，所以是血去逖出了。坎是血卦，上九应六三是巽风散之，有涣其血之象。上九当涣之时，居高远离坎险，虽然六三和它应合，但上九以阳刚之才处涣散之外，不仅自己免于难，也能使他人脱离险难。

马其昶说："涣爻惟三、上相应。凡爻之阴阳相应，则安其位而不思变。上不变则坎象不成，为涣其血。所以不变坎者，以得三应也。三亦不顾己之失位而应上，故三为涣其躬，而象曰志在外也。"

【易学通感】

涣卦有涣散和焕发二义：阴气宜涣散，阳气宜焕发。冰河解冻，雾霾消融，是大地阴气的涣散；春江水暖，万物欣欣，是天空阳气的焕发。暮春之时，春服即成，童子五六人，浴乎沂，风乎舞雩，咏而归，是人的阳气焕发。涣卦用于人身，气血郁结于内，血脉不通，风以散之，汗以发之，这是疾病的涣散。所以中医治疗八法中有"汗"法，就是"涣其疾"。但是人的精神不能涣散。

涣卦用于社会，涣小群为大群，才能廓然而大公，只有涣散朋党之私，才能实现天下大同。

节　第六十卦

坎宫一世卦

节　䷻　兑下坎上
　　　中爻震艮　　　【错】　䷅　旅　　　【综】　䷺　涣

【题解】

节的本义是竹节。节的引申义有节制、节俭、节欲等。节卦的象意是有限制的加以节制。朱熹说："节，有限而止也。为卦下兑上坎，泽上有水，其容有限，故为节……然至于太甚则苦矣。"水流注于湖泽中，以适度为佳，过满则溢，因此要加以节制。

节卦应用于社会，是对社会的发展变化加以适当的限制，这种限制就是制定制度，通过制度对万物发展进行制约，而这种制约，不超越中道就能保持亨通，如果节制过分，就会形成苦行，苦行则不能持久。节卦用于人身修养，欲壑难填，必须加以节制，因此要有道德和法制规范加以约束。

节：亨。苦节不可贞。

【译文】

节卦，亨通。如果过分节制，形成苦行，不可保持长久。

《彖》曰：节，亨，刚柔分，而刚得中。苦节不可贞，其道穷也。说以行险，当位以节，中正以通。天地节而四时成，节以制度，不伤财，不害民。

【译文】

《彖辞》说：节卦，亨通。是由于刚爻柔爻互相区分，但是刚爻占据中位主持节制。如果过度节制形成苦行，不可保持长久，节道会穷困，不可使用。心情愉悦地勇于赴险，居位妥当就能自觉实行节制，处中守正而行事必将亨通。天地自然实行节道，一年四季才能形成；政府制定制度为节制，就能不耗费钱财，不损害民众利益。

《象》曰：泽上有水，节。君子以制数度，议德行。

【译文】

《大象辞》说：湖泽上有水，水受湖的容量制约，不可满溢，是节卦的象征。君子会通节卦卦意，定立礼数制度，评议道德行为。

【释辞】

节：卦义，节制、节俭、节止等。

【观象会意】

节，是有限度的止，卦象是下兑为泽，上坎为水，湖泽上有水，但是湖泽的容纳是有限的，如果水过度，湖泽就会泛滥，所以是节。其卦体是三阴三阳，阴阳各半，而二、五两个中爻都是阳刚，所以其占卜者得到亨通。然而节制太过就苦了，所以又告诫不可把节作为长久之道来坚守不变。

节卦是涣卦的综卦，是由泰卦变来的。泰卦的六五下降到九三之位，三、五互换了位置，形成节卦。以节制上卦的柔弱，和下卦的阳刚。节的含义，是刚柔有节而不过于中，不过中就亨通，所以是"节，亨"，"刚柔分，而刚得中"。《易》道的精髓是"穷则变，变则通，通则久"。而上六爻乘刚而处坎险之上，如果守节而不变，是苦节了。上六处大离之上，火炎上就会焦枯，所以是苦。节制须适度，即得其中，如节制太苦，为人所不能忍受，互艮止为道，所以是"其道穷也"。

天地是有节制的：节气有春分、秋分、夏至、冬至而形成四季，寒暑往来。节是信，四时往来没有差错，艮为时、为成，互震，震数为四，故曰"天地节而四时成"。坎为法律，所以是"节以制度"。兑是倒巽，巽为财、为利，故曰"不伤财"。坎为害，初爻民位，下兑初阳说，变了坎阴，故曰"不害民"。朱震说："离兑为贝，贝为财，乾为金玉，坤为民，泰甚则人欲纵，人欲纵则财用匮乏，百姓穷困。故量财之所入，计民之所用，节以制度，自下等级而上，其费有经，其敛有法，财既不伤，民亦不害。"

《大象辞》说"制数度，议德行"。孔颖达说："君子象节以制其礼数等差，使皆有度，议人之德行任用，使皆得宜。"程颐说："凡物之大小、轻重、高下、文质，皆有数度，所以为节也。"多寡曰数，长短曰度。结合诸家议论，再来领悟《大象辞》。孔子认为：君子应当从节卦中得到启示，按等级差别制定人的衣、食、住、行的待遇，礼数，法度，以节制人的欲望，评议人的道德行为，使任用人才各得其宜。

初九：不出户庭，无咎。
《象》曰：不出户庭，知通塞也。

【译文】

初九，不该走出门户庭院时就不要走出，没有过错。
《小象辞》说：不走出门户庭院，是知道该行动就行动，该停止则停止。

【观象会意】

按纳甲法节卦是坎宫一世卦。坎卦是重坎，坎为通，初爻以一阳堵塞坎，变成了兑卦。下面不通，不通就不能出，不出户庭。古代居室为户，户外面是堂，堂下阶前呼作庭，院庭之外有门，三、四、五爻互艮，艮为户庭。初与四相应，又居互震（二、三、四爻）之下，震为出，艮为止，初爻得出而艮止之，初爻动，下卦成坎，坎水为知。所以《小象辞》说："知通塞也。"动而有险，所以不出户庭，就没有过咎。初九当止即止，是知道通塞的君子。

初九居泽水的下面，泽水方来，聚于湖底，水位低，是应当塞而不应当通，初九不出门庭，无咎，是应当塞止以屯聚水源。老子《道德经》说："不出户知天下，不窥牖见天道。"又说："治人事天莫若啬。"是自节啬其精神魂魄，不使其流失，是最懂得知塞为通，深得节卦初爻的含意了。

九二：不出门庭，凶。

《象》曰：不出门庭，失时极也。

【译文】

九二，不走出门户庭院，凶险。

《小象辞》说：不走出门户庭院凶险，因为失去了时中之道。

【观象会意】

初九处兑泽之下，上有阳刚阻碍，所以不出就没有过错。九二前临阴爻，没有闭塞，是可以走出门庭了。但九二是互震的主爻，震为行，九二阳居阴位不正，上无应援，前临艮止之象，所以有不出门庭之辞。这是只知道塞而不知道通畅，失去了走出门庭的机会，有凶险。

与初爻相比，诚如苏轼所说："水之始至，泽为塞而不当通，即至，当通而不当塞。初不出，无咎，言当塞也；二不出，凶，言当通也。"从湖泽论之，二爻是泽水盛满之时，应当疏泄。而且阳刚居中处有为的位置，又互震行，而遇艮止，以至于水壅滞而不出，时当可为而不为，失去了时中之道，是节的不是时候，所以凶险。

《小象辞》说："失时极也。"极，是极点，说的是失去时机到了极致。以此爻用之于人事，君子处有可为之时，可以出来作官从政，就应当出仕，君子不走出门庭以拯救世弊，不仅自己失去了兼济天下的机会，且置百姓疾苦于不顾。

六三：不节若，则嗟若，无咎。

《象》曰：不节之嗟，又谁咎也！

【译文】

六三，无力节制水的泛溢，只能哀叹怨悔，无须责怪它。

《小象辞》说：无力节制的哀叹，又是谁的过错呢？

【观象会意】

王船山说："二阳已积，则有坚光太过之忧，三当其上，急欲节之而柔失其位，力有不逮，故不能节也。而忧之急，其迫切欲节之心虽若已甚，而实不容已也，故无咎。"六三以柔居阳是不当位，是悦而失中，是不能以阳刚之德来进行节制的人，兑为口舌，上卦坎为加忧，六三处兑悦的极点，是乐极生悲，嗟叹之象，所以忧叹发自口中，嗟叹而已。

六三当节之时，是不容许它不节制，但阴柔不正，又没有能力节制。不节制只能导致穷困，所以只有嗟叹，这又能责怪谁呢？程颐说："节可以免过，而不能自节，以致可嗟，将谁咎乎？"此爻和离卦九三的"不鼓缶而歌，则大耋之嗟，凶"的爻辞虽然取象名异，而意思相近。

六四：安节，亨。
《象》曰：安节之亨，承上道也。

【译文】

六四，安于节制，亨通。
《小象辞》说：安于节制亨通，因为它承接了九五的中正之道。

【观象会意】

下卦三爻谈的是积蓄，上卦三爻讲蓄止。六四柔顺得其正，自然是有节制的人。九五是节卦之主，是当位而节，中正以通，是行节道最佳的状态。安，是顺从。六四处互艮之中，艮上为安，所以安于节。居坎水之下，与初爻有应合，水性就下，故曰安。《小象辞》说"承上道也"，点出六四是安于遵从君王之道的人。

九五：甘节，吉；往有尚。
《象》曰：甘节之吉，居位中也。

【译文】

九五，甘美的节操，吉祥；往前行动必受崇尚。

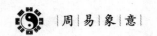

 周易象意

《小象辞》说：甘美节操的吉祥，是因为九五居于中位。

【观象会意】

甘，是五味之中。水淡味道就甘美。九五阳刚居中位，体现出节道的主要含义，不刚不柔，不偏不倚，用中行之道节制天下。所定的制度尽善尽美，所以吉祥。用此道而往化行天下，法令可通行，而德行被赞美和崇尚。节卦是从泰卦变来，泰上体为坤，坤为土，其数为五，五所居中位，其味为甘。人体脾为中央，协调全身的脏器。脾于五味为甘，味道甘美，是人所愿尝。下卦为兑，兑为口舌，所以有甘节之象。

节卦各爻的节制，都是自我节制，九五爻的节，是用来节制天下的。九五居兑体之上，则天下之人都悦于我，我以甘美中正之道进行节制，所以往有尚，这是立法于当前，垂范于后世，这正是"当位以节，中正以通"的节卦义理。对九五爻辞的评价，王弼说："为节之主，不失其中，不伤财，不害民之谓也。为节之不苦，非甘而何？"刘沅说："发而中节谓之和。甘节者，和之至也。节以中为贵，五居中而有中德，故无过无不及。所谓当位以节，中正以通者也。"

王船山说："五以中道为节，而物情甘之，不可损也。上犹以为过而裁抑之。以人情所不堪，虽无淫佚之过，可谓贞矣！而违物以行其俭固之志，凶道也。然而悔亡者，天下之悔皆生于侈汰，自处约则虽凶而不耻辱。节之为道，惟贤者可就，不肖者可企及则亨。俭过则吝，物所不顺，故穷。"

上六：苦节，贞凶，悔亡。
《象》曰：苦节贞凶，其道穷也。

【译文】

上六，过度的节制造成苦难，把此当作常道固守，必有凶患。悔恨消失。
《小象辞》说：把过度的节制当作常道固守，在道理上是行不通的。

【观象会意】

上六居坎险的极处，节制超过了中道，是人所不堪忍受的，所以虽然得正道，却免不了带来凶险。因为过度的节制使人痛苦，把不得人心的苦节作为正道坚持下去，其结果必然凶险。坎卦错离，火炎上，上六居炎上之地，火炎上作苦，所以有苦象，《象辞》称"苦节不可贞"，即指的是上六。

【易学通感】

节卦上六爻辞认为"苦节"的施政，虽然"贞凶"，但也无须后悔。这是帝王的哲学。但是孔子不这么看，他在《小象辞》中说："其道穷也"，批判苦节之道走不通。仁哉！孔子，圣人之心也。上天有好生之德，天生烝民，哀哀劬劳。人的一生，短暂的几十年，从勒紧裤腰带，到面目浮肿，吃糠咽菜，饿殍遍野。我的外祖父手捧着个青萝卜，啃不动，死在炕上。外祖母逃到沈阳，分吃我们全家的口粮。"大灾之年，幼子不飨。"十五岁的我，每天奔走在郊外，背两只大口袋，里面塞满了蚂蚁菜，姥姥掺点全面粉，弟弟妹妹吃得好香。我的前半生，就这样一路走来。在那八面透风、滴水成冰的青年点，在那"炕烙身下暖，风吹头顶寒。一天吃一餐，无菜又无盐"的日日夜夜，在那羡慕牛马的岁月里，我反复思考一个问题：人活着，难道就是为了遭罪吗？"苦节贞凶，其道穷也"，是我用生命得来的体会。

中孚　第六十一卦

艮宫游魂卦

中孚 ䷼ 兑下巽上
中爻震艮　　【错】䷽ 小过　　【综】䷼ 中孚

【题解】

中孚之"孚"字，从爪从子，如鸟抱子之象。禽鸟孵卵，如期而得子，故有孚信的意思。中孚讲的是内心诚信。卦体下兑为泽，上巽为木，为舟，舟行泽上，一帆风顺之象；又卦象是正反巽，卦体中虚，是独木舟之象；卦象又为正反兑，是喜悦之象。卦体四阳在外，二阴在内，阳实阴虚，是虚心诚恳之象。中心有诚信，上下喜悦，乘中虚之舟，所以利于涉越大江大河，克服艰难险阻。

中孚：豚鱼吉，利涉大川，利贞。

【译文】

中孚卦，诚信能感化江豚，吉利。利于涉渡大河，利于守正。

《彖》曰：中孚，柔在内而刚得中。说而巽，孚乃化邦也。豚鱼吉，信及豚鱼也。利涉大川，乘木舟虚也。中孚以利贞，乃应乎天也。

【译文】

《彖辞》说：中孚卦，柔爻在内，九二、九五两阳爻居于中位，下卦兑为喜悦，上卦巽为谦逊。在上者谦逊，在下者喜悦，以诚相待，可以推教化于邦国。诚信能感化到江豚，获得吉祥，是说诚信使无知的江豚都被感化了，是精诚所至；有利于渡过大河，是说上巽下兑，像中虚之舟，内心诚信又守正不移，这是符合天道运行规律的。

《象》曰：泽上有风，中孚；君子以议狱缓死。

【译文】

《大象辞》说：湖泽上吹拂着和风，无所不至，犹如广施仁德，象征中心诚信。君子效此卦象，因而以诚信来审理刑狱案件，宽缓死刑。

【释辞】

豚鱼：江豚。毛奇龄认为，豚鱼即江豚，一名猪鱼，非水不生，非风不现，现必向风，风静即灭。一说：猪和鱼。

【观象会意】

孚卦二阴爻在内，四阳爻在外，二、五两阳爻各在上、下卦之中，从全卦六爻来看，二阴爻在中，为中虚，有孚信之象。又卦义为下面喜悦而顺应上方，也有孚信的意思。豚鱼，一名猪鱼，生于大泽之中，风起时，先出水面，占风的人以此为信。唐诗中有"江豚吹浪夜还风"这样的句子。本卦上风下泽，豚鱼生于泽中，知道风至，所以因豚鱼取象。

古人认为同样的能感知节气变化的还有鹤和鸡，鹤能知秋至，鸡能报晓，这三种动物孚信，所以卦爻辞都用于取象。利贞，说的是利于正道。不用于正道的孚信，是不合于天理的，所以要利于正。兑为大川，巽在水上，是乘木舟而行。中孚卦象外实内虚，好似虚木之舟，以行兑泽之上，就会跋涉大川而无阻碍，好比人心能虚中以应，以此行事必然畅通，自然能上合乎天理自然。

《大象辞》所说"泽上有风"，是物无所不至，水受之，说的是中孚的卦象。"议狱缓死"是中孚卦的卦义。君子认为感动人心的至诚之处，没有大于用在刑法上的，所以对涉及重案的人，则必须详审而复议，不要使其含冤而死。体现了孔子好生不杀的仁爱精神。

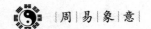

初九：虞吉，有它不燕。
《象》曰：初九"虞吉"，志未变也。

【译文】

初九，安定诚信则吉祥，如果变志而有他求则不得安宁。
《小象辞》说：初九安定吉祥，因为不想他求的心志不变。

【观象会意】

虞，是安的意思，虞吉，是安心则吉。中孚之始，此告诫应当慎其所信，初九与六四正应，初九应当和六四孚信。但初阳遇阳不宜动，此爻与节卦初爻义相同，节卦初九"不出户庭，无咎"，即安居吉的意思。它，指的是六四，有它不燕，是上有六四相应，不顾二阳的阻隔，前往应四，则不安。尚秉和引《易林》证："兑为燕，四巽是兑之覆，故曰不燕。"尚氏曰："巽为志，志未变，言安于初而不应四。"

九二：鸣鹤在阴，其子和之，我有好爵，吾与尔靡之。
《象》曰：其子和之，中心愿也。

【译文】

九二，鹤在树荫下鸣叫，小鹤声声应和，我有甘美的酒浆，愿意与你共享。
《小象辞》说：小鹤声声应和，是它心中的愿望。

【释辞】

爵：酒器。
靡：分享。

【观象会意】

中孚卦是大离的卦象，离有鹤之象，鹤居正反震之间，震为鸣，所以说"鸣鹤在阴"。说的是二爻居阴位。"其子"，上卦巽为长女，下卦兑为少女，是子母象。爵，是酒器，震为爵，为嘉，故曰好爵，正反震相对，故曰"吾与尔靡之"。鹤八月则鸣，兑为正秋，故用鹤鸣来取象，又兑为口舌，卦为正反兑，所以有和鸣之象。刘沅说："鹤为泽鸟，感秋而鸣。兑为泽，为正秋。互震善鸣。二阴位在艮山下，兑泽中，故曰在阴。"

孔子在《系辞传》中说："'鸣鹤在阴，其子和之。我有好爵，吾与尔靡之。'子曰：'君子居其室，出其言善，则千里之外应之，况其迩者乎？居其室，出其言不善，则千里之外违之，况其迩者乎？'"孔子以言行说明此爻义理，至为明确。《小象辞》所说"中心愿也"，是内心孚信的结果。君子以至诚感人，同声相应，同气相求，人没有不来应和的，至诚之信，当然是善言了。

六三：得敌，或鼓或罢，或泣或歌。

《象》曰：或鼓或罢，位不当也。

【译文】

六三，碰上了劲敌，或击鼓进攻，或疲惫撤退，或者哭泣叹息，或者歌唱欢喜。

《小象辞》说：或击鼓进攻，或疲惫撤退，因为六三所处的位置不当。

【释辞】

罢：音皮（pí），停止；一说罢同"疲"，疲劳。

【观象会意】

六三与六四同性为敌，所以说"得敌"。互震动为鼓，艮止为罢。处兑口为哭泣，为歌。六三所以有此爻辞，都是因为三不当位，前又遇敌，所以行为失态。程颐说："三、四皆以虚中为成孚之主，然所处则异。四得位以居正，故亡匹以从上，三不中失正，故得敌以累志。"

六四：月几望，马匹亡，无咎。

《象》曰：马匹亡，绝类上也。

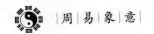

【译文】

六四，月亮将要圆满的时候，马失去了匹配，没有过错。

《小象辞》说：马失去了匹配，是绝了和相应合者的来往，而向九五之君靠拢。

【观象会意】

四居大离之中，偏而近上，离象伏坎，日受月光，月盈为望。月满为乾象，月上弦在兑西，下弦在巽东，本爻发动，上卦变乾，六四处于兑、巽之间，有"月几望"之象。六四居大臣之位，接近九五之君，像月亮快要圆满一样。互震为马，六四与初九有应，好像马本有匹配，但向上顺于九五之君，而断绝与初九私情，离开了小人物。阴与阳为类，六四撇下初九而向九五靠拢。

九五：有孚挛如，无咎。

《象》曰：有孚挛如，位正当也。

【译文】

九五，心怀诚信团结天下人之心，不会有过错。

《小象辞》说：心怀诚信团结天下人之心，九五居位适当。

【释辞】

挛：音娈（luán），牵系，纽结。如，语助词。

【观象会意】

九五居巽中，下应合倒巽，巽为绳，中爻互艮，艮为手，两绳纽结，是挛如之象。九五居君位而中正，六四柔巽以顺君，五、四君臣相孚，上下团结如挛，是至诚以纽结天下人之心，有何过错？刘沅说："九五，中孚之主，所谓孚乃化邦者也。五中实，故有孚。巽绳，互艮手，故象挛如。阳刚中正居尊，以至诚孚于天下，使天下之人团结挛如而不可解。特初二易孚，并三、四不易

454

孚者皆孚。"

尚秉和说："五下乘重阴，得类，故曰有孚。言孚于二阴也。挛，系也，恋也。类者，言挛系三、四也。五得位，故无咎。"九五刚健而又中正，下无应合的牵持，这就是君主的诚信，这是心系家国天下，君主应具有的美德，所以不会有过错。

上九：翰音登于天，贞凶。
《象》曰：翰音登于天，何可长也！

【译文】
上九，鸡鸣的声音响彻云天，占卜有凶险。
《小象辞》说：鸡鸣的声音响彻云天，如何能长久呢？

【释辞】
翰：飞。虞翻曰："鸡称翰音。"

【观象会意】
巽为鸡，雄鸡啼鸣，必振动羽翼而后出声，所以叫翰音。《礼记》："鸡曰翰音。"上为天位，登于天，是居卦之上。翰当登天，鸡非登天的禽类，以虚声响彻云天，不过是天将明的一时而已，所以《小象辞》说："何可长也！"巽为进退，为不果，是不长久之象。上久居中孚的极处，物极则变，是不能长久于中孚的爻位，占卜者得此爻也是凶险的了。

【易学通感】
湖泽上有风吹来，风感水受，是中孚之象。君子认为感动人心最大的是孚信和诚意，没有贴近于对人施用刑法的。于是对涉及重案的人，必为之详细推议，疑罪从轻，毋使含冤而死。夫子之诚，感于人心，动于天地，这就是"孚乃化邦也"。

徐几曰："《象》言刑狱五卦，噬嗑、丰、以其有离之明，震之威也。贲次噬嗑、旅次丰，离明不易，震皆反为艮矣。盖明贵无时不然，威则有时当止。

至于中孚，则全体似离，互体有震艮，而又兑以悦之，巽以缓之，圣人即象垂教，其忠厚恻怛之意，见于谨刑如此。"

程颐说："君子于天下事，无所不尽其忠，而议狱缓死，最其大者也。"杨万里说："风无形而能鼓幽潜，诚无象而能感人物。中孚之感，莫大于好生不杀也。"

小过 第六十二卦

兑宫游魂卦

小过 ䷽ 艮下震上 中爻巽兑　　【错】䷼ 中孚　　【综】䷽ 小过

【题解】

小过卦，下艮为山，上震为雷，卦象为山上有雷。易以阳为大，阴为小，小过卦外四爻都为阴爻，六二爻与六五爻得中，阴爻多于阳爻，阴气过盛，因此说小过。即阴盛阳衰之意，阴阳不平衡。程颐解释"小过"有三义：一、小者阴为小；二、小事过；三、过之小，即刚刚超越常度。他认为小过于常，利于矫正，要避免大过，大过会走向反面。小过并不可怕，而且为返回中道所必需的。小过卦强调的是在行动中适当的守中，稍有过越和偏离反而利于矫枉归正。但是这种小过仅是指小事情，而关系到国家安危的大事则不可过。

小过：亨，利贞，可小事，不可大事。飞鸟遗之音，不宜上宜下，大吉。

【译文】

小过卦，亨通，利于守持正道。可以干日常小事情，不适宜干军国大事。飞鸟飞过后，留下鸣叫声，飞鸟不宜继续往上飞，适宜往下飞，寻找安栖之所，大为吉祥。

《彖》曰：小过，小者过而亨也。过以利贞，与时行也。柔得中，是以小事吉也。刚失位而不中，是以不可大事也。有飞鸟之象焉，有飞鸟遗之音，不宜上宜下，大吉；上逆而下顺也。

【译文】

《彖辞》说：小过卦，说明在寻常小事有所过度能够亨通，有所过度利于守持正道。紧跟时代一起前进。柔爻得二五中位，因此干小事情吉祥。刚爻失位而没有占中，因此不可干大事。有飞鸟的卦象，飞鸟飞过后，留下鸣叫声，不宜继续往上飞，适宜于往下飞，寻找栖息之所，大为吉祥。因为上飞逆行而下飞是归顺于中。

《象》曰：山上有雷，小过。君子以行过乎恭，丧过乎哀，用过乎俭。

【译文】

《大象辞》说：山顶上滚动着雷声，象征着小有过度。君子受此卦象启发，因此行为过分恭敬，丧事过分悲哀，费用过度节俭。

【观象会意】

易以阳为大，阴为小。小过卦四阴爻在外，二阳爻在内，超过了三阴三阳的平衡局面，是阴超过了阳，所以是小的过了。小过卦是亨通的，但条件是必须坚守正道。二、五两阴爻得中，故可以小事，三、四两爻都是阳刚失位而不中，既不占据领导的地位，所以不能干大事。小过卦有飞鸟的象，三、四两阳爻象鸟的躯体，四阴爻在上下，象征鸟的翅膀。卦体内实外虚，象征鸟张开两翼在飞翔。尚秉和认为："艮为黔啄、为鸟，小过下艮，故曰鸟。上震故曰飞鸟，而震为覆艮，是上下皆鸟，故传曰有飞鸟之象焉。"

震为音，下艮为反震，口向下好似以鸣声传递于人，所以是"飞鸟遗之音"。爻辞说："不宜上，宜下。"鸟飞往向上则无所止，不得所安；向下飞则可得栖息之所。从卦象看，上体二阴在上乘阴是逆，所以不宜上；下体二阴在下承阳为顺，所以宜向下飞。"过以利贞，与时行也"，是小有过度，利于矫治而能回复中道。这种回归应当是顺应时代潮流，和时代一同前进。

小过卦时的启迪，在于"宜下，不宜上"。人如果能悟出此中之意，可以大吉。用之以识人，才能不足而自我吹嘘的人，就会逆于天理又违背人心，如果学富五车，又虚怀若谷，就顺于理而合乎人情。如《周易折中》所言："《大过》之《象》曰'刚过乎中，不桡乎下，斯为刚中矣'；《小过》之《象》曰'柔得中，不宜上宜下，斯为柔之中矣'。"《大象辞》所举小过的三种行为：过恭、过哀、过俭，都属于阴柔之事，行为过于恭敬，丧礼过于哀痛，生活过于节俭，都是常人所做不到的，而有德之君子必须重视，以防止行为上的骄傲，丧失亲人的淡以处之，生活过于奢侈，这是矫正时敝而合乎中道，与卦辞"可小事""宜下"的意义正相合。

初六：飞鸟以凶。
《象》曰：飞鸟以凶，不可如何也！

【译文】

初六，飞鸟再向上飞有凶险。

《小象辞》说：飞鸟再向上飞有凶险，谁又奈何它呢？

【观象会意】

鸟飞在两翼，初、上两爻像鸟的两翼的尖端，所以初、上因飞而导致凶险。居小过之时，宜下不宜上，初六阴柔不正，上从九四阳刚之动，所以有飞鸟之象，初六以艮体之下，是应当栖息之时，而它竟能不自禁而飞，所以凶险。刘沅说："阴柔居艮止而不止，如鸟不宜飞而飞，必罹网矣，是凶由自作，不可如何，叹之也。"

六二：过其祖，遇其妣；不及其君，遇其臣；无咎。
《象》曰：不及其君，臣不可过也。

【译文】

六二，超过了祖父，遇到祖母，没赶上君王，遇到了他的臣子，没有过错。

《小象辞》说：没赶上君王，做臣子的不能超过君王。

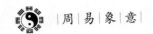

【释辞】

妣：音比（bǐ），母亲，指过世的母亲或女性祖先。

【观象会意】

六二爻象的关键，首先要看清楚何爻是祖妣。程颐说："阳在上者父之象，尊于父者祖之象，四在三上故为祖，二与五居相应之地，同有柔中之德，志不从于三、四，故过四而遇五，是过其祖也。五阴而尊，祖妣之象，与二同德相应，在他卦则阴阳相求，过之时必过其常，故异也。无所不过，故二从五亦戒其过。不及其君而遇其臣，谓上进而不凌于君，适当臣道，则无咎也。"

朱熹说："三父四祖，五便为妣。过祖遇妣是过阳而遇阴也。"从爻象分析来看程、朱说显然是正确的。对此说张振渊分析说："祖妣只作阴阳象，阳亢而阴顺也。过祖遇妣是去阳而就阴，去亢而就顺，如此则不凌及于君，适臣道之常也，不及其君遇其臣，宜下宜顺也。"

从以上诸家论述中看出：一、九四为祖，六五为妣、为君。二、六二爻是臣，六二以九五为君，六五自然就遇到臣了。六二柔顺中正，处于下卦，过和不及都得于中道，是小过卦最好的一爻。《小象辞》强调："不及其君，臣不可过也。"作臣下的不以能超越君主，这是君主制社会不可逾越的一条红线，看清这个道理，作下属的就不会犯错了。

九三：弗过防之，从或戕之，凶。

《象》曰：从或戕之，凶如何也！

【译文】

九三，不肯过度地防备，随从或将为人所害，凶险。

《小象辞》说：随从或将为人所害，多么的凶险啊！

【释辞】

戕：音腔（qiāng），杀害。

【观象会意】

弗过二字，说的是阳不能超过阴。小过卦是阴超过阳，所以两个阳爻辞都说"弗过防之"，是应当警惧，防备柔弱的危害。从字，是随从于阴柔，为何众阴要戕害九三，因为九三以刚居正，又自恃阳刚，邪正不两立，所以说"弗过"。如果不防备于阴，反而从阴，则阴必加害于我而遭凶险。

九三居艮之上，理应有所防备，但阳刚愎自用，不肯过于防备。九三居互兑之下，兑为毁折，为戕。其身陷入大坎之中，坎为盗，又为隐伏。如果防备不周，祸来难测，就有加害于他的人，如果应合上六而从之，则戕害之凶就临头了。但是九三刚正，没有必然凶险的道理，如果占卜的人能过分预防，就可以免灾。

九四：无咎，弗过遇之。往厉必戒，勿用永贞。

《象》曰：弗过遇之，位不当也。往厉必戒，终不可长也。

【译文】

九四，没有过错，不超过能够遇到他。前往有危厉，要警戒，不可施展才用，应该永守贞固之道。

《小象辞》说：不超过能够遇到他，是位置不适当。前往危厉要警戒，是因为阳刚躁动之气不可增长。

【观象会意】

九四阳居阴位，不当，应当有咎。但是阳居阴位就少了一些躁动，不会超过阴爻，反而和阴相遇。六五爻，阴在上，与九四相比邻，阳遇阴则通，所以说"弗过遇之"。阴阳遇合之道，必须出于正。如果不以正道来合，结果不会长久。"勿用"是守静，"往厉必戒"，小过之时，阴的力量超过了阳，因此不可前往求悦于阴，当静守其时。如果恃阳刚轻率前往，就会有危险，必不善终。

以此爻用于人事，六五爻君位，九四臣位，君主柔弱，臣下阳刚。当小过之时，阳不能过于阴。因此作臣子的应当守静而遇君，不可恃阳刚之才，而主动靠近君王，会导致身危。

六五：密云不雨，自我西郊，公弋取彼在穴。

《象》曰：密云不雨，已上也。

【译文】

六五，浓云密布而不下雨，从我西郊飘过。王公用带绳子的箭射杀藏在巢穴中的鸟。

《小象辞》说：浓云密布而不下雨，云已经上升了。

【释辞】

弋：音易（yì），带有绳子的箭。

【观象会意】

六五爻辞之义和《小畜》卦辞相同，互坎为雨。在上为云，在下为雨，小过卦象是大坎，为何没有雨，只因五爻居互兑之中，兑为密、也为云，不下雨的原因，是兑塞住了坎的下面。兑塞坎下，是阴气已向上，已上则阴阳不和，所以不下雨。兑西震东，说此密云起自西郊而东行。如农谚所说："云向东，一场空。"

震为公、为射，所以说"公弋"。震为竹，巽为绳，六五居震中下应六二互巽，有用震竹系以巽绳，是弋射之象。弋射取的何物呢？二居艮体之中，艮为穴、为狐，艮为手、为取。穴居的狐狸，怎么用弋射的方法来取到呢？一说，穴为巢，取彼在穴，是射在鸟巢中的鸟。这是说二、五同为阴爻，是不相应合。穴在下，"公弋取彼在穴"，说明不宜上宜下。

《小象辞》说"已上也"。云在上面，也就是卦辞所说的"不宜上"。综合六五爻象，六五爻阴居盛位，不足为尊，下无应合，不能相助，以"不雨"之象，说明她不可能有所作为，纵然有所行动，也不会成功。

上六：弗遇过之，飞鸟离之，凶，是谓灾眚。

《象》曰：弗遇过之，已亢也。

【译文】

上六，不能遇合，飞越过去了，就像鸟儿飞得过高一样，必然落入罗网，遭到凶险，这种灾害是自招之祸。

《小象辞》说：不能遇合，飞越过去了，是已飞得过高了。

【观象会意】

上六处小过卦的极处，以阴爻居震动之上，是阴过的极致，高亢而行，必无所遇而过了，这就超越小过的范围了。如鸟飞起来不知道停止。以至于穷极而遇到凶祸。坎为灾眚，上居大坎之终。王弼说："过至于亢，将何所遇？飞而不已，将何所讬？灾自己至，复何言哉！"程颐说："灾者天灾，眚者人为。既过之极，岂惟人眚？天灾亦至，其凶可知，天地人皆然也。"

此爻动变，为火山旅卦，旅卦上九爻辞为"鸟焚其巢"，凶是必然的了。王船山认为：上六是绝阳而不相同也。自骄亢以求胜也。如鸟飞而上逆之极，遇之者其凶甚也。船山先生在解释小象辞的"已亢"时说："翱翔天位之上，肆志以逞，故害及天下。"古今贪恋权位不退者当之。

【易学通感】

小过卦四阴爻在外面包围，两阳爻处人位，被困于内，象征阳刚君子不居领导地位。柔弱势力掌控中枢，所以利于做小事，不可以做大事。君子观看山上有雷之象，感悟出小过卦义：以艮山的高大却处于下，用在行为上就过于谦恭，互兑为泽，用在丧事上就过于悲哀，互巽为近利，用在生活上就过于节俭。孔子归纳的三种行为方式，是儒家道德操守的基本准则。小过卦用于处世：初六，力量柔弱时不当飞而飞，是自取其凶；六二，当属下的才干不要超过领导；九三，有的人你跟着他，还得防着他；九四，在职场中何时进取，何时守成，是门大学问；六五，求于上者必反乎下；上六，窃居高位的恶势力飞扬而跋扈，凶险是自己招来的。

既济　第六十三卦

坎宫三世卦

既济 ䷾ 离下坎上
中爻坎离　　【错】䷿ 未济　　【综】䷿ 未济

【题解】

既济卦下卦为火，上卦为水，水在火上，烹饪之象，象征烹饪之事已经完成。又既济，即已渡过河之意，引申为万事万物已经成功。《杂卦传》说："既济，定也。"即事情成功，大局已定。既济卦一、三、五为阳爻，当位；二、四、六为阴爻，亦当位。三阴三阳各得其正，天下既平，万事既定之象也。然而《周易》的要旨在于提示出宇宙间生生不已的发展过程，旧过程的终结应当是新过程的开始，既济卦形成的次序和平衡只是暂时的，事物的发展必然要打破平衡，冲开僵局，才能继续前进。所以《象传》作者告诫说：在事情成功之后，君子以思患而预防之，居安以思危，才能永保安定的局面。

既济：亨，小利贞，初吉终乱。

【译文】

既济卦，小有亨通，利于坚守正道，起初吉祥，最终会有祸乱发生。

《彖》曰：既济，亨，小者亨也。利贞，刚柔正而位当也。初吉，柔得中也。终止则乱，其道穷也。

【译文】

《彖辞》说：既济卦，亨通，利于坚守正道，是刚爻与柔爻都居位适当，利于行为端正。起初吉祥，因为六二柔爻获得中位，坚守中道。最终停止不前，导致祸乱发生，说明事物走向了极限，处于穷困的境地。

《象》曰：水在火上，既济；君子以思患而预防之。

【译文】

《大象辞》说：水在火上，这是既济卦的象征。君子从卦象中获得启示，应该事先考虑到可能出现的祸患，并且设法预防它发生。

【观象会意】

既济是已经渡过河，比喻事情已经成功。此卦是水火相交。既济的亨，是阴柔的亨通，《彖辞》和爻辞都以柔爻为主而言，这种亨通，是小的亨通，而非大的亨通。既济卦，三阴爻都乘于阳爻之上，并居于最高之位，这是阴柔的畅通无阻。阴阳各得其位，既济卦要把这种次序固定下来，所以是"利贞"。

初始吉祥，是柔爻占据了下卦中位，阴柔安守本位，而不过分，所以柔爻居中为吉。卦辞说"终乱"，《彖辞》说"终止则乱，其道穷也"。既济卦阳刚阴柔都停止在自己的位置，互相杂处而不互相治理，是阳刚之道穷尽，阴柔之道也穷尽了。上下各怀其情，各守其势，各逞其欲，听不到批评的声音，只有粉饰太平，则大乱萌于其中了。

王弼说："初吉终乱，不为自乱，由止故乱。"无所作为就会乱，停滞不前就会乱。张载说："通其变，然后可久，故止则乱。"孔子在《大象辞》中指出："水在火上，既济；君子以思患而预防之。"火炽则水火虽然交相为用，然而水溢则火灭，火炽则水干。在相交之中，相害的危险也就存在其中了，这是安而不忘危、存而不忘亡的忧患思想，所以既济卦的要旨是防患于未然。

初九：曳其轮，濡其尾，无咎。
《象》曰：曳其轮，义无咎也。

【译文】

初九，向后拖拉车轮，小心前行，小狐狸渡河时沾湿了尾巴，小心谨慎，

不会有祸患。

《小象辞》说：向后拖拉车轮，动作适宜没有过错。

【释辞】

曳：音业（yè），拖拉。

轮：帛书作"纶"。衣服上的纶带。

濡：音如（rú），沾湿。

【观象会意】

二、三、四爻互坎，坎为轮、为狐，初爻居坎下，故曰曳。从全卦看，上为首，初为尾，初爻在坎水之下，故曰濡其尾。小狐狸始渡河之时，难免沾湿尾巴，而驾车渡河，曳其轮而不急于涉进，恐陷于深处，所以其行为适宜，没有过错。

王船山说："二欲升，而初以阳刚静镇于下制之不行，曳其轮也，初曳之，则二之尾濡而不得济，故虽为柔所乘而无咎，此奖阳以制阴之辞也。"

六二：妇丧其茀，勿逐，七日得。

《象》曰：七日得，以中道也。

【译文】

六二，妇女乘车时丢失了车上的遮蔽物，不要追寻，七天之内将失而复得。

《小象辞》说：七天之内将失而复得，因为六二履行的是中正之道。

【释辞】

茀：音扶（fú），车上的遮蔽，妇女乘车的遮帐。

【观象会意】

六二是阴爻，离为中女，有妇之象。上应九五之坎，坎为中男，六二是九五之妇。茀，是车后的遮蔽物，离中虚，有茀之象。坎为盗，是丧茀之象。震

466

为逐，六二居半震，是勿遂。"七日得"，程颐说："卦有六位，七则变矣。七日得，谓时变也。"

《小象辞》说："以中道也。"六二和九五相应，都在中道位置，二五之合为七。离为日，所以是"七日得"。从卦义来看，六二有文明中正之德，上面应合九五阳刚中正之君，应该实行自己的志向，所以六二有丧其茀之象。古时女子乘车必有遮蔽，丧其茀，车子就无法前行了，所以六二也不能前行应合九五。只有安静等待，时机到就可以行了。

王船山说："妇人之车有茀，所以蔽容貌而全其幽贞。六二杂于二阳之中而欲上行以济，无所敬忌，丧其茀则近于乱矣。"

九三：高宗伐鬼方，三年克之。小人勿用。
《象》曰：三年克之，惫也。

【译文】
九三，殷高宗征伐鬼方蛮夷，持续三年之久征服了鬼方，小人不可任用。
《小象辞》说：持续三年之久征服了鬼方，已经很疲惫了。

【释辞】
惫：音备（bèi），疲惫。

【观象会意】
离为戈兵，九三动变下卦为震，戈兵震动是征伐之象。鬼方，是北方的蛮夷部落。九三和上六应合，坎居北，故曰鬼方。坎又为隐伏，有鬼之象。九三动，中爻为坤，坤为方，所以说鬼方。高宗是殷高宗武丁，殷道中衰，高宗内理其国，以得民心，对外征伐远方，鬼方是北方少数民族，殷商时称为鬼方。周代称猃狁，汉代称匈奴。高宗中兴，振兴拨乱，自未济而既济，用了三年的时间而后克之。

《小象辞》以"惫也"，警戒穷兵黩武之人。坎为劳，故曰惫。居刚位，所以有伐国之象。然而坎险在前，难以速克，所以又有三年之象。离位居三，三又居人位，九三动变为坤爻，阴为小，是小人之象。中爻互艮，艮止，是勿用

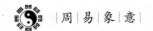

之象。

> 六四：繻有衣袽，终日戒。
>
> 《象》曰：终日戒，有所疑也。

【译文】

有丝织的好衣服，却穿着破旧衣服，整天戒备不安。

《小象辞》说：整天戒备不安，是心有疑虑啊。

【释辞】

繻：音如（rú）。《说文》："繻"，帛也。

【观象会意】

四爻变，中爻为乾，乾为衣，是衣之象。乾错坤，坤为帛，是繻之象。兑为毁折，是敝衣之象。袽，是破旧的衣服。繻有衣袽，是虽有丝绸的好衣服，却穿上破旧的衣服以自韬晦。离为日，坎为忧，故曰"终日戒"，是戒惧不安的意思。

六四当出离入坎之时，阴柔得正，知道既济之时要发生变革，坎险在前，有所疑惧，所以有好衣服不穿，穿上破旧衣服，是终日戒备之象，这是告诉占卜之人，只有这样做，方可以保持既济的局面。蔡元定说："既济过中，时已变矣。必须终日戒慎，则不至于终乱。"

> 九五：东邻杀牛，不如西邻之禴祭，实受其福。
>
> 《象》曰：东邻杀牛，不如西郊之时也。实受其福，吉大来也。

【译文】

九五，东边邻国杀牛来举行盛大的祭典，不如西边邻居按时举行的简朴微薄的祭祀，实际上蒙受了神灵赐予的福祐。

《小象辞》说：东邻杀牛举行祭典，不如西边邻居祭祀得天时啊。实际上得到了神灵赐予的神佑，更有大的吉祥。

【释辞】

禴：音月（yuè），夏季的祭祀，祭品菲薄。

【观象会意】

《仲氏易》：坎水与西金为伍，曰西邻，离火与东木为伍，曰东邻。杀牛者，东邻之离畜牛，遇坎刚而杀之以祭。上为宗庙。禴祭是夏祭。《本义》以为是文王与纣之事。毛奇龄说："其意似谓此四月克商之后，来祭周庙，向使在商，则时尚三月为春，春当郊祀，杀牛以祭，而今为周之四月，四月维夏，则禴祭矣。"

《象辞》意在告诫君王，天下久安则怠惰，颓败趋势已经形成，正向终极则乱转化。

上六：濡其首，厉。
《象》曰：濡其首，厉，何可久也？

【译文】

上六，小狐狸渡河时把头部浸入水中，有危险。

《小象辞》说：小狐狸渡河时把头部浸入水中，有危险，安定局面怎么可能维持长久？

【观象会意】

上六居既济之极，处坎险之上，而以阴柔处之，是狐涉水而濡其首之象。占卜之人，如不加戒备，是取危之道。《小象辞》说"何可久也"，点明既济之局面始吉而终乱。既济之极，正是终乱之始也，故有狐涉水而濡首之象。其首已淹没，占者的危险可以知道了。

程颐说："既济之终，小人处之，其败可立而须也。"

【易学通感】

既济卦内卦当方济之时，其身尚在艰苦奋斗、颠沛流离之中，所以有战兢惕厉的警戒之心。外卦已经脱离逆境，昔日苦难已事过境迁，所以不为戒惧。老子曰："祸兮福之所倚，福兮祸之所伏。"

变动不居，是《易》的精神，唯有变通，才可以保持长久。程颐说："天下事，不进则退，无一定之理，济之终，不退而止矣，无常止也，衰乱至矣。盖其道已穷极也，惟圣人为能通其变于未穷，不使至于极也。"胡瑗说："天下久治则人情苟安，万物易隳。故守盈守成之道，当宜至兢至谨，然后可以济。苟止于逸乐以为终安，乱斯至矣。此圣人深戒之辞也。"

未济　第六十四卦

离宫三世卦

未济 ䷿ 离上坎下
中爻坎离　　　【错】䷾ 既济　　　【综】䷾ 既济

【题解】

《序卦传》说："物不可穷也，故受之以未济终焉。"六十四卦发展到既济之一卦，事物似乎已经到了穷尽的地步，但是易学思维揭示了乾坤运动不能停息的道理，"物不可穷"，所以既济之后还有未济。未济卦，火在水上，火性炎上，水性润下，水火各遂其性，水火不相交，而不相为用。则水火不能化成万物，所以是未济。

未济卦是既济卦的综卦，爻位阴阳完全相反，既济卦表示前一过程的终结，而未济卦则预示了新过程的开始，是事物完成后的未完成。一个过程终止了，接着是下一个过程，生生不已，没有止境。宇宙间阴阳刚柔的交替消长是无穷无尽的，未济卦的主旨在于提示事物的成功只是暂时的或相对的，而未完成却是时时伴随着成功而存在的。

未济：亨，小狐汔济，濡其尾，无攸利。

【译文】

未济卦，亨通，小狐狸几乎要渡过河了，却沾湿了尾巴，没有什么好处。

《象》曰：未济，亨；柔得中也。小狐汔济，未出中也。濡其尾，无攸利；不续终也。虽不当位，刚柔应也。

【译文】

《彖辞》说：未济卦，亨通，六五爻居于中位，小狐狸几乎要渡过河了，却未能脱离坎险之中。被水沾湿了尾巴，没有什么好处，说明努力不能持续到底。卦中六爻居位均不适当，但阳刚和阴柔却能相应，互相支持配合。

《象》曰：火在水上，未济；君子以慎辨物居方。

【译文】

《大象辞》说：火炎上而居上，水润下而居下，不能相交，不能相济为用，是未济卦的象征。君子观此卦象受到启示，应该小心谨慎，辨别事物的物象物性，在同中求异，它们便各得其所，相济相成。

【释辞】

汔：音气（qì），几乎，快要。

【观象会意】

卦辞首言亨通，是说时间到了就亨通了，应该等待时机。坎为狐，狐性疑，属阴性，王船山说："合三阴而谓之小狐。"阴为小，故为小狐。未济卦下坎，三至五爻互坎，已进入外卦，而六五居中，是未出中也。三居互坎之下，恰有狐尾在坎水之象，所以说"汔济，濡其尾"。濡其尾，说的是至水中间深处，即沾湿了尾巴，而不能涉济过河了，这是未济的卦象。"无攸利"，是告诫占卜者的话。其意为未济的终点是必然渡过去，所以亨通。但是并非轻易地能渡过去得到亨通的。好比小狐狸，不考量水的深浅，只看见了水岸边的浅，以为必能济，到了水的深处，乃濡其尾而不能济了，如此轻率求济，能得到既济吗？占卜的人没有什么好处是当然的了。程颐说："小狐未能畏慎，故勇于济而不能济，无攸利也，言求济当致慎也。"

《彖辞》所说"不续终也"，是小狐济水有始无终，济水开始容易，到达彼岸就难了。渡过彼岸去是终。小狐狸未出中，是未出于险陷之中，终未渡过去，因为六爻失位，所以是未济。但是，从积极的方面说，六爻刚柔相应，可以互相支持，终有协力出险而成功，这是未济必得既济，这是亨通的原因。

《大象辞》所揭示的象意强调"辨物居方"，是使万物各得其所。有先辨物后交通，辨物是以正物之体，交通是以致其用，未济卦中有既济之象。天地交而万物生。《系辞传》说："方以类聚，物以群分。"未济卦，离卦变乾居上卦，坎卦变坤卦居下卦，是上下各居其所，这是天道的自然。君子应当效法天道，慎辨其物，使之物以群分，慎居其方，使之方以类聚，这是人类社会的正道。物居何方，应当随物种的属性和功效而处之，因其所宜，各居其所，慎于辨时，就明智。慎重地选择居处，所居就会适宜。以之喻人，普天下之人，各有其独自性情，知道了差别，才可以发挥各自所长，才可以求同而存异。

初六：濡其尾，吝。
《象》曰：濡其尾，亦不知极也。

【译文】

初六，小狐狸渡河时沾湿了尾巴，有所遗憾。
《小象辞》说：沾湿了尾巴，因为不知道终点在哪里。

【观象会意】

初六居卦下，卦下为尾，前陷坎水以濡之。狐狸渡水，必竖起尾巴，济水时，尾巴在上，初六阴柔陷于坎下，上应九四，处于险则不安其居，上有所应则遽能前往，不量度自己的力量犯险渡水，泅渡时，力不足竖起尾巴，以至于浸湿其尾，终不能游到彼岸，是取吝之道。张振渊说："事必善始，而后可善其用于终，初所以致尾之濡，不是时不可为，心不知敬慎故耳。"程颐说："不度其才而力进，至于濡尾，是不知之极也。"

九二：曳其轮，贞吉。
《象》曰：九二贞吉，中以行正也。

【译文】

九二，向后拖拉车轮，不轻易冒进，守正吉祥。
《小象辞》说：九二守正吉祥，是居于中位又前往正道。

【观象会意】

坎为轮，两阴夹阳，有轮之象。曳其轮，是不冒然而济，凡济水首先要认识自己的能力，考量水的深浅，不急于前进，方可得济，如果不这样做，必将濡其尾了。贞吉，是掌握了济水的正道，终可以涉济了。九二阳刚居中，是力可以担当涉济的人，然而身处坎陷之中，不可以有大作为，所以"曳其轮"。不敢轻易前进，应待时而动，才是济的正道。如果不量时度力，而勇于赴难，则会失败。程颐说："倒曳其轮，杀其势，缓其进，戒用刚之过也。"

六三：未济，征凶。利涉大川。

《象》曰：未济，征凶。位不当也。

【译文】

六三，没有渡河，急于征伐必有凶险。利于涉越大河以脱离险难。

《小象辞》说：没有渡河，急于征伐必有凶险。因为六三阴居阳位不适当。

【观象会意】

三居下坎之上，将走出坎险，有渡河的条件，但是阴柔才力不足以济河，所以爻辞说未济，前往必凶。有利条件是六三上应合阳刚，又处互离之中，离为舟，舟浮坎水之上，六三发动，变卦为巽，木在水上，乘木有功，故利涉大川。初六，濡其尾，是行而未济。九二，曳其轮，是止而不行。到了六三处坎水之极，上又是互坎，是水的最深处，所以要凭借木舟以渡，才可以过去。六三阴柔不中正，当未济之时，才德都不足以担、当济河重任，所以征凶。然而困难和机会并存，未济之时有必济之道，六三上有阳刚的应合，如果能涉险而往，用木舟渡河就会既济。

爻辞说征凶，利涉大川，似乎前后矛盾，所以朱熹认为利涉大川之前应该脱落了一个"不"字，即不利涉大川。因为征凶，则不能利涉。《周易本义》解释爻辞说："行者可以水浮，不可以陆走。"把征凶解释为走旱路。但未济卦说的是济水，和陆地行走搭不上。所以拙意以为，爻辞所指的"征凶"，是指"暴虎冯河"一类，即游过对岸去，初六"濡其尾"即是。而利涉大川，是乘木有功，赖舟以济方可到达彼岸。《小象辞》指出"位不当也"，是六三阴居阳位，论能力不足以游过江河。

九四：贞吉，悔亡，震用伐鬼方，三年有赏于大国。
《象》曰：贞吉，悔亡，志行也。

【译文】

九四，占卜吉利，悔恨消失。用雷霆万钧之势征伐鬼方蛮夷，经过三年奋战，取得胜利，被封赏为大国诸侯。

《小象辞》说：占卜吉利，悔恨消失，是志向得以实现。

【观象会意】

未济和既济是综卦，所以九四爻辞和既济九三相同。此爻以阳居阴位，是应当有悔。然而九四走出下坎，进入上离，离为文明，有阳刚之才，文明之德，是能实践济险的人。此爻用于政治，九四以刚居柔，柔顺是臣顺从君上，阳刚是臣的才干，上面接近虚中文明君主，四爻动，中爻为震，雷霆震动，离为戈兵，乘坎，坎居北，为鬼方，坎为盗，故有攻伐之象，离数三，所以是三年，四接近六五君主，所以有伐鬼方之功受赏于君王，说"大国"，离卦得坤之阴爻，坤为大国。《小象辞》的说"志行也"，九四居位本来不正，变动有震象，震动威猛能奋其志，故其志得行。

六五：贞吉，无悔，君子之光，有孚，吉。
《象》曰：君子之光，其晖吉也。

【译文】

六五，守正吉祥，没有悔恨。君子的光辉、德泽施及百姓，以诚信感动人，必得吉祥。

《小象辞》说：君子的光辉带来吉祥，普及于天下。

【观象会意】

离为日光，晖，是阳光的散布。六五居离中，有中德又文明，故称君子。六五是文明之主，以柔居刚而履中位，安其位而知止，所以得正而吉，才能无悔。六五处阴阳交杂之世，独能虚其中以附丽于二阳之间，能显示出文明之质，虽然不称大人，而为君子之光，下应九二，故曰有孚。六五虚心以求九二共济，所以是贞吉无悔。从六五自身是光辉发散，对于他人则诚意相孚，占卜者有这种道德，当然是吉祥的了。

上九：有孚于饮酒，无咎，濡其首，有孚失是。
《象》曰：饮酒濡首，亦不知节也。

【译文】

上九，在饮酒中讲诚信，没有过错。但饮酒过度，像头部被浸泡在酒里一样，虽有诚信却没有用在正道。

《小象辞》说：沉溺于饮酒享乐，像头部被浸泡在酒里一样，也太不知道节制了。

【观象会意】

上九与六三是阴阳相孚。全卦六爻都有应合，也是有孚。坎为酒，为饮食。上是兑口之位，离卦以一阳填之，有饮酒之象。本卦下坎，中爻又互坎，上九下履重坎，所以说有孚饮酒，下有应合故无咎。谁濡其首？从卦象来看，应当是六三，坎水到了六三，是水的极深处，上又互坎，所以涉水的人必将濡其首，既济卦的六上也是濡其首，两卦互为综卦，既济的上六即未济卦的六三，也是濡其首。

上九处未济之终，沉溺于酒，何也？从全卦看来，六五是未济之主，应援九二的刚中，三爻涉川，四爻伐国，到了六五光辉发散，似乎已经完成涉济之功了。上九阳刚君子，有才而不当位，与六三相应又没有可济时的政治资本，只能和六三有孚在饮酒上，乐天顺命，以等待可济之时，和六三同濡其首，这种孚信，当然失节了，失在过度饮酒上，丘富国说："既言饮酒之无咎，复言饮酒濡首之失何也？盖饮酒可也，耽欲而至于濡首，则昔之有孚者，今失于是矣。"

【易学通感】

人生如渡河，暂时未渡过，终有渡过之时，所以未济卦前景是亨通的。其一，世间万事成于练达而毁于轻率，所以卦辞以小狐狸渡河取象。君子观看火在水上之象，而知道未济之意，体会未济之象，慎重地辨析未济的原因，找出既济的方法。即使万物各得其所，阴阳二气交感而事事通畅，世上任何巨流大川都可以渡过去。其二，未济和既济两卦之终，都以濡首而告诫，是凡事要惧以终始，人生最重要的是不犯错误。这就是《周易》所阐述之道：得济于始者，必乱于终；乱于始者，必济于终。这是天理之道，事物发展的必然规律。项平庵说："坎离者，乾坤之用也。故上经终于坎离，下经终于既济、未济也。"

系辞传

【题解】

《系辞传》是十翼之一。十翼是孔子研究解读《易经》的十篇著作，合称为《易传》，是《周易》的重要组成部分。《系辞传》是系在《易经》之后的《易经》通论，分上下两篇。孔子在《系辞传》中着力揭示《周易》所包含的哲学意蕴和象数的社会功用，从而奠定了《周易》后来被儒家奉为群经之首的学术地位。《系辞传》是打开易经密码的一把钥匙。在研究《周易》的作用上，与《易经》互为表里，如果不深入研究《系辞传》，则不明白卦意；反之，不熟悉六十四卦，也读不懂《系辞传》。

上 篇

第一章

天尊地卑，乾坤定矣。卑高以陈，贵贱位矣。动静有常，刚柔断矣。方以类聚，物以群分，吉凶生矣。在天成象，在地成形，变化见矣。

是故刚柔相摩，八卦相荡，鼓之以雷霆，润之以风雨；日月运行，一寒一暑。

乾道成男，坤道成女。乾知大始，坤作成物。

乾以易知，坤以简能。易则易知，简则易从。易知则有亲，易从则有功。有亲则可久，有功则可大。可久则贤人之德，可大则贤人之业。易简而天下之理得矣。天下之理得，而成位乎其中矣。

【译文】

天体在上而尊贵，大地在下而谦卑，乾坤的地位就确定了。低和高的陈列在一起，贵和贱的位次得到确立。动与静有常态，刚和柔就有了判断依据。大地上的万物以类相聚，以物种分群，吉凶就产生了。天上的日月星辰陈列成象，大地的山川泽火成就形体，变化也就出现了。

所以刚柔相互撞击，八卦相互鼓荡。以雷霆之势鼓动万物，以风雨滋润万物；日月运行照临万物，寒暑交替生成万物。

乾道变化为男，坤道化生为女。乾道主宰万物的创始，坤道育成万物。

乾以其简易而有智慧，坤因为简约而富有能力。简易则容易知晓，简约则便于顺从。容易知晓人们就愿意亲近，便于顺从就会取得功效。有人亲近就能保持天道的长久，取得功效就可以壮大。可以长久是贤人的品德，可以壮大是贤人的事业。掌握了易简，就能懂得天下一切事物的道理。领悟了天下事物变化的道理，便可以为天地立心而有圣贤的位置了。

【释辞】

大：音太（tài），同"太"。

【提要】

第一章谈天地为《易》之原，总叙乾坤大义。通过阴阳刚柔的摩荡而产生无穷的变化，进而确立人在天地中的地位，揭示出《易》的精髓是平易而简单。

第二章

圣人设卦观象，系辞焉而明吉凶，刚柔相推而生变化。是故吉凶者，失得之象也；悔吝者，忧虞之象也；变化者，进退之象也；刚柔者，昼夜之象也。六爻之动，三极之道也。

是故君子所居而安者，《易》之序也；所乐而玩者，爻之辞也。是故君子居则观其象而玩其辞，动则观其变而玩其占。是以自天佑之，吉无不利。

【译文】

伏羲画八卦，观察宇宙万象，文王、周公作卦爻辞，说明吉凶，刚柔相互推移而产生变化。因此吉和凶，是成功与失败的象征；悔和吝，是表示忧愁和顾虑的象征；由吉变凶，由凶变吉，是进退的现象；刚柔的变化，是昼夜交替的象征。易卦六爻的发动，体现了天道、地道、人道三极的变化。

所以君子安居的时候，按《易经》给出的次序行事；君子乐此不疲的是卦爻辞。所以君子静处的时候，就要观看《易经》的卦象，而玩味它的卦辞。有所行动的时候，就要观看卦的变化，玩味占断的语词，以趋吉避凶。所以，能得到天的佑助，吉祥如意，无往而不利。

【提要】

说明《易经》以简易的符号变化，概括了天、地、人的三才之道。指示学《易》的途径：因时应变，避凶趋吉。朱熹说："言圣人作易，君子学易之事。"

第三章

象者，言乎象者也；爻者，言乎变者也。吉凶者，言乎其失得也；悔吝者，言乎其小疵也。无咎者，善补过也。

是故列贵贱者存乎位，齐小大者存乎卦，辩吉凶者存乎辞，忧悔吝者存乎介，震无咎者存乎悔。

是故卦有小大，辞有险易。辞也者，各指其所之。

【译文】

象辞是解说一卦的整体象征的；爻辞是说明阴阳微妙变化的。吉凶，是说明失去和得到；悔吝，是说有小毛病。无咎，就是善于补过。

因此，排列事物的贵贱在于爻位，衡量事物的大小存在于卦体之中，辨明吉凶存在于卦爻辞之中，忧虑、悔恨、吝惜的区别非常细微，行动没有过错在于善于改过。

所以卦有大小之分，辞语有凶险和平安的区别。卦爻辞的作用，是分别指明卦象和爻象的含义。

【释辞】

疵：音吃（cī），毛病。

【提要】

本章解释卦爻象辞的通例，强调易理对人的指导作用，指示学《易》者体察避凶的方法。

<h1 style="text-align:center">第四章</h1>

《易》与天地准，故能弥纶天地之道。

仰以观于天文，俯以察于地理，是故知幽明之故。原始反终，故知死生之说。精气为物，游魂为变，是故知鬼神之情状。

与天地相似，故不违。知周乎万物，而道济天下，故不过。旁行而不流，乐天知命，故不忧。安土敦乎仁，故能爱。范围天地之化而不过，曲成万物而不遗，通乎昼夜之道而知，故神无方而《易》无体。

【译文】

易象以天地为准绳，因此能统筹天地的道理。

仰头向上观察天文，俯身考察地理，可以知道光明和黑暗的缘故。追溯万物的原始，所以能知晓生存和死亡的规律。精气的聚合化生成万物，灵魂游离于形体发生变化因此可知鬼神的情状。

《周易》以天地为依据，所以不会违背天地阴阳变化的规律。《周易》的智慧遍及万物，能以阐明的易道救助天下，所以不会出现失误。正道直行而不放任自流，乐于接受天命的法则，所以不会忧愁。安于本土，厚施仁德，自然能博爱万物众生。包罗天地万物的变化而不超越，间接地成就万物而无所遗漏，通晓白天和黑夜的阴阳变化之道而具备大智慧，因此神明的变化没有定型而《周易》的变化也不拘于一体。

【释辞】

知：音智（zhì），同"智"，智慧。

【提要】

第四章可分为三层：第一层阐述易的广泛应用；第二层赞美掌握易道的益处；第三层谈易道的广大。

第五章

一阴一阳之谓道，继之者善也，成之者性也。仁者见之谓之仁，知者见之谓之知，百姓日用而不知，故君子之道鲜矣！

显诸仁，藏诸用，鼓万物而不与圣人同忧，盛德大业至矣哉！

富有之谓大业，日新之谓盛德。生生之谓易，成象之谓乾，效法之谓坤，极数知来之谓占，通变之谓事，阴阳不测之谓神。

【译文】

一阴一阳的结合叫作道，继承它了就是善，固定下来就是性。仁爱的人见到易道便说是仁，智慧的人见到易道便说是智，百姓每天在应用却不认识它，因此君子的易道，普通人能理解的就少了。

易道显现于生育万物的普遍人心，而不显露于具体的应用，易道鼓动万物促成化育，而不像圣人那样日夜忧虑，易道的盛大德行和业绩尽善尽美啊！

天地包括一切无比富有，这叫大业。圣德就是日新。生生不息就是易，铸成万象的叫作乾，效法天的功能的叫作坤，把象术算得穷尽了就称作占，通晓阴阳的变化就叫作筮，阴阳变化难以揣测的就叫作神明。

【释辞】

鲜：音显（xiǎn），少。

【提要】

第五章论述："一阴一阳之谓道"，指出《易》的精神就是生生不已。

第六章

夫《易》广矣大矣！以言乎远则不御，以言乎迩则静而正，以言乎天地之间则备矣。夫乾，其静也专，其动也直，是以大生焉。夫坤，其静也翕，其动也辟，是以广生焉。广大配天地，变通配四时，阴阳之义配日月，易简之善配至德。

【译文】

《易经》广大无边啊！以远来说没有止境，以近而言则静默于前可以验证，说到天地之间则无所不在。乾，静止时是圆的，运动时是直的。因此生成大宇宙。坤，静止时是闭合的，运动时是开放的，所以能广生万物。乾大坤广，可以配合天地，变通以事实相匹配，阴阳转化的规律与日月运行相匹配，易理的简易匹配于至大的品德。

【释辞】

迩：近。

正：通"证"，证明。

专：音团（tuán），通"抟"，圆。

翕：合，闭。

辟：开，打开。

【提要】

这一章盛赞乾坤所象征的易道广大，指出它的价值和功用。

第七章

子曰："《易》，其至矣乎！夫《易》，圣人所以崇德而广业也。知崇礼卑。崇效天，卑法地。天地设位而《易》行乎其中矣！成性存存，道义之门。"

【译文】

孔子说："《易经》的价值达到极点了。古之圣人用它来崇尚道德，开拓事业。智慧要崇高，礼节要谦卑。崇高效法天体，谦卑效法于大地。天地设立了上下之位，易道就流行于天地之间了！不断累积善良的本性，就进入了道义的门户。"

【提要】

第七章强调易学在道德修养和建功立业上的价值和应用。

第八章

圣人有以见天下之赜，而拟诸其形容，象其物宜，是故谓之象。圣人有以见天下之动，而观其会通，以行其典礼，系辞焉以断其吉凶，是故谓之爻。言天下之至赜而不可恶也，言天下之至动而不可乱也。拟之而后言，议之而后动，拟议以成其变化。

"鸣鹤在阴，其子和之。我有好爵，吾与尔靡之。"子曰："君子居其室，出其言善，则千里之外应之，况其迩者乎？居其室，出其言不善，则千里之外违之，况其迩者乎？言出乎身，加乎民；行发乎迩，见乎远。言行，君子之枢机。枢机之发，荣辱之主也。言行，君子之所以动天地也，可不慎乎！"

"《同人》，先号咷而后笑。"子曰："君子之道，或出或处，或默或语。二人同心，其利断金。同心之言，其臭如兰。"

"初六，藉用白茅，无咎。"子曰："苟错诸地而可矣，藉之用茅，何咎之有？慎之至也。夫茅之为物薄，而用可重也。慎斯术也以往，其无所失矣！"

"劳谦，君子有终，吉。"子曰："劳而不伐，有功而不德，厚之至也。语以其功下人者也。德言盛，礼言恭；谦也者，致恭以存其位者也。"

"亢龙有悔。"子曰："贵而无位，高而无民，贤人在下，位而无辅，是以动而有悔也。"

"不出户庭，无咎。"子曰："乱之所生也，则言语以为阶。君不密则失臣，臣不密则失身，几事不密则害成。是以君子慎密而不出也。"

子曰："作《易》者，其知盗乎！《易》曰：'负且乘，致寇至。'负也者，小人之事也；乘也者，君子之器也。小人而乘君子之器，盗思夺之矣；上慢下暴，盗思伐之矣。慢藏诲盗，冶容诲淫。《易》曰：'负且乘，致寇至。'盗之招也。"

【译文】

圣人察看天下幽深的道理，模拟它的形貌，象征了万物应有的性情，所以称之为卦象。圣人观察万物的运动情况，看到阴阳会合，上下交通的情况，遵循它的规范，用文字来判断它的吉凶，因此叫作爻。说明天下最深奥的道理不会使人厌烦，说明天下极致的运动不会引起混乱。模拟之后再发为言辞，议论而后再行动，模拟和行动以把握事物的变化。

"鹤在林阴处鸣叫，小鹤应和着它。我有好酒，愿与你同杯共饮，一醉方休。"孔子说："君子在家里说出有益的话，千里之外也会得到共鸣，何况近在身边的人呢？如果君子在家里说出有害的话，千里之外的人都会背弃他，何况近处的人呢？言论从自己口中发出，影响及于百姓，虽然行为发生于近处，但影响却及很远。说话和行动是君子处事的关键，关键一旦发动，荣誉和耻辱也就决定了。言论和行动是君子能感动天地的关键，难道能不小心谨慎吗？"

"同人卦先号叫涕哭，后来破涕为笑。"孔子说："君子处事的法则，或是出行或是闲居，或是沉默或是谈论，两个人能同心协力，他们的力量就能切断金属，心志相同的语言，气味就同兰花一样芳香。"

"初六：用白茅垫衬祭品，没有过错。"孔子说："只要放在地上就可以了，用白茅垫着那还能有什么过错？慎重到极点了。白茅这东西很平常，这样一用价值就贵重了，按照慎重小心之道行事，那就不会有什么过失了。"

"有功劳又保持谦虚，君子善始善终，吉祥。"孔子说："有功劳而不夸耀，有功德而不自居，这是忠厚到极点了。说他有功劳还能甘心居于众人之下。品德讲究盛大，礼仪讲究恭敬。所谓谦虚，能致于恭敬以保存他应有的地位。"

"亢龙有悔。"孔子说："高贵而没有位子，身居高处却得不到民心，贤人在下面而得不到帮助，所以行动就有悔恨。"

"不出门庭没有过失。"孔子说："祸乱所以产生，是以语言为阶梯的。君王说话不慎密，就会失去臣下，臣子说话不慎密，就会招来杀身之祸，机密之事不慎密，就会妨碍成功。所以君子说话不能随便出口。"

孔子说："《易经》的作者大概知道盗贼的心理吧！《易经》说：'背负财物却乘坐车辆，会导致盗贼来抢劫。'背负财物是奴仆做的事，乘坐的车辆是君子的器物。以小人之身而乘坐君子之车，盗贼当然来抢劫。在上位的怠慢，在下位的暴戾，盗贼便乘机来攻伐夺取了。收藏财物不隐秘，是教诲盗贼来偷取，女子打扮太妖艳，会招致歹徒淫乱。《易经》说：'负且乘，致寇至。'盗贼是自己招来的。"

【释辞】

赜：音责（zé），幽深。

486

臭：音秀（xiù），同"嗅"，气味。

藉：音界（jiè），衬垫。

【提要】

这一章指出"卦"的创造原理是模拟物的形象，从中提炼出常理进行比拟。"爻"是议论物的变化。举七则爻辞为例，谈君子运用《周易》应当拟议而后行之，就会慎重而无过失。拟议的效用，在于谨言慎行。

第九章

天一，地二，天三，地四，天五，地六，天七，地八，天九，地十。天数五，地数五，五位相得而各有合。天数二十有五，地数三十，凡天地之数五十有五，此所以成变化而行鬼神也。

大衍之数五十，其用四十有九。分而为二以象两，挂一以象三，揲之以四以象四时，归奇于扐以象闰；五岁再闰，故再扐而后挂。

乾之策，二百一十有六；坤之策，百四十有四。凡三百有六十，当期之日。二篇之策，万有一千五百二十，当万物之数也。是故四营而成《易》，十有八变而成卦，八卦而小成。引而伸之，触类而长之，天下之能事毕矣。

显道神德行，是故可与酬酢，可与佑神矣。子曰："知变化之道者，其知神之所为乎！"

【译文】

天数一，地数二，天数三，地数四，天数五，地数六，天数七，地数八，天数九，地数十。天有五奇数，地有五偶数，累计分别而有合数。天数累计为二十五，地数累计为三十，总计天地数为五十五，这些数字可以推衍出阴阳消长的变化和察看鬼神的情状。

用五十根蓍草推衍天地间的变化，只用其中的四十九根。任意将四十九根蓍草分在两只手里，一分为二，以象两仪；从右手蓍草中任取一根置于左手小指间，以象天地人三才；把左右手之蓍草，以四为一组数之象征四时；归置两手所余之数于手指之间以象余日而成闰月。五年中有两次闰月，再一次归剩下蓍草于手指间。天数五位，地数五位，天地之数五位各自相加而有和。天数和为二十五，地数和为三十。天地之数总和为五十五，如此就能生成蓍数变化而能通达天地鬼神了。

乾卦策数为二百一十六；坤的策数为一百四十四。乾与坤的策数共为三百六十，正好与一年天数相当。《易经》上下两篇策数为一万一千五百二十，正好与万物之数相当。经过四个步骤的演算而成卦的一爻，经过十八次的变化而形成一卦，八经卦经过九次变化而成，因而称作小成。引申到同类而加以扩展，天下可以做的事便囊括在其中了。彰显道理完善德行，就可以应对万事，就可以协助神力。孔子说："知晓变化道理的人，大概也知道神的作为了吧！"

【释辞】

揲：音舌（shé），抽取。

扐：音乐（lè），夹在手指间。

期：音机（jī），一年。

酬酢：回敬人酒，这里指应对。酢，音作（zuò）。

【提要】

第九章论述《易经》的占筮方法是"揲蓍求卦"。《周易》的创作是立足于"象"，周易的筮法则侧重于"数"。象数与天、地、人和万物之道相对应，就可以沟通天地和鬼神了。

第十章

《易》有圣人之道四焉：以言者尚其辞，以动者尚其变，以制器者尚其象，以卜筮者尚其占。

是以君子将有为也，将有行也，问焉而以言，其受命也如响。无有远近幽深，遂知来物。非天下之至精，其孰能与于此！参伍以变，错综其数：通其变，遂成天地之文；极其数，遂定天下之象。非天下之至变，其孰能与于此！《易》无思也，无为也，寂然不动，感而遂通天下之故。非天下之至神，其孰能与于此！夫《易》，圣人之所以极深而研几也。唯深也，故能通天下之志；唯几也，故能成天下之务；唯神也，故不疾而速，不行而至。子曰："《易》有圣人之道四焉"者，此之谓也。

【译文】

《易经》包含圣人之道有四个方面：用于说明事理，重视卦爻辞，用于指导行动，重视阴阳的变化；用来制造器物，要参考各种卦象，用来进行卜筮要注重它的筮法。所以君子将有所作为，有所行动，都要以卦爻辞为准绳进行占问，它依人之所问给予回答。不管遥远和眼前的事，或深奥玄妙的事，都能知道未来的吉凶。如果不是天下最精微的著作，怎能达到这种地步！三五推衍变化，交错综合蓍草之数：通达了它的变化，就可表现天地的文采；穷尽了它的变化，就能定出象征天地万物的卦象。如果不是天下最为复杂的变化，又怎能达到此地步！《易经》本身无所思虑，无所作为，寂静没有行动，只要有所感应，即能贯通天下万事万物之理。如果不是天下最为神妙的东西，谁能做到这些呢！《易经》是圣人用来探究深奥，研究微妙的凭借。正因为它幽深，所以能开通天下的心志；正因为它微妙，所以能成就天下的事务；正因为它神奇，所以表面不显急速，其实却很迅速，未看见它行走，却已经到达。孔子所说："《易》有圣人之道四焉"，说的就是这些。

【释辞】

几：音机（jī），事物发展的苗头。

【提要】

这一章介绍《易经》的四种应用方法：指导言论的崇尚文辞；指导行动的

崇尚变化；指导制作器物的崇尚卦爻象征；指导决疑的崇尚占筮原理。

第十一章

　　子曰：“夫《易》何为者也？夫《易》，开物成务，冒天下之道，如斯而已者也。”是故圣人以通天下之志，以定天下之业，以断天下之疑。是故著之德圆而神，卦之德方以知，六爻之义易以贡。圣人以此洗心，退藏于密，吉凶与民同患。神以知来，知以藏往，其孰能与于此哉？古之聪明睿知、神武而不杀者夫。是以明于天之道，而察于民之故，是兴神物以前民用。圣人以此齐戒，以神明其德夫。是故阖户谓之坤，辟户谓之乾；一阖一辟谓之变，往来不穷谓之通；见乃谓之象，形乃谓之器；制而用之谓之法，利用出入、民咸用之谓之神。

　　是故《易》有太极，是生两仪。两仪生四象，四象生八卦，八卦定吉凶，吉凶生大业。是故法象莫大乎天地，变通莫大乎四时，县象著明莫大乎日月，崇高莫大乎富贵。备物致用，立成器以为天下利，莫大乎圣人。探赜索隐，钩深致远，以定天下之吉凶，成天下之亹亹者，莫大乎著龟。是故天生神物，圣人则之；天地变化，圣人效之；天垂象，见吉凶，圣人象之。河出图，洛出书，圣人则之。《易》有四象，所以示也。系辞焉，所以告也，定之以吉凶，所以断也。

【译文】

　　孔子说：“《易经》为什么而制作？《易经》是用来开启智，成就事物，包容天下的道理，不过如此罢了。”所以圣人用《易经》来汇通天下人的心志，确定天下人事业，决断天下人的疑惑。因此，著数的性质圆通而神奇，卦体的性质方正而智慧，六爻的意义通过变化告人以吉凶。圣人用这三种功能洗涤思虑，藏于秘静之处，便能与百姓同吉凶，共忧乐。蓍草神明可预知未来，卦中有智慧包藏着以往的经验，谁能达到这种境界？这是古来聪明智慧、神武而不进行杀戮的圣人啊！这种神明的古之圣人能掌握天道的规律，又能考察百姓的情况，便能创造出神奇的占筮之法，在百姓行动之前给予指导。后世的圣人用《易经》来洗心和斋戒，从而加强修养，以提高神明的智慧。因此，闭合门户黑暗守静叫作"坤"，打开门户阳光开放叫作"乾"；门的开合象征阴阳运动叫作"变"；一往一来，对立转化，往来无穷尽的叫作"通"，可以显现的叫作"象"，象定了型就成为"器物"；依象制作而使用就叫作"效法"，成为大家遵守的法则，器物反复，百姓每天都在运用它，却不知道来历和经过，这种情况叫作"神"。

因此《易经》从太极开始，太极产生阴阳二气，阴阳二气产生老阳、老阴、少阳、少阴四象，从而八卦可以断定吉凶，知道趋吉避凶就可以完成大事业。因此，能够取法的形象没有比天地更伟大的了，变化通达没有超过一年四季的，形象高悬，彰明昭著没有超过日月的，地位尊崇没有超过帝王的。备好各种器物以供天下人使用，创造各种器具以利天下百姓没有比古代圣人更伟大的了。探求复杂的现象，寻索幽深的事理，钩取深奥的法则，推及远大的目标，从而判定天下事物的吉凶趋向，以促成天下众生勤勉奋进的，没有超过用蓍草、龟甲进行的占卜。因此，上天生出蓍草、龟甲这类神灵的物质，圣人用之以为法则；天地昼夜四时的变化，圣人效法它建立历法；天空悬垂日月星辰，阴晴盈亏之象以告示人以吉凶之兆，圣人仿效它，定出吉凶悔吝之辞。黄河中出现河图，洛水中隐现洛书，圣人得以取法它们。《易经》从四方面取象，用来昭示人群。在卦爻之后辅上辞句，用来告知人民行动准则，判断未来吉凶，是为了排除疑惑作出决断。

【释辞】

齐：音斋（zhāi），同"斋"，古人在祭祀和其他典礼前整洁身心，以示虔敬。

县：音玄（xuán），挂。

亹亹：音伟（wěi），勤勉的样子。

【提要】

这一章重点阐述《易经》的卜筮作用和神奇。《易经》的占筮原理，是从宇宙的形成和变化得到启发的。

第十二章

《易》曰："自天佑之，吉无不利。"子曰："佑者，助也。天之所助者顺也，人之所助者信也。履信思乎顺，又以尚贤也，是以'自天佑之，吉无不利'也。"

子曰："书不尽言，言不尽意。"然则圣人之意，其不可见乎？子曰："圣人立象以尽意，设卦以尽情伪，系辞焉以尽其言，变而通之以尽利，鼓之舞之以尽神。"

乾坤，其《易》之缊邪！乾坤成列，而《易》立乎其中矣。乾坤毁，则无以见《易》。《易》不可见，则乾坤或几乎息矣。是故形而上者谓之道，形而下者谓之器，化而裁之谓之变，推而行之谓之通，举而错之天下之民谓之事业。是故夫象，圣人有以见天下之赜，而拟诸其形容，象其物宜，是故谓之象。圣人有以见天下之动，而观其会通，以行其典礼，系辞焉以断其吉凶，是故谓之爻。极天下之赜者存乎卦，鼓天下之动者存乎辞，化而裁之存乎变，推而行之存乎通，神而明之存乎其人，默而成之，不言而信，存乎德行。

【译文】

《易经》说来自上天的佑助，吉祥，没有什么不利的。孔子说："佑，就是帮助啊！天所帮助的是顺从天道的人，人所愿意帮助的是诚信的人，行为上恪守诚信，思想上顺从天道，又尊重贤能，这样就会得到上天的佑助，吉祥而没有过错。"

孔子说："文字不能完全传达语言，语言也不能完全表达出思想。"如此说来圣人心中的思想就不可以了解到吗？孔子说："圣人创造卦象，用符号来反映难以言传的思想，又设置六十四卦，来尽量显示人情的真伪，附上文字以尽量表达想要告诉人们的话，又变化融会三百八十四爻使相交通，以尽天下之利，使天下百姓受到鼓舞，发挥易理的神明作用。"

乾坤两卦是《易经》的深刻意蕴之所在，乾坤成为并列之卦，易道就确立在其中了。乾坤的序列被破坏，易道也就不存在了。易道不可见，天地阴阳化育之功就差不多止息了。所以超出形体之上的称作道，具有形象而居之于下的称作器，道与器互相转化又互相制约称作变，推广而又能运行的叫作通，有所举措安置天下民众的又称作事业，所以这个象是圣人看到了天下的奥妙，从而模拟它的形态容貌，象征物所适宜，所以称为象，圣人看到了天下的运动，从而研究它的关键，执行它的常规，附上文字用以断定它的吉凶，所以称为爻。能够极尽天下奥妙的存在于卦，鼓舞天下人的行动的是卦爻辞。能够演化并从而裁断的就在于变，能够推动而运行的就在于通，对于事物的神妙变化能够明察并发挥其效用在于具体的人。默默地领会而又成竹在胸，不说话就能取信于人，取决于个人的德行修养。

【释辞】

缊：音蕴（yùn），深奥。

邪：音爷（yé），句末语气词。

【提要】

第十二章前面一部分以"圣人立象以尽意，设卦以尽情伪"，说明《易》的本质是以象征的方法显示语言无法传达的思想，所以能充分反映事物的变化和人的情意。而后谈用《易》之妙在于得意忘象。在于从道与器、变和通的关系去指导天下民众开创伟大的事业。能将易道推而行之的人，道德标准是第一位的。

下 篇

从朱熹《周易本义》分为十二章。

第一章

八卦成列，象在其中矣；因而重之，爻在其中矣；刚柔相推，变在其中矣；系辞焉而命之，动在其中矣。

【译文】

把三画的八经卦排列起来，象征就在其中了；于是重叠为六画卦，六爻的位置就在其中了；刚柔二爻相互推移，阴阳的变化就在其中了；给卦爻写上辞句说明吉凶，变动也就在其中了。

吉凶悔吝者，生乎动者也；刚柔者，立本者也；变通者，趣时者也。吉凶者，贞胜者也；天地之道，贞观者也；日月之道，贞明者也；天下之动，贞夫一者也。

【译文】

吉凶悔吝，都产生在六爻的变动之中；阳刚阴柔，确立了立卦和变动之本；变化和会通，都是适应形势与时俱进的。吉凶的出现和转移，是谁处正位谁就胜利；天地运行的道理，把得正位者显示于人观看；日月按轨道运行，它的光辉照耀着正道；天下所有的变动，总是一方居于正位。

【释辞】

趣：音屈（qū），趋向。

夫乾确然，示人易矣；夫坤隤然，示人简矣。爻也者，效此者也；象也者，像此者也。爻象动乎内，吉凶见乎外；功业见乎变，圣人之情见乎辞。

【译文】

天道刚健,示人以简易的道理。地道柔顺,示人以简约的道理。所谓爻,是仿效乾坤所显示的道理。所谓的象,就是象征着天地间的变化。爻象运动于卦内,吉和凶表现于卦外。功绩和事业体现于变通。圣人的思想感情体现于卦爻辞之中。

【释辞】

陨然:陨,音颓(tuí)。柔顺的样子。

天地之大德曰生,圣人之大宝曰位。何以守位?曰仁。何以聚人?曰财。理财、正辞、禁民为非,曰义。

【译文】

天地最伟大的德行是化生万物,圣人最宝贵的就是地位。如何保持地位?就要对百姓仁爱。如何凝聚人心?要善用财富。善于理财致富、端正言辞、禁止民众为非作歹,就叫作义。

【提要】

本章承上启下,重申刚柔吉凶之变和易简的道理。告诫治国者要保住大位,必须变通趋势,施行仁政,理财聚民。

第二章

古者包牺氏之王天下也,仰则观象于天,俯则观法于地,观鸟兽之文,与地之宜,近取诸身,远取诸物,于是始作八卦,以通神明之德,以类万物之情。作结绳而为罔罟,以佃以渔,盖取诸离。

【译文】

古时候伏羲氏治理天下,抬头观察天上的日月星辰,俯瞰大地上的山脉川泽、地理形貌，察看鸟兽羽毛的花纹，以及适应地上生长的草木，近处取法人体的部位和器官，远的就模仿外物的形状，于是开始创造八卦，用以贯通融会事物神明变化的性质，用来分类区别万物的形状。开始编结绳索成为罗网，用来网兽和捕鱼，大概是从离卦的形象得到的启示。

【释辞】

包：音袍（páo），《周易集解》作"疱"。包牺氏就是伏羲氏，传说是八卦的创作者。

罔罟：罟音古（gǔ），网。渔猎的网具。

佃：音 tián，打猎。

包牺氏没，神农氏作，斲木为耜，揉木为耒，耒耨之利，以教天下，盖取诸益。

【译文】

伏羲氏死后，神农氏兴起，砍木为犁头，揉木为犁柄，耕犁和锄头的便利，来教导天下百姓种地，大概是从益卦的卦象得到启示。

【释辞】

没：音莫（mò），通"殁"，死。

斲：音卓（zhuó），砍削。

耜：音四（sì），犁头。

耒：音磊（lěi），犁柄。

耒耨：犁和锄。耨，音 nòu。

日中为市，致天下之民，聚天下之货，交易而退，各得其所，盖取诸噬嗑。

【译文】

日到中午举行交易，招致天下百姓，汇聚各方货物，交易之后，各自退去，这大概是从噬嗑卦得到的启示。

神农氏没，黄帝、尧、舜氏作，通其变，使民不倦，神而化之，使民宜之。《易》穷则变，变则通，通则久。是以"自天佑之，吉无不利"。

【译文】

神农氏死后，黄帝、尧、舜又先后继之而兴起，开通变化之途，使百姓劳作而不疲倦，又加以神妙的变化，使百姓感到非常适宜。《周易》的道理是事物到穷尽处就必须马上改变，改变才能通达，通达才能长久发展。所以说上天也会给你佑助，吉祥如意，无往不利。

黄帝、尧、舜垂衣裳而天下治，盖取诸乾、坤。

刳木为舟，剡木为楫，舟楫之利，以济不通，致远以利天下，盖取诸涣。

服牛乘马，引重致远，以利天下，盖取诸随。

重门击柝，以待暴客，盖取诸豫。

断木为杵，掘地为臼，杵臼之利，万民以济，盖取诸小过。

弦木为弧，剡木为矢，弧矢之利，以威天下，盖取诸睽。

【译文】

黄帝、尧、舜垂手而天下大治，大概是取法于乾坤两卦。

挖空树木制成舟船，削木为桨，船、桨的好处是可以渡过江河，达到远方而便利天下，大概是从涣卦得到启示。

用牛马驾车，运输重物到达远方以利天下百姓，大概是取法于随卦。

设置重重门郭，夜里打更以防盗贼，大概是从豫卦得到启示。

截断木棍作杵棒，在地上掘出窠臼，杵臼用来舂米，使万民得到便利，这大概是取法于小过卦。

将弦绷在木上，使之成为弯弓，将木头削尖成为箭杆，有了弓箭利器，可以威慑天下，大概是睽卦的象征。

【释辞】

刳：音枯（kū），凿。

剡：音眼（yǎn），削。

杮：音拓（tuò），梆子。

上古穴居而野处，后世圣人易之以宫室，上栋下宇，以待风雨，盖取诸大壮。

古之葬者，厚衣之以薪，葬之中野，不封不树，丧期无数，后世圣人易之以棺椁，盖取诸大过。

【译文】

远古时代，人居住在洞穴和旷野，后代圣人建造房屋，改变了居住条件，上面有屋脊的栋梁，下面周围有墙壁，可来遮挡风雨，大概是从大壮卦象得到启示。

古时安葬死人，只是在身体上盖上厚厚的薪柴，放在旷野之中，不封成土堆，不植树作标志，服丧也没有期限，后代圣人改变了丧葬习惯，以椁棺代替了薪柴，大概是取象于大过卦。

【释辞】

椁：音果（guǒ），套在棺外的外棺。

上古结绳而治，后世圣人易之以书契，百官以治，万民以察，盖取诸夬。

【译文】

上古用结绳方法记事，后代圣人发明文字，以刀刻于竹简，百官用来处理政务，万民考察官吏的政绩，这大概是取法于夬卦。

【提要】

第二章从远古圣人仰观天、俯察地、近取诸身、远取诸物，以利民为心，以厚天下苍生为怀，观象设卦、因时制器。故能"以通神明之德，以类万物之情"，描绘了一幅中国远古社会的生活长卷。

第三章

是故《易》者，象也；象也者，像也。象者，材也；爻也者，效天下之动者也。是故吉凶生而悔吝著也。

【译文】

所以《易经》就是天地万物的象征；卦象就是相似而已。卦辞就是裁断；爻辞，是效法天地万物运动变化的。所以吉凶产生了，悔恨和羞辱也显现出来了。

【释辞】

材：通"裁"，裁断，裁度。

【提要】

总结前章观象制器，揭示《易经》一书就是象征。象征，就是模像外物，以取喻意。人们用它占断吉凶，知所趋避。

第四章

阳卦多阴，阴卦多阳，其故何也？阳卦奇，阴卦偶。其德行何也？阳一君而二民，君子之道也。阴二君而一民，小人之道也。

【译文】

阳卦里阴爻多，阴卦里阳爻多，这是什么缘故呢？因为阳卦以奇为主，阴卦以偶为主。阴阳两者的实质是什么呢？阳卦是象征一个君主两个臣民，合乎君子之道。阴卦象征是二君争夺一民，表现了小人之道。

【提要】

此章以易三画卦的阴阳多寡说明卦象以少驭多的特征，以此辨析君主和臣民、君子与小人的伦常关系。

第五章

《易》曰："憧憧往来，朋从尔思。"子曰："天下何思何虑？天下同归而殊途，一致而百虑。天下何思何虑？日往则月来，月往则日来，日月相推而明生焉；寒往则暑来，暑往则寒来，寒暑相推而岁成焉。往者屈也，来者信也，屈信相感而利生焉。尺蠖之屈，以求信也；龙蛇之蛰，以存身也。精义入神，以致用也；利用安身，以崇德也。过此以往，未之或知也；穷神知化，德之盛也。"

【译文】

《易经》说："心绪未定，翻来覆去，只有少数人顺从你的思虑。"孔子说："天下人到底考虑什么？大家追求的是同一目标，只是各自走的道路不同，事物的道理本来是一致的，只是考虑的角度不同。天下事何须多所思考忧虑？日落月亮升起，月落太阳又升起，日月往来推移就产生了光明；寒天去了暑天来，暑去了寒天来，寒暑互相推移形成了一年的时序。过去的就是退缩，来到的就是伸展，屈伸和进退互相感应产生了利益。尺蠖毛虫弯曲它的身体，是为了向前伸展，龙蛇蛰伏冬眠，是为了保存生命。精研易理，而达到神妙境界，是为了将它用于实际。君子利用所学，安定自身是为了提高道德境界。超越这种层次，不是一般所能了解的；穷尽神妙，通晓变化，这是道德的最高境界。"

【释辞】

信：音身（shēn），通"伸"，伸直。下文的"屈信""求信"中"信"与此义同。

尺蠖：蠖，音货（huò）。指屈伸虫。

蛰：音哲（zhé），伏。

《易》曰："困于石，据于蒺藜，入于其宫，不见其妻，凶。"子曰："非所困而困焉，名必辱；非所据而据焉，身必危。既辱且危，死期将至，妻其可得见耶？"

【译文】

《易经》说："为巨石所困，停在蒺藜之中。回到家中见不到妻子，凶险。"孔子说："不应当被困而受困，名誉必受到羞辱；不应当占据的地方而占据，身体必然遭到凶险。既受到羞辱又遭到凶险，离死期不远，哪里还能看到妻子呢？"

《易》曰："公用射隼于高墉之上，获之，无不利。"子曰："隼者，禽也；弓矢者，器也；射之者，人也。君子藏器于身，待时而动，何不利之有？动而不括，是以出而有获，语成器而动者也。"

【译文】

《易经》说："王公在城墙上，射落鹰隼获取它，没有什么不利。"孔子说："鹰是飞禽；弓矢是器具，射箭的是人；君子藏利器于身，等待时机行动，没什么不利？动作灵活自如，所以出手便有收获，这是说先成就利器，而后再行动的道理呀。"

【释辞】

括：音扩（kuò），通"栝"，箭的末端。射箭不偏离目标。

子曰："小人不耻不仁，不畏不义，不见利不劝，不威不惩，小惩而大诚，此小人之福也。《易》曰：'屦校灭趾，无咎'，此之谓也。"

【译文】

孔子说："小人不以不仁为可耻，不害怕做不义之事，不见到利益就不努力进取，不加以威慑，就不知道戒惧。给一点小的惩戒，而得到大的教训，这是小人的福气。《易经》说'脚上戴着刑具，盖住了脚指头，没有灾祸'，说的就是这个意思。"

"善不积不足以成名，恶不积不足以灭身。小人以小善为无益而弗为也，以小恶为无伤而弗去也，故恶积而不可掩，罪大而不可解。《易》曰：'何校灭耳，凶。'"

【译文】

"不积累善行，不能成就美名，不积累罪恶，不会毁灭自身。小人认为小善无益而不去做，小恶无害而不改正，以至于恶行积累无法掩盖，罪大到了无法消解的地步。《易经》说：'肩上扛着枷锁，遮没了耳朵，凶险。'"

子曰："危者，安其位者也；亡者，保其存者也；乱者，有其治者也。是故君子安而不忘危，存而不忘亡，治而不忘乱，是以身安而国家可保也。《易》曰：'其亡其亡，系于苞桑。'"

【译文】

孔子说："危险，是苟安于执政地位；灭亡，是认为政权可以稳固存在而出现的；动乱是由于自以为治理得好而导致的。因此君子在安稳时不忘危险，在政权存在时，不忘记灭亡的可能，治理了不忘记有祸乱发生，这样才能保持自身安全，并保持住国家政权。《易经》说：'将要灭亡，将要灭亡，好像系在柔嫩的桑枝上一样牢固。'"

子曰："德薄而位尊，知小而谋大，力少而任重，鲜不及矣！《易》曰：'鼎折足，覆公𫗧，其形渥，凶。'言不胜其任也。"

【译文】

孔子说："德行浅薄而居尊位，智慧低下而谋大事，力量小而肩负重任，很少有不招来灾祸的。"《易经》说：'鼎折断了足，食物倾覆出来，满地狼藉，凶险。'就是说才力不足以胜重任。"

子曰："知几其神乎！君子上交不谄，下交不渎，其知几乎！几者，动之微，吉之先见者也。君子见几而作，不俟终日。《易》曰：'介于石，不终日，贞吉。'介如石焉，宁用终日？断可识矣！君子知微知彰，知柔知刚，万夫之望。"

【译文】

孔子说："能知道事物发展的苗头，是极神妙的呀！君子与权贵相交，不奉迎谄媚，与贫民相交，并不轻慢，是懂得事物的机妙。几，说的是变动的微小征兆，吉祥预先出现的端倪。君子见到这种先兆立即行动，决不等到明天。《易经》说：'介于石，不终日，贞吉。'耿介得像石头，哪里需要到日终？很快可以作出判断。君子知道隐微的和明显的变化，知道柔和刚的互相推移，便成为万民仰望的人。"

【释辞】

几：音机（jī），事情的预兆。

俟：音四（sì），等待。

子曰："颜氏之子，其殆庶几乎！有不善未尝不知，知之未尝复行也。《易》曰：'不远复，无祗悔，元吉。'"

【译文】

孔子说:"颜回这个人,大概是近乎知微知彰了吧!不好的事未尝有他不知道的,知道了他就不会再去做。《易经》说:'离开中道不远就复归,没有大的悔恨,有大的吉祥。'"

"天地氤氲,万物化醇。男女构精,万物化生。《易》曰:'三人行,则损一人;一人行,则得其友。'言致一也。"

【译文】

孔子说:"天地间阴阳二气交融密结,凝结成万物的形体。雌雄交合精气,万物化育而创生。《易经》说:'三人出行,必损去一人;一人出行,则会得到朋友。'讲的是归于一的道理。"

【释辞】

氤氲:音因晕(yīn yūn),阴阳二气交互作用的状态。

子曰:"君子安其身而后动,易其心而后语,定其交而后求。君子修此三者,故全也。危以动,则民不与也;惧以语,则民不应也;无交而求,则民不与也;莫之与,则伤之者至矣。《易》曰:'莫益之,或击之,立心勿恒,凶。'"

【译文】

孔子说:"君子身心安定后才行动,心气平和才讲话,建立感情后,再求朋友帮助。君子修养这三点,所以才能保全自己。身处危险之中,而要行动,民众就不会随从;心怀恐惧而发表谈话,他人就不会响应;没有交情而求助于人,他人就不会给予帮助;没有人给予支持,伤害你的人就来了。《易经》说:'没有谁增益你,甚至有人攻击你,你没有立下前面这三种恒心,就有凶险。'"

【提要】

本章以孔子对十一爻爻义的阐释，阐发阴阳感应之理，由象内之意，引申到象外之旨，揭示各爻特定的象征意蕴。《周易折中》说："第五章，举爻所以效动之例也。盖卦有大小，辞有险易，故凡卦之以阳为主，而阳道胜者，皆大卦也；以阴为主，而阴道胜者，皆小卦也。其原起于八卦之分阴分阳，故为举象取材之例也。三百八十四爻，正静则吉，邪动则凶，故《困》三《解》上相反也，《噬嗑》之初上相反也，《否》五《鼎》四相反也，《豫》二《复》初相似也，《损》三《益》上相反也，其义皆统于《咸》之四，故为举爻效动之例也。"

第六章

子曰："乾坤，其《易》之门邪？"乾，阳物也；坤，阴物也。阴阳合德，而刚柔有体，以体天地之撰，以通神明之德。其称名也，杂而不越，于稽其类，其衰世之意邪？

【译文】

孔子说："乾坤两卦，是学易的门户。"乾，是阳事物；坤是阴的事物。阴阳互相配合，于是阳刚阴柔各有其体，用阳刚阴柔来体现天地的作用，来贯通造化的神明性质。卦的取名，复杂而不超越天地的范围，考察易卦所表述的各类事物，可能有衰世的意蕴吧。

夫《易》，彰往而察来，而微显阐幽。开而当名，辨物，正言，断辞，则备矣。其称名也小，其取类也大；其旨远，其辞文；其言曲而中，其事肆而隐。因贰以济民行，以明失得之报。

【译文】

《易经》就是彰明往事，从而察知未来的，使细微的显著，将幽隐的阐明。翻开《易经》而释之，各卦的命名恰当，辨明各卦所代表的事物，而理顺其言辞，天下的道理就具备了。虽然各卦名称很小，但是它所取类比喻的范围却很广大；其意义深远，语词富有文采；虽然它的语言曲折委婉，却能切中事理，虽然所论的事物明显，所包含的道理却蕴藏深意。因为百姓疑惑不定，通过占卜使他们明了吉凶的因果关系，以坚定他们行动的决心。

【提要】

第六章谈卦的卦爻辞出于《乾》《坤》，天道与人事互为表里，说明卦、爻辞意旨深远，富有文采，可以解惑以指导行动。

第七章

《易》之兴也，其于中古乎？作《易》者，其有忧患乎？是故履，德之基也；谦，德之柄也；复，德之本也；恒，德之固也；损，德之修也；益，德之裕也；困，德之辨也；井，德之地也；巽，德之制也。

【译文】

《易经》的兴起是在中古时代吧，创作《易经》的人，大概身处忧患之中吧？所以履卦，是修养道德的基础；谦卦，是修养道德的把柄；复卦，是德行的根本；恒卦，是巩固道德的前提；损卦，是减损私欲，以加强德行的修养；益卦，是使德行日益充实；困卦，是身处困境中检验德行；井卦的德行有如养育万物的大地；巽卦的德行体现为善于克制，言行适宜。

履，和而至；谦，尊而光；复，小而辨于物；恒，杂而不厌；损，先难而后易；益，长裕而不设；困，穷而通；井，居其所而迁；巽，称而隐。

【译文】

履卦，使人和悦而达到崇高；谦卦，尊敬他人而彰显人格的光辉；复卦，从小处做起，分辨事物的善恶；恒卦，教人坚持始终，永不厌倦；损卦，修身是先难而后易；益卦，是德行长久而不是装模作样；困卦，是身处穷困而道德亨通；井卦，是德居其所而迁善于他人；巽卦，权衡事物得宜，修养高而不外露。

【释辞】

杂：音 zā，同"匝"，周。

履以和行，谦以制礼，复以自知，恒以一德，损以远害，益以兴利，困以寡怨，井以辨义，巽以行权。

【译文】

履卦用来调和人际间的行为；谦卦能使人服从礼仪；复卦重在自觉地复归善道；恒卦的要旨是使人一心一德；损卦是克制邪欲，避免灾害；困卦是身处困境，不怨天尤人；井卦是用来辨明道义；巽卦使人懂得临机应变，处事得当。

【提要】

第七章反复陈述九卦的道德意义，探究古圣人忧患而作易辞的动机。意在警示君子处忧患之世当反身以修德。

第八章

《易》之为书也不可远，为道也屡迁。变动不居，周流六虚，上下无常，刚柔相易，不可为典要，唯变所适。

其出入以度外内，使知惧，又明于忧患与故。无有师保，如临父母。初率其辞，而揆其方，既有典常。苟非其人，道不虚行。

【译文】

《易经》这部书，是任何人都离不开的，它所阐述的阴阳之道，没有一刻是不变迁的。爻象变动不止，循环于六位之间，上下往来没有常规，阳刚阴柔相互变易，没有固定常规可寻，人们要适应的只有变化。

变化出入于外卦和内卦，以此度量卦的吉凶，使人们有所戒惧。《易经》又使人明察忧患和事故。虽没有师长的教诲，却好像面对父母的叮咛。学习

《易经》开始应按照卦爻辞的提示，然后再揣度它指示的方向，如此就能把握事情变化的常规。如果是不懂得《易经》的人，《易经》的道理是不会凭空施行的。

【释辞】

六虚：指六爻之位。

揆：音奎（kuí），揣度。

【提要】

第八章阐述《周易》的变化是上下无常，刚柔相易。学《易》没有固定常规，变化是绝对的，虽然变化而不离常道，它就在你身边。指出易道的推行，非贤明的人不可。《正义》说："若苟非通圣之人，则不晓达《易》之道理，则《易》之道不虚空得行也。"

第九章

《易》之为书也，原始要终以为质也。六爻相杂，唯其时物也。其初难知，其上易知，本末也。初辞拟之，卒成之终。

【译文】

《易经》这部书，推究事物的原始，探求事物的终结，是它的本质属性。六爻交相杂错，只是体现特定时段中的物象。初爻的象征，难以知道，上爻的象征，容易把握，这是因为有本始和末尾的缘故。初爻之辞只是比拟预测，上爻之辞确定事物的结局。

【释辞】

原：推究。

要：音腰（yāo），探求。

若夫杂物撰德，辨是与非，则非其中爻不备。噫！亦要存亡吉凶，则居可知矣。知者观其彖辞，则思过半矣。

【译文】

要聚集各种物象，具列事物的性质，分辨它们的是非，则不考察中间四爻变化是不完备的。是啊！如果要探求存亡之理，坐在家里就可以知道了。聪明智慧的人只要观看《彖辞》，就会对全卦的意义理解一大半了。

【释辞】

杂：通"集"，聚集，集合。

二与四同功而异位，其善不同；二多誉，四多惧，近也。柔之为道，不利远者；其要无咎。其用柔中也。三与五同功而异位，三多凶，五多功，贵贱之等也。其柔危，其刚胜耶？

【译文】

二爻与四爻功用相同，而地位不同，它所表现的吉祥程度不一样；二爻爻辞多有赞誉，四爻爻辞多含戒惧，因为它靠近君位。阴柔的爻象，象征不利于远行；其主要在于它不偏不倚，因而无过。它的功用是柔顺而又居于中位。三爻和五爻功用相同而地位不同，三爻爻辞多言凶险，五爻爻辞多功绩，是因为贵贱的等级不同。柔爻居三五之位，就软弱而危险，以刚爻居此两位，就胜任了。

【提要】

第九章提示学《易》的要领：既介绍六爻的位次特点、性质、功用，尤其是中间四爻的象征内涵；又强调"观其彖辞，则思过半矣"。何楷说："统论爻画，而归重于彖辞，说《易》之法，莫备于此。"

第十章

《易》之为书也，广大悉备。有天道焉，有人道焉，有地道焉。兼三才而两之，故六。六者，非它也，三材之道也。道有变动，故曰爻；爻有等，故曰物；物相杂，故曰文；文不当，故吉凶生焉。

【译文】

《易经》这部书，内容广大，包罗万象。天道在上、五两爻，人道在三、四两爻，地道在初、二两爻。兼论天地人三才，乘以阴阳，故设六个爻位。六不是指别的，是指三才的阴阳之道。易道的阴阳变化，所以称作爻；爻分阴阳两类，所以称为物；两类爻画相互交错，所以称作文；文理错综或有不适当，所以吉凶就产生了。

【提要】

本章结合六个爻位特点，论述象征天、地、人的"三才"之道。阴阳符号和三才象征，构成了易卦的六画结构。

第十一章

《易》之兴也，其当殷之末世，周之盛德邪？当文王与纣之事邪？是故其辞危。危者使平，易者使倾。其道甚大，百物不废。惧以终始，其要无咎，此之谓《易》之道也。

【译文】

《易经》的兴起，大概是在殷商末年，周王朝兴盛的时候，也许是周文王与商纣王时的事吧。所以卦爻辞充满了危惧感，常思危难的人可以保持平安，耽于安乐而忘记危险，会导致倾覆。易道十分弘大，适用任何事物。对事物的终始两极，都怀有戒惧，其要旨在善于补过，这就是易道的核心。

【提要】

本章认为《周易》的卦爻辞，作于文王与纣之时。指出了《易经》辞语中"其辞危"的时代特点，揭示了易道的核心是"惧以终始，其要无咎"。这句话应当成为国家公职人员的座右铭。

第十二章

夫乾，天下之至健也，德行恒易以知险；夫坤，天下之至顺也，德行恒简以知阻。能说诸心，能研诸（侯之）虑，定天下之吉凶，成天下之亹亹者。是故变化云为，吉事有祥；象事知器，占事知来。

【译文】

乾，是天下最刚健的象征，乾德表现为恒长平易，知道险难而不轻进；坤，是天下最柔顺的象征，坤德表现为恒长简约，知道阻碍而有所戒备。能愉悦占卜者的心，能揣摩众人的忧虑，断定天下吉凶的路途，使天下人建立功业而奋勉不倦。所以在阴阳变化和人的言语行动中，吉利的事都有祥瑞之兆；观察《易经》卦爻的象征，就知道制造器具的方法，用《易经》占卜事情，就可预知未来。

【释辞】

侯之：朱熹等认为侯之二字是衍文。

亹亹：音伟（wěi），勤勉的样子。

天地设位，圣人成能。人谋鬼谋，百姓与能。八卦以象告，爻象以情言。刚柔杂居，而吉凶可见矣。变动以利言，吉凶以情迁。是故爱恶相攻而吉凶生，远近相取而悔吝生，情伪相感而利害生。凡《易》之情，近而不相得则凶，或害之，悔且吝。

【译文】

天地定尊卑之位，圣人成就化育万物的功能。策划未来行动，先和士大夫商议，再进行占卜，最后百姓参与其中。八卦以卦象告知事物的形状，爻辞、象辞说明变化的性质。刚爻、柔爻杂错于六位，就可以见到吉凶的趋向。卦爻的变动，必然较量利害，吉凶的判断随情态而变迁。因此两爻之间，同性相斥，异性相吸，产生爱情和憎恶，表现为吉凶，远爻位之间，有相应关系，邻近两爻有亲比关系，产生出后悔和羞辱，真情感应则生利，虚情感应则生害。《易经》中所讲的爻位关系，概括起来，相近而不能吸引的爻就凶险，或有外力加害，就产生后悔和羞辱。

【释辞】

彖：音（tuàn），解释卦象的言辞。

将叛者其辞惭，中心疑者其辞枝，吉人之辞寡，躁人之辞多，诬善之人其辞游，失其守者其辞屈。

【译文】

将要背叛的人，他的言语会惭愧不安；心中有疑惑的人，他的话散乱分歧；有善德的人寡言少语；浮躁的人说话多；诬陷善良的人，说的话游移不定；失去操守的人，他的语言随声附和。

【提要】

本章具有归纳《系辞传》全文的性质：乾、坤之道即天、地之道，天地之道即易道，易道即简易。然而天有危险，地有阻碍，圣人因而设卦系辞，使人避开险阻去建功立业，这是圣人作《易》的动机。"天地定位"一段，说圣人作《易》成就化育万物的功能，使民众掌握卜筮之法而趋吉避凶。末一节从六种人的言辞特征来分析其心理状态，是就各种人的言辞来印证《周易》一书可以用于"尽情伪"，明得失，察事机，以此来结束全文。

说 卦 传

【题解】

孔子五十而学易，韦编三绝，写《系辞》为《周易》作传，又写下《说卦》《序卦》《杂卦》三传以示后学，解释卦的创立原由。《说卦传》主要内容是辨析八卦所象征的事物和取象的范围。胡一桂说："《说卦传》，夫子自取之象为多，不必尽同先圣也。"

第一章

昔者，圣人之作《易》也，幽赞于神明而生蓍，参天两地而倚数，观变于阴阳而立卦，发挥于刚柔而生爻，和顺于道德而理于义，穷理尽性以至于命。

【译文】

从前圣人制作易卦，暗中得到神明的赞助，采用了蓍草揲筮的方法。代表天的奇数，代表地的偶数，累积相加确立大衍之数五十五；观察天地的变化而设立了卦象；发挥了刚柔的性质而确立了爻数；合于天地之道，顺于人之德行，而理顺于义；这样易经就穷尽天地之理，究极万物之性，使一切符合于天命。

【释辞】

蓍：音是（shì）蓍草，用于占卜。

参：音三（sān），代表奇数。

【提要】

此章专写蓍筮方法，展示了生蓍、立数、演卦、推爻的蓍占程序，进而强调易的用途之大，可以穷尽天地之理，究极万物之性，达到一切符合天命。

第二章

昔者圣人之作《易》也，将以顺性命之理。是以立天之道，曰阴与阳；立地之道，曰柔与刚；立人之道，曰仁与义。兼三才而两之，故《易》六画而成卦；分阴分阳，迭用柔刚，故《易》六位而成章。

【译文】

从前圣人创作《易》卦，就是用它来顺应天命和人性的至理。所以确立天的法则，表现为阴暗和光明，确立大地的法则，是柔弱和刚强；确立人类社会的法则，是仁爱和情义。重叠天地人三才各分阴阳，所以《易经》用六画组成一卦。将六个爻位分出阴阳，不固定地使用刚柔两种爻画，所以《易经》六个爻位交错而成文章。

【提要】

本章承前启后，讲述阴阳、三才和六画卦的关系及象征意义。

第三章

天地定位，山泽通气，雷风相薄，水火不相射，八卦相错，数往者顺，知来者逆，是故《易》逆数也。

【译文】

天地确定了位置，高山和大海气息相通，风雷鼓荡，互相搏击，水火不相融入，势不两立，八卦互相交错对立，数算过去者为顺，预知未来者为逆，所以《易经》的作用，采用倒数的方法以预测未来。

【释辞】

射：音易（yì），厌恶。

【提要】

本章以三画八卦所象征的基本物象：天地、山泽、雷风、水火之间的对立性质，其义符合"一阴一阳之谓道"。进而说明创制易卦的主要目的是预测未来。

第四章

雷以动之，风以散之，雨以润之，日以烜之，艮以止之，兑以说之，乾以君之，坤以藏之。

【译文】

雷霆鼓动万物，风气使万物舒展，雨水滋润万物，阳光普照万物成长，艮山使万物栖息，兑泽使万物喜悦，乾天主宰万物，坤地容藏万物。

【释辞】

烜：音选（xuǎn），晒。

【提要】

此章始震巽，终乾坤，说明八卦在万物生长发育中的作用。

第五章

帝出乎震，齐乎巽，相见乎离，致役乎坤，说言乎兑，战乎乾，劳乎坎，成言乎艮。万物出乎震，震，东方也。齐乎巽，巽，东南也。齐也者，言万物之洁齐也。离也者，明也，万物皆相见，南方之卦也。圣人南面而听天下，向明而治，盖取诸此也。坤也者，地也，万物皆致养焉，故曰致役乎坤。兑，正秋也，万物之所说也，故曰说言乎兑。战乎乾，乾，西北之卦也，言阴阳相薄也。坎者，水也，正北方之卦也；劳卦也，万物之所归也，故曰劳乎坎。艮，东北之卦也，万物之所成终而所成始也，故

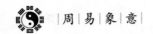

曰成言乎艮。

【译文】

主宰大自然的天帝出生在震位，整齐于巽位，相见于离位，役使于坤位，欢悦于兑位，交接于乾位，劳动于坎位，成就于艮位。万物萌生于正春，震卦方位在正东。鲜明、洁净于巽位，巽的方位在东南，齐，是指万物鲜明、整齐。离为日，离为光明，日照天下万物彼此相见，是南方之卦，帝王面向南方听政，面向光明而治理天下，大概是取象于离卦。坤是大地，于时为夏末秋初，这时万物都从大地取得养分而逐渐成熟，所以从坤得到帮助。兑卦时为正秋，方向为西，万物因成熟而喜悦，所以说喜悦在兑卦。阴阳之气交战于乾，乾方位在西北，于时为秋末冬初，说的是生与死在交替中搏斗。坎为水，时当正冬，方位为下北，水川流而不息，所以坎卦是劳卦。艮卦方位在东北，时当冬末春初，万物由此终结，也由此伊始，往复不息，所以说成就于艮。

【提要】

第五章陈列了与第二章不同的另一种八卦方位，并就这种八卦配八方和四时叙述万物产生发展的时空性，宋朝人根据四、五两章绘出的八卦方位图是后天八卦图，与人一天之内的作息时间和一年四季的农耕活动相吻合。

第六章

神也者，妙万物而为言者也。动万物者莫疾乎雷，桡万物者莫疾乎风，燥万物者莫熯乎火，说万物者莫说乎泽，润万物者莫润乎水，终万物始万物者莫盛乎艮。故水火相逮，雷风不相悖，山泽通气，然后能变化，既成万物也。

【译文】

所谓的神明，是指能奇妙地化育万物而说的。鼓动万物，没有比雷更快的；吹拂万物，没有比风更迅速的；干燥万物，没有比火更热烈的；取悦万物，没有比湖泽更欣悦的；滋润万物，没有比水更湿润的；终结万物与创始万物的，没有比山更盛大的。所以水火互相吸引，雷风相薄不相违逆，山泽气息相通，然后才能发生变化，而生成万物。

【释辞】

桡：音挠（náo），扰动，搅动。

熯：音汉（hàn），热。

【提要】

本章综述三、四、五章所言先天后天乾坤以下六子卦的功用。一是变动不息，二是交合不悖。

第七章

乾，健也；坤，顺也；震，动也；巽，入也；坎，陷也；离，丽也；艮，止也；兑，说也。

【译文】

乾意是刚健；坤意是柔顺；震意是震动；巽意是进入；坎意是险陷；离意是附丽；艮意是停止；兑意是喜悦。

【提要】

本章分别叙述八卦的基本象征意义，这些基本象征意义是六十四卦象征哲学的基础和前提。

第八章

乾为马，坤为牛，震为龙，巽为鸡，坎为豕，离为雉，艮为狗，兑为羊。

【译文】

乾取象为马，坤取象为牛，震取象为龙，巽取象为鸡，坎取象为豕，离取象为野鸡，艮取象为狗，兑取象为羊。

【提要】

本章依据《系辞传·上》"远取诸物"的论述，用八种动物形象叙述八卦取象的范例。

第九章

乾为首，坤为腹，震为足，巽为股，坎为耳，离为目，艮为手，兑为口。

【译文】

乾取象头，坤取象腹胃，震取象足，巽取象腿，坎取象耳，离取象目，艮取象手，兑取象口。

【提要】

本章依据《系辞传·上》"近取诸身"的论述，例举人体八种器官说明八卦取象之例。

第十章

乾，天也，故称乎父；坤，地也，故称乎母。震，一索而得男，故谓之长男；巽，一索而得女，故谓之长女。坎，再索而得男，故谓之中男；离，再索而得女，故谓之中女。艮，三索而得男，故谓之少男；兑，三索而得女，故谓之少女。

【译文】

乾象天体，所以称为父亲。坤象大地，所以称为母亲。震是坤第一次求合所得的男性，所以叫长男。巽是乾第一次求合所得的女性，所以叫长女。坎是坤再次求合所得的男性，所以叫中男。离是乾再次求合所得的女性，所以叫中女。艮是坤第三次求合所得的男性，所以叫少男。兑是乾第三次求合所得的女性，所以叫少女。

【提要】

以家庭伦理关系比拟八卦，揭示乾坤八卦含有父母及六子之象。

第十一章

乾为天、为圜、为君、为父、为玉、为金、为寒、为冰、为大赤、为良马、为老马、为瘠马、为驳马、为木果。

【译文】

三画乾卦的象征：天体、圆环、君王、父亲、宝玉、金属、寒冷、坚冰、大红色、良马、老马、瘦马、有斑纹的马、树木果实。

【释辞】

圜：音圆（yuán），圆环。

坤为地、为母、为布、为釜、为吝啬、为均、为子母牛、为大舆、为文、为众、为柄。其于地也为黑。

【译文】

三画坤卦的象征：大地、母亲、布匹、锅、吝啬、平均、生仔的母牛、大车、文采、民众、把柄、黑土地。

震为雷、为龙、为玄黄、为旉、为大涂、为长子、为决躁、为苍筤竹、为萑苇。其于马也，为善鸣、为馵足、为作足、为的颡。其于稼也为反生。其究为健、为蕃鲜。

【译文】

三画震卦的象征：惊雷、龙、玄黄色、花开、大路、长子、决断急躁、青色竹、芦苇。属于马象的：善于鸣叫的马、白蹄马、白额马。属于庄稼类的：倒生的植物。说到底为健壮、茂盛新鲜。

【释辞】

尃：音夫（fū），同"敷"，花朵。

苍筤竹：筤音狼（láng），青竹。

萑：音环（huán），芦。

异：音住（zhù），左足白。

的：音敌（dí），白色。

颡：音嗓（sǎng），额头。

巽为木、为风、为长女、为绳直、为工、为白、为长、为高、为进退、为不果、为臭。其于人也为寡发、为广颡、为多白眼。为近利市三倍。其究为躁卦。

【译文】

三画巽卦的象征：木、风、长女、直的绳索、工匠、白色、长、高、可进可退、不果断、气味。与人有关系的象：头发少、大额头、白眼仁多。经营有三倍的利润，说到底是浮躁的卦。

【释辞】

臭：音秀（xiù），气味。

坎为水、为沟渎、为隐伏、为矫鞣、为弓轮。其于人也为加忧、为心病、为耳痛、为血卦、为赤。其于马也为美脊、为亟心、为下首、为薄蹄、为曳。其于舆也，为多眚。为通、为月、为盗。其于木也为坚多心。

【译文】

三画坎卦的象征：水、沟渠、隐伏不现、矫直揉曲、弓和车轮。与人有关系的象：增加忧虑、心理疾病、耳痛、是流血卦、为红色。与马有关系的象：美脊背、性急躁、常低头、脚蹄薄、艰难拖曳。与车有关系的象：多有灾祸。

为通畅、月亮、盗贼。与木材有关系的象：坚硬而多结。

【释辞】

輮：音柔（róu），使弯曲。

亟：音吉（jí），急。

眚：音省（shěng），"过失"之意。

离为火、为日、为电、为中女、为甲胄、为戈兵。其于人也，为大腹。为干卦。为鳖、为蟹、为蠃、为蚌、为龟。其于木也为科上槁。

【译文】

三画离卦的象征：火焰、太阳、闪电、中女、铠甲、戈矛兵士。与人有关系的象：大肚子。是干燥的卦。为鳖象、蟹象、螺象、蚌象、龟象。与木有关系的象，是树干中空上部枯槁。

【释辞】

蠃：音萝（luó），同"螺"。

艮为山、为径路、为小石、为门阙、为果蓏、为阍寺、为指、为狗、为鼠、为黔喙之属。其于木也为坚多节。

【译文】

三画艮卦的象征：山、小路、小石头、门及楼台、草木果实、守门人、手指、狗、鼠类、黑嘴的鸟兽。与木有关系的象：坚硬多节。

【释辞】

蓏：音裸（luǒ），瓜的果实。

阍寺：阍音昏（hūn），阍，看门人。寺，守巷人。

兑为泽、为少女、为巫、为口舌、为毁折、为附决。其于地也刚卤。为妾、为羊。

【译文】

三画兑卦的象征：湖泽、少女、巫师、口舌是非、毁坏摧折、附从决断。与地有关的象：坚硬的盐碱地。妾象、羊象。

【提要】

第十一章由八卦的基本取象推衍出派生的比拟取象，全章所取卦象共112例，是《说卦传》的主体。

序 卦 传

【题解】

《序卦传》分上下两节，上节叙说《周易·上经》三十卦，下节叙说《周易·下经》的三十四卦。《序卦传》是分析《周易》六十四卦的编排顺序，并说明各卦先后相承的意义，以简约的语言概括诸卦的名义。在分析卦序的同时，揭示了事物相因和相反的两种发展规律，可以说《序卦传》是一篇具有哲理深度的六十四卦推衍纲要。

上 节

有天地，然后万物生焉。盈天地之间者唯万物，故受之以屯。屯者，盈也。屯者，物之始生也。物生必蒙，故受之以蒙。蒙者，蒙也，物之稚也。物稚不可不养也，故受之以需。需者，饮食之道也。饮食必有讼，故受之以讼。讼必有众起，故受之以师。师者，众也。

【译文】

有了天地之后，然后产生万物。充盈天地之间的只有万物，所以接下来是屯卦。屯就是充盈，屯就是万物始生的时候。万物始生必蒙昧，所以接下去是蒙卦。蒙，就是蒙昧的意思，生物处于幼稚阶段。生命幼稚时期不可不养育，所以接下去是需卦。需，是饮食供养之道。饮食不均会引起争讼，所以接下去是讼卦。争讼必引起众人参与，所以接下去是师卦。师就是人多势众。

众必有所比，故受之以比。比者，比也。比必有所畜，故受之以小畜。物畜然后有礼，故受之以履。履而泰，然后安，故受之以泰。泰者，通也。物不可以终通，故受之以否。物不可以终否，故受之以同人。与人同者物必归焉，故受之以大有。

【译文】

众多的人必定互相亲近，所以接下去是比卦。比是朋比相亲，亲比一定有所畜养，所以接下来是小畜卦。物资积蓄后才有礼节，所以接下来是履卦。循礼小心行走就会安泰，所以接下来是泰卦。泰卦是通畅的象征，事物不会永久通畅，所以接下来是否卦。事物不可能永久闭塞不通，所以接下来是同人卦。与人同心协力，万物必然归顺，所以接下来是大有卦。

有大者不可以盈，故受之以谦。有大而能谦必豫，故受之以豫。豫必有随，故受之以随。以喜随人者必有事，故受之以蛊。蛊者，事也。有事而后可大，故受之以临。临者，大也。物大然后可观，故受之以观。可观而后有所合，故受之以噬嗑。嗑者，合也。

【译文】

有大收获的人不可以自满，所以接下来是谦卦。富贵而能自谦必然安乐，所以接下来是豫卦。安乐必然有人追随，所以接下来是随卦。为了喜悦跟随他人会发生事端，所以接下来是蛊卦。蛊就是事端。产生事端就可壮大事业，所以接下来是临卦。以上临下就是盛大。事物作大可以供人观瞻，所以接下来是观卦。可以观瞻必有合人之处，所以接下来是噬嗑卦。嗑意思就是相合。

物不可以苟合而已，故受之以贲。贲者，饰也。致饰然后亨则尽矣，故受之以剥。剥者，剥也。物不可以终尽，剥，穷上反下，故受之以复。复则不妄矣，故受之以无妄。有无妄，然后可畜，故受之以大畜。物畜然后可养，故受之以颐。颐者，养也。

【译文】

人和人不能任意交合，所以接下来是贲卦。贲就是文饰。文饰到了极点，质朴的美就失尽了。所以接下来是剥卦。剥是剥落。事物不可总是穷尽，所以接下来是复卦。知道必然返复就不会妄行，所以接下来是无妄卦。有无妄之心就会有所积蓄，所以接下来是大畜卦。物资积蓄以后可以养育。所以接下来是颐卦。颐就是养颐。

不养则不可动，故受之以大过。物不可以终过，故受之以坎。坎者，陷也。陷必有所丽，故受之以离。离者，丽也。

【译文】

不养就不能有所作为，所以接下来是大过卦。事物不会永远处于超过的状态，所以接下来是坎卦。坎是坎陷。遭遇险陷必攀附他物以求脱险，所以接下来是离卦。离是附丽。

下　节

有天地然后有万物，有万物然后有男女，有男女然后有夫妇，有夫妇然后有父子，有父子然后有君臣，有君臣然后有上下，有上下然后礼义有所错。夫妇之道，不可以不久也，故受之以恒。恒者，久也。

【译文】

有了天地然后才有万物，万物出现后才有男女。有了男女然后有夫妇，有了夫妇然后有父子，有了父子然后有君臣关系。有了君臣关系，然后才有尊卑上下。有了尊卑上下，然后礼仪才能有所遵循。夫妇的关系不能不长久，所以接下来是恒卦。恒就是长久。

物不可以久居其所，故受之以遁。遁者，退也。物不可以终遁，故受之以大壮。物不可以终壮，故受之以晋。晋者，进也。晋必有所伤，故受之以明夷。夷者，伤也。伤于外者必反于家，故受之以家人。家道穷必乖，故受之以睽。睽者，乖也。

【译文】

万物不会长久保持原状，所以接下来是遁卦。遁就是隐退。万物不会长久隐退，所以接下来是大壮卦。万物不会永久强壮，所以接下来是晋卦。晋是上进。上进必然受到伤害，所以接下来是明夷卦。夷就是受伤。在外面受伤就会返回家，所以接下来是家人卦。家道穷困会发生人心乖离，所以接下来是睽卦。睽就是乖违。

乖必有难，故受之以蹇。蹇者，难也。物不可以终难，故受之以解。解者，缓也。缓必有所失，故受之以损。损而不已必益，故受之以益。益而不已必决，故受之以夬。夬者，决也。决必有遇，故受之以姤。姤者，遇也。物相遇而后聚，故受之以萃。萃者，聚也。

【译文】

人心乖离必然会有灾难，所以接下来是蹇卦，蹇就是艰难。事物不可能永远处于险难之中，所以接下来是解卦，解是缓解。缓解必然会有损失，所以接下来是损卦。事物减损到头了必然会增益，所以接下来是益卦。增益不停止必然会溃决，所以接下来是夬卦，夬是决去。决去必然有遇合，所以接下来是姤卦，姤是阴阳相遇。事物相遇后才能聚集，所以接下来是萃卦，萃就是聚集。

聚而上者谓之升，故受之以升。升而不已必困，故受之以困。困乎上者必反下，故受之以井。井道不可不革，故受之以革。革物者莫若鼎，故受之以鼎。主器者莫若长子，故受之以震。震者，动也。物不可以终动，止之，故受之以艮。艮者，止也。

【译文】

植物聚集有利于向上叫作升，所以接下来是升卦。不停地上升必临困境，所以接下来是困卦。在上面受困必然返回下方，所以接下来是井卦。水井用久必淤，不能不变革整治，所以接下来是革卦。变故没有比鼎更合适的，所以接下来是鼎卦。主持祭祀的莫过于长子，所以接下来是震卦。震是震动，事物不可能永远震动，所以接下来是艮卦。艮就是停止。

物不可以终止，故受之以渐。渐者，进也。进必有所归，故受之以归妹。得其所归者必大，故受之以丰。丰者，大也。穷大者必失其居，故受之以旅。旅而无所容，故受之以巽。巽者，入也。入而后说之，故受之以兑。兑者，说也。

【译文】

事物不可能永久静止，所以接下来是渐卦，渐是渐进。渐进必然有所归宿，所以接下来是归妹卦。有归宿的人必然盛大，所以接下来是丰卦，丰是盛大。盛大到了极点必然会丧失处所，所以接下来是旅卦。羁旅在外而无所容身，所以接下来是巽卦。巽是无所不入。无所不入就会喜悦，所以接下来是兑卦，兑是喜悦。

说而后散之，故受之以涣。涣者，离也。物不可以终离，故受之以节。节而信之，故受之以中孚。有其信者必行之，故受之以小过。有过物者必济，故受之以既济。物不可穷也，故受之以未济终焉。

【译文】

喜悦之后心情会涣散，所以接下来是涣卦。涣是离散。事物不可以永久离散，所以接下来是节卦。制度节制于外，恪守诚信于内，所以接下来是中孚卦。恪守诚信的人必然要履行承诺，所以接下来是小过卦。有过人之处，必然会获得圆满，所以接下来是既济卦。事物的发展不可穷尽，所以接下来以未济卦终结。

杂 卦 传

【题解】

　　《杂卦传》取名于"杂"并非杂乱的意思，而是打散了《序卦传》的排列方法，通过把六十四卦分为三十二对，两两相对，将卦象相反或相通者，进行对比映衬，交相阐发，相得益彰，以精妙的语言阐明卦义。《杂卦传》中，对举的两卦在卦形上非错（旁通）即综（反对）；在卦义上多成相对，如"乾刚、坤柔、比乐、师忧"，集中揭示了《周易》一书在卦形结构上的对立统一观点。

　　乾刚坤柔，比乐师忧。临观之义，或与或求。屯见而不失其居，蒙杂而著。

【译文】

　　乾卦刚健，坤卦柔顺，比卦快乐，师卦忧愁。临、观两卦的卦义，一个是给予，一个是企求。屯卦出现于地上，各有寄居之处，蒙卦错杂而显著。

　　震，起也；艮，止也。损、益，盛衰之始也。大畜，时也；无妄，灾也。萃聚而升不来也。谦轻而豫怠也。噬嗑，食也；贲，无色也。兑见而巽伏也。随，无故也；蛊，则饬也。

【译文】

　　震卦使万物奋起；艮卦表示停止。损卦和益卦分别是盛衰的起点。大畜卦是蓄时而待发；无妄卦是意外的灾难。萃卦表示积聚，升卦是升而不返。谦卦看轻自己，虚心上进，豫卦是舒适安逸而生懈怠。噬嗑卦是啮合如口进食；贲卦是美饰不加色彩。兑卦显现而巽卦伏藏。随卦毫无主见；蛊卦整治腐败。

【释辞】

饬：音斥（chì），整治。

　　剥，烂也；复，反也。晋，昼也；明夷，诛也。井通而困相遇也。咸，速也；恒，久也。涣，离也；节，止也。解，缓也；蹇，难也。

【译文】

剥卦是腐烂；复卦是复返。晋卦如白昼，太阳进长；明夷卦是日沉地下，光明诛灭。井卦养人而通畅，困卦与之相反。咸卦感应迅速；恒卦是保持长久不变。涣卦是涣散；节卦是制止向反面转化。解卦是险难缓解；蹇卦处于险难之中。

　　睽，外也；家人，内也。否、泰，反其类也。大壮则止；遁则退也。大有，众也；同人，亲也。革，去故也；鼎，取新也。小过，过也；中孚，信也。

【译文】

睽卦乖离于外；家人卦是相亲于内。否泰两卦事类相反。大壮卦是发展壮盛适可而止；遁卦是隐退。大有卦怀柔而能得众；同人卦与民众亲近。革卦是革除旧弊；鼎卦是变故为新。小过卦小有过越；中孚卦心中诚信。

　　丰，多故也；亲寡旅也。离上而坎下也。小畜，寡也；履，不处也。需，不进也；讼，不亲也。大过，颠也；姤，遇也，柔遇刚也。

【译文】

丰卦家大业大，多有故旧；旅卦羁旅在外，亲朋少有。离卦火势向上，坎卦水流趋下。小畜卦是积蓄甚少；履卦是不肯安居静处。需卦不肯冒然前进；讼卦纷争难以相亲。大过卦是沉船颠覆之象；姤卦是不期而遇，阴柔遇到了阳刚。

渐，女归待男行也。颐，养正也；既济，定也。归妹，女之终也。未济，男之穷也。夬，决也，刚决柔也。君子道长，小人道忧也。

【译文】

渐卦如女子出嫁，必待男方亲迎而后行。颐卦养德而得正；既济卦是达到目标的成功。归妹卦是少女出嫁终有归宿。未济卦是男子壮志未酬，穷则思变。夬卦是决断，阳刚决去了阴柔，象征君子之道生长，小人之道消退。

·参考书目·

《帛书周易》，四川大学出版社影印本。

《春秋左传注》，杨伯峻，中华书局。

《焦氏易林》，（汉）焦赣，岳麓书社邓球百译注。

《京氏易》，（汉）京房、（吴）陆绩注，四川大学出版社影印本。

《周易注》，（魏）王弼，四川大学出版社影印本。

《周易略例》，（魏）王弼，四部丛刊本。

《周易正义》，（唐）孔颖达，九州出版社。

《周易集解》，（唐）李鼎祚，四川大学出版社影印本。

《周易程氏传》，（宋）程颐，四川大学出版社影印本。

《横渠易说》，（宋）张载，通志堂经解本。

《苏氏易传》，（宋）苏轼，四川大学出版社影印本。

《周易象义》，（宋）丁易东，四川大学出版社影印本。

《汉上易传》，（宋）朱震，九州出版社。

《周易本义》，（宋）朱熹，中华书局。

《易学启蒙》，（宋）朱熹，四川大学出版社影印本。

《易经集注》，（明）来知德，四川大学出版社影印本。

《周易象数论》，（清）黄宗羲，中华书局。

《周易内传》，（清）王夫之，四川大学出版社影印本。

《周易外传》，（清）王夫之，中华书局。

《易汉学》，（清）惠栋，四川大学出版社影印本。

《易章句》，（清）焦循，四川大学出版社影印本。

《周易折中》，（清）李光地等撰，四川大学出版社影印本。

《周易尚氏学》，尚秉和著，中华书局。

《焦氏易诂》，尚秉和著 柯誉整理，九州出版社。

《周易译注》，黄寿祺、张善文著，上海古籍出版社。

《周易全解》，金景芳、吕绍刚著，吉林人民出版社。

《周易学说》，马振彪遗著、张善文整理，花城出版社。

《周易》，郭彧译注，中华书局。

《周易》，朱安群、徐奔释解，青岛出版社。

《易学思维研究》，苏永利著，北京大学出版社。

《周易的自然哲学》，李零著，生活·读书·新知三联书店。

·后 记·

我没想到能活到70岁。命理学有句话："老怕帝旺少怕衰，中年最怕死绝胎。"青年时不信命，总想扼住命运的咽喉。古稀之年回首一生走过的路，与上面这句话，竟分毫不爽。

生命中的第一个贵人是母亲。

母亲是大连皮口人，渔民的女儿，她有大海般的胸怀和百折不挠的意志。她未读过书，但一生心肠好、守诚信、讲尊严。母亲常说："人有脸，树有皮。"我是从母亲的背上来到沈阳的。1948年辽东半岛正在进行拉锯战，火车时而通时而不通。母亲背着我、拉着两个哥哥，车一程、步一程，八百里寻夫，千辛万苦到了沈阳城。

母亲仁厚善良。1960年，我们家住在父母的工厂旁边。一天中午我看见一个大汉踉踉跄跄走过我家门前，一头摔倒在工厂大门前（即沈阳长安寺），许多工人跑出来看。母亲跑回食堂，用粮票和钱买了三个烤饼和一碗炖茄子，递给躺在地上那人。天天喊着"妈，没吃饱"的五弟在一旁瞪着眼看着。大汉趴在地上，仿佛喉咙里有一只手把食物全拽了进去。大汉向母亲磕了三个头说："谢谢大姐，救了我一条命。"说完，站起身来，向东方走去。大灾之年，幼子不飨。母亲没把自己的口粮留给饥饿的五弟，而递给了饿昏了头的路人，这一幕在我脑海中永远挥之不去。母亲一生历尽了苦难，把十个儿女抚养成人，没享过多少福。

生命的第二个"贵人"是书籍。

我自幼嗜书如命。儿时读小人书、民间故事，中学时读高尔基的、杰克·伦敦的，以及《东周列国志》《水浒传》，书也不知被数学老师没收了多少，挨了父亲多少次打。过年时，妈妈让我买带大胖小子的年画，我买了李密挂角的四幅连环画。我读书不分时间和场合，被窝里、吃饭时、走路时、路灯下。青年时最大的理想是当图书馆馆员。

家境贫寒，我的读书之路历尽波折。为帮助父母减轻负担，15岁时我辍学去烧锅炉，在锅炉旁写下打油诗："悔不当初学校留，读书岂能有今愁！他日反悔焉能转，光阴逝去顺水流。"慨叹"锅炉烧到何时终"。

1963年和母亲一起卖菜的夏玉珍（我叫张大娘）说："于淑东，小三这孩子不错，你得让他念书。"就这样，我插班到张大娘他弟弟当校长的民办高中去读书，上午听课，下午卖菜，恰恰是这二年的复学改变了我的一生。以至于后来当小学教师，到铁岭农村，干临时工，我就再也没有停止读书。一有时间，就整天耗在辽宁省图书馆，两个馒头一杯水，一坐就是一天。

1978年底父亲被平反，第二年我考上了古代文学硕士研究生，毕业后在辽宁师范大学中文系古代文学教研室任教。80年代是中国政治昌明时期，也是民主党派参与政治的春天。身处盛世，不甘寂寞。省政协要办一份公开发行的报纸，通过考核，1987年我调入省政协，筹办政协报。凭着沈显惠副主席的两封信，我奔走于京城办批文，在中宣部，胡耀邦的秘书、常务副部长李彦被我堵在电梯里签了字。省政协党组任命我担任报社常务副总编辑，人、财、物一手抓，对政协党组负责。一个党外知识分子，得到这么大的信任，怎能不夙兴夜寐。跑编制、筹经费、调人员、建记者站，准备为人民政协的民主监督大干一番，报纸办得风生水起。

生命中第三个"贵人"是《周易》。

我研究《周易》是离开省政协之后。1993年春，省政协秘书长和办公厅主任一起到省社会主义学院请我回省政协，担任省政协大通公司总经理，常住海参崴，负责对俄贸易，所开出条件优厚。去俄罗斯是我梦寐以求的事，多年学的俄语可以用上了。但是当时心脏不好，能否适应海参崴严寒的天气？去还是不去？我把自己关在家里，三天未下楼，起了一卦是《水风井》，六爻安静。我已快到知天命的年龄，不能拿生命开玩笑，所以放弃了机会。

也许是应了老来帝旺的运势，退休后被聘到省直机关党校，与省委宣传部李满春、窦杰校长创办了辽宁中华传统文化研究会，使我一直要致力的弘扬国学有了平台。多年来研究会与新闻媒体合作，在社会上举办"中华传统文化大讲堂"，深入社区、学校、企业、县区和乡镇进行社会公益讲座。后来拓展到沈阳市文化官、辽宁省直属机关、高等院校和"辽海讲坛"。我只讲《周易》和《道德经》这两门课。《易经》是儒、道两家共同经典。孔子作十翼的《周易》是孔子之易，《道德经》是老子之易。我讲《周易》志在弘扬易道。孔子阐述的易道，百姓是日用而不知。什么是易道？就是乾卦卦辞："元、亨、利、贞"。这四个字意蕴无穷：是始、通、和、正；是春、夏、秋、冬；是仁、义、礼、智，而"信"贯穿始终。子曰："元者，善之长也。""仁"是易道的核心。《周易》是本讲"善"的书，全书贯穿了孔子的仁爱思想。"仁"的博爱精神使中华民族凝聚在一起，屹立于世界民族之林。

这本书是我多年的心血，也是众人智慧的结晶。为了它，历经寒暑、蜗居斗室，如今发也苍苍、视也茫茫。五年前，辽宁大学顾奎相副校长主编了《国学精粹小丛书》，我撰写了《周易选读》。限于篇幅，未能写出全貌。《周易象意》一书由辽宁中华文化学院王本奎院长主编，运筹帷幄。台湾著名的国学大师、朱熹后人朱高正先生为之作序。沈阳明明德孔子学堂志愿者尚云峰、张惠老师将我的手写讲稿整理成打字稿后，我又六易其稿，深刻体会了夫子所说的"教学相长"。没有刘奇先生孔子学堂系统的《周易》讲座，我是写不出这本书来的。"明明德"是我所知道办得最好的国学公益课堂，汇聚了省内各界热爱国学的精英，其中不乏学者和专家。讲台上，我望着前方肃穆的面孔，时时使我志忐，促我精进。感谢明明德学堂的诸位同仁！感谢谦和儒雅、宅心仁厚的刘奇董事长、为人师表的刘兆伟教授、勤政廉洁的省纪工委书记窦杰、温和睿智的省委讲师团团长李满春。感谢辽宁省直属机关工委党校提供的工作平台，感谢辽宁人民出版社将书稿付梓，感谢编辑的点拨和郢正。

著者　孙玉祥